Preventie van kindermishandeling

Sandra van Gameren

Preventie van kindermishandeling

Wie doet wat?

Houten 2019

ISBN 978-90-368-1875-9   ISBN 978-90-368-1876-6 (eBook)
https://doi.org/10.1007/978-90-368-1876-6

© Bohn Stafleu van Loghum is een imprint van Springer Media B.V., onderdeel van Springer Nature 2019
Alle rechten voorbehouden. Niets uit deze uitgave mag worden verveelvoudigd, opgeslagen in een geautomatiseerd gegevensbestand, of openbaar gemaakt, in enige vorm of op enige wijze, hetzij elektronisch, mechanisch, door fotokopieën of opnamen, hetzij op enige andere manier, zonder voorafgaande schriftelijke toestemming van de uitgever.

Voor zover het maken van kopieën uit deze uitgave is toegestaan op grond van artikel 16b Auteurswet j° het Besluit van 20 juni 1974, Stb. 351, zoals gewijzigd bij het Besluit van 23 augustus 1985, Stb. 471 en artikel 17 Auteurswet, dient men de daarvoor wettelijk verschuldigde vergoedingen te voldoen aan de Stichting Reprorecht (Postbus 3060, 2130 KB Hoofddorp). Voor het overnemen van (een) gedeelte(n) uit deze uitgave in bloemlezingen, readers en andere compilatiewerken (artikel 16 Auteurswet) dient men zich tot de uitgever te wenden.

Samensteller(s) en uitgever zijn zich volledig bewust van hun taak een betrouwbare uitgave te verzorgen. Niettemin kunnen zij geen aansprakelijkheid aanvaarden voor drukfouten en andere onjuistheden die eventueel in deze uitgave voorkomen. De uitgever blijft onpartijdig met betrekking tot juridische aanspraken op geografische aanwijzingen en gebiedsbeschrijvingen in de gepubliceerde landkaarten en institutionele adressen.

NUR 770
Basisontwerp omslag: Studio Bassa, Culemborg
Automatische opmaak: Scientific Publishing Services (P) Ltd., Chennai, India
Illustraties: Auke Herrema

Bohn Stafleu van Loghum
Walmolen 1
Postbus 246
3990 GA Houten

www.bsl.nl

Dankwoord

Een dankwoord aan alle deskundigen die ik uitgebreid persoonlijk of telefonisch mocht interviewen; u vindt hun personalia achter in het boek. Dank aan Joyce Rodenhuis en Hester Presburg van uitgeverij Bohn Stafleu van Loghum. Dan heb ik nog van diverse deskundigen advies of informatie ontvangen en daarvoor bedank ik hartelijk: emeritus hoogleraar kindermishandeling dr. Herman Baartman, Marga Beckers, Trudy Dunnink en Marieke Timmermans van het Nederlands Centrum Jeugdgezondheid (NCJ), Diana Geraci van Pharos, Carolien Gravestein van het lectoraat ouderschap en ouderbegeleiding Hogeschool Leiden, Klaas Kooijman van het Nederlands Jeugdinstituut (NJI), Saskia Moerbeek van BMP, Patricia Molenkamp en Katja Wagemakers vanuit Zweden en Marieke Pluis van Stop it Now! Verder dank ik alle ervaringsdeskundigen die hun verhaal met mij deelden.

Ik bedank mijn sociale netwerk vol lieve vrouwen die praktisch steunen (door mijn oudste dochter naar de manege te brengen: Isabelle, me de sleutel van hun huis te geven om rustig te kunnen schrijven: Corma en Nanny, of door mee te lezen en feedback te geven: Eiskje) of me aanmoedigden tijdens het (af)maken van dit boek. Als je je aangesproken voelt, weet je dat ik jou bedoel! Last but not least bedank ik mijn echtgenoot voor zijn altijd aanwezige steun en vertrouwen in mij.

Inhoud

1	Vragen over kindermishandeling	1
1.1	Wat verstaan we onder kindermishandeling?	2
1.2	Hoe vaak komt kindermishandeling in Nederland voor?	11
1.3	Hoe kan kindermishandeling worden verklaard?	16

2	Preventie van kindermishandeling	29
2.1	Preventie – een inleiding	30
2.2	Beïnvloedende factoren bij kindermishandeling	33
2.3	Welk kind loopt het meeste risico?	36
2.4	Preventie en de probleemeigenaren	37

3	De ouders	47
3.1	Risico-ouders?	49
3.2	Welk risico wil men achterhalen?	49
3.3	Screenen van aanstaande ouders op hoogrisicosituaties en risicogedrag	50
3.4	Screenen van prille ouders, onder andere op psychische problematiek	51
3.5	In de praktijk: gebruik van risicotaxatie-instrumenten	51
3.6	Voorlichten van jonge ouders over de risico's van babyshaking	53
3.7	Preventie van vrouwelijke genitale verminking (VGV): meer dan ouders informeren over de risico's	55
3.8	Primaire preventie: de (verplichte) opvoedcursus	56
3.9	Begeleide voorbereiding op het ouderschap	57
3.10	Vroegsignaleren en vroegformuleren van zorgen, vragen of problemen	62
3.11	Opvoedingsondersteuning	65
3.12	Vroegsignaleren bij ouders met een verhoogde kwetsbaarheid door psychische problematiek of verslaving	69
3.13	Handelen na oudersignalen: Kindcheck	72
3.14	Vroeghulp voor de kinderen van psychisch zieke ouders (KOPP)	79
3.15	Vroeghulp binnen het gezin: de gezonde partner van een ouder met psychische problemen	81
3.16	Mishandelende ouders	85

4	De kinderen	91
4.1	Secundaire preventie gericht op kinderen: van verhullen naar onthullen	92
4.2	Vroeghulp aan het mishandelde kind	96

5	**De omgeving**	111
5.1	**Inleiding**	112
5.2	**Formele steungevers**	112
5.3	**Informele steungevers**	121
5.4	**Maatschappelijke dimensie**	130
6	**Eindconclusie: wie doet wat?**	143
	Bijlagen	147
	Personalia geïnterviewde deskundigen	148
	Literatuur	150
	Register	155

Inleiding

Veel boeken hebben een aanleiding, een gevoelde urgentie of interesse waarom het geschreven moest worden. Zo ook dit exemplaar. In 2016 kon men in interviews en krantenberichten over kindermishandeling veelvuldig de oproep horen en lezen dat 'we meer moeten inzetten op preventie'. Dat zinnetje triggerde mijn interesse. De reden achter de noodkreten om meer in te zetten op preventie van kindermishandeling is evident. De prevalentie is hoog. En elk mishandeld of verwaarloosd kind is er één te veel. Verder riep de oproep vragen op. Is zo'n complex probleem als kindermishandeling te voorkomen? Geldt de oproep voor alle vormen van preventie? Wat wordt er in Nederland al gedaan op het gebied van preventie van kindermishandeling? En ook: wordt er net zoveel in de praktijk geïnvesteerd als in letters op papier, zien we in de praktijk terug wat op papier wordt bedacht? Ik ben vanuit een vragende rol gaan schrijven en heb mezelf in de positie van de lezer geplaatst. Antwoorden heb ik gezocht in theorie en literatuur, maar nadrukkelijk ook in het werkveld. De subtitel valt op twee manieren te lezen: 'wie *doet* wat?' en 'wie doet *wat*?' Theorie, interventie-aanbod en praktijkervaringen in de vorm van interviews wisselen elkaar af.

Toen het boek afgerond was, verscheen het actieplan van Rutte III 'Geweld hoort nergens thuis'. De inhoud van dit boek is derhalve gebaseerd op de praktijk, protocollen en wetgeving van vóór dit plan. Daarmee is er een kans dat de inhoud snel wordt ingehaald door een nieuwe werkelijkheid van wetgeving en protocollen. Of misschien wel door de praktijk, hoewel de praktijkervaringen uit het boek laten zien dat praktijkverbeteringen soms langzamer volgen dan gewenst is. Wie is mijn lezer? Ik hoop dat uiteenlopende beroepsgroepen dit boek weten te vinden. Preventie van kindermishandeling is geen thema dat exclusief thuishoort bij preventiewerkers en beleidsmakers. Dit boek is geschreven voor eenieder die direct of indirect met kinderen en/of hun ouders te maken heeft en zich bekommert om hun welzijn. Preventie van kindermishandeling is een veelomvattend begrip waarmee beroepskrachten, de een meer dan de ander, nogal wat op hun bordje gelegd krijgen. Het vraagt nogal wat van hen: een mate van bewustwording en verantwoordelijkheid, kennis van protocollen, risicofactoren en beschermende factoren, gespreksvaardigheden en vaardigheden in het taxeren van de veiligheid van een kind, samenwerken met collega's uit andere disciplines en niet in het minst enige introspectie of zelfstudie als het gaat om (onbewuste) weerstanden die belemmerend kunnen werken bij het uitvoeren van onder andere de 'meldcode'. Voeg daar lef, compassie voor zowel ouders als kinderen en een lange adem aan toe en de lijst is compleet. Al deze aspecten komen in het boek naar voren.

Preventie van kindermishandeling is voor alle vormen van preventie hard nodig, zo zal de lezer al snel ontdekken. Niet alleen omdat we daarmee kinderen en ouders recht doen, maar ook omdat we de samenleving een dienst bewijzen. De samenleving van vandaag, maar ook die van de volgende generatie. Want zijn de kinderen van vandaag niet de volwassenen en opvoeders van morgen? Het is een mooie bijkomstigheid dat dit boek verschijnt als het Kinderrechtenverdrag dertig jaar jong is. Een mooie gelegenheid voor (her)bezinning en reflectie. Ik onderschrijf namelijk de volgende uitspraak van Herman van Veen:

» Door de kinderrechten na te leven kunnen we de wereld radicaal veranderen (TrouwTijd 2014)

Vragen over kindermishandeling

1.1 Wat verstaan we onder kindermishandeling? – 2
1.1.1 Wat zeggen ouders? – 2
1.1.2 Wat zegt de (Jeugd)wet? – 4
1.1.3 Wat zeggen deskundigen? – 4
1.1.4 Welke definitie geven ervaringsdeskundigen? – 5
1.1.5 Wat zegt de wet over mis-handelen? – 6
1.1.6 Meest frequent onderscheiden vormen van kindermishandeling – 7
1.1.7 Minder frequent onderscheiden vormen van kindermishandeling – 9
1.1.8 Meerdere vormen van mishandeling – 10
1.1.9 Samenvatting – 11

1.2 Hoe vaak komt kindermishandeling in Nederland voor? – 11
1.2.1 Prevalentie vrouwelijke genitale verminking – 13
1.2.2 Sekse- en leeftijdsverschillen Sekseverschillen – 13
1.2.3 Dodelijke slachtoffers – 14
1.2.4 Hoe is de situatie in Caribisch Nederland? – 14

1.3 Hoe kan kindermishandeling worden verklaard? – 16
1.3.1 Huidige visie – 16
1.3.2 Ouderkenmerken en hun invloed op de ouder-kindrelatie – 18
1.3.3 Samenvatting – 22

© Bohn Stafleu van Loghum is een imprint van Springer Media B.V., onderdeel van Springer Nature 2019
S. van Gameren, *Preventie van kindermishandeling*, https://doi.org/10.1007/978-90-368-1876-6_1

> Dit hoofdstuk centreert zich rond drie vragen:
> - Wat ís kindermishandeling?
> - Weten we over hoeveel kinderen we kunnen spreken in Nederland?
> - Hoe kan kindermishandeling worden verklaard?

1.1 Wat verstaan we onder kindermishandeling?

1.1.1 Wat zeggen ouders?

Citaat Wilma, 36 jaar, psycholoog en moeder van drie kinderen

» Niet dat ik slaan goedkeur of er geen schaamte bij voel, maar ik heb mijn jongste in uiterste nood weleens een tik op de billen gegeven. Bij de oudste twee was dit nooit nodig, maar voor mijn dochter bleek een (zachte) tik echt de enige manier om negatief gedrag te laten stoppen. Zij was in haar peuter- en kleuterjaren soms totaal niet voor rede vatbaar. Inmiddels is dat gelukkig anders en heb ik, of heeft zij, de tik op de billen niet meer nodig. Wat het moeilijk maakte: ik weet dat het niet mag. En diep van binnen wilde ik het ook liever niet. Maar van kindermishandeling was absoluut geen sprake. Dat blijft niet bij een incident.

Citaat Thirza, 45 jaar, thuisblijfmoeder van twee dochters

» Ik zie het niet als kindermishandeling dat ik mijn kinderen weleens een tik op de vingers geef. Het is voor mij een laatste redmiddel in opvoedsituaties waar ik niet uitkom, waar ik heel soms gebruik van maak als opvoeder. En dan bedoel ik hooguit twee keer per jaar. De laatste keer was na de verjaardag van de jongste en die is alweer bijna jarig. Ze krijste, schreeuwde en gooide met haar nieuwe speelgoed. Achteraf bezien was ze totaal overprikkeld en had ik de visite eerder naar huis moeten laten gaan. Naderhand voel ik me er dan wel rot over. Mijn man heeft ze nog nooit een tik gegeven en wil liever niet dat ik het doe, maar hij is geen zeven dagen per week aan het opvoeden. Zelf werd ik vroeger in mijn gezicht geslagen en die vernedering wil ik ze besparen. Kindermishandeling is voor mij het tonen van wreedheid om de wreedheid, je kind bewust pijn willen doen. Laatst las ik over een Amerikaans stel dat gearresteerd was voor kindermishandeling. Hun dertien kinderen waren thuis opgesloten en ondervoed. De ouders aten expres taart in hun bijzijn, terwijl de kinderen honger hadden. Dat is zo'n andere houding ... Ik zou mijn kinderen voor geen goud willen beschadigen of benadelen.

Citaat Britt, 42 jaar, werkzoekend

» Ik heb mijn kinderen nog nooit geslagen, zelfs niet hardhandig bij de arm gepakt, zoals sommigen van mijn vriendinnen wel doen. Dat hebben mijn man en ik ook echt met elkaar afgesproken. Maar mijn geduld verliezen, dat gebeurt me als moeder van twee jongens met een rugzakje regelmatig. Dan schreeuw ik dat 'ze hun kop moeten houden' of dreig ik dat 'ze moeten kappen omdat er anders wat zwaait'. Ik word dan een versie van mezelf die ik niet leuk vind. Dat zeg ik ze later ook. We maken het altijd weer goed. Nooit boos gaan slapen, is onze huisregel. Maar met mijn gedrag ga ik tegen mijn eigen regel in: de kinderen nooit bang maken. Dat ik dat soms wel doe, zie ik aan hun koppies als ik sta te schreeuwen en dat vind ik eigenlijk heel erg. Jij bent de eerste aan wie ik dit vertel. Je praat hier als moeder eigenlijk nooit met anderen over.

Citaat Coby, 58 jaar, onderwijsdeskundige, zelf geen kinderen

» Of ik bij de bovenste drie citaten aan de term kindermishandeling moet denken? Nee, totaal niet. Ik lees ervaringen van drie betrokken moeders die over hun gedrag nadenken en heel soms een tik of krachtterm aan de opvoedingssoep toevoegen omdat niets menselijks ze vreemd is. En dat willen ze eigenlijk zelf liever niet. Ze denken er ook over na. Ouders die kinderen mishandelen, doen dat volgens mij niet. En verwaarlozende ouders zijn vooral met zichzelf of hun levensproblemen bezig en bekommeren zich niet wezenlijk om het welzijn van hun kinderen. Maar ondanks een cursus die ik twee jaar geleden volgde voor mijn werk, weet ik te weinig van het onderwerp af. Dat geef ik eerlijk toe.

Uit bovenstaande citaten blijkt dat de meeste mensen bij het woord kindermishandeling vooral aan fysiek geweld of aan een dreiging van geweld denken. Verder laten de ervaringen van de geïnterviewde ouders duidelijk zien dat opvoeden onherroepelijk momenten kent van wanhoop, het even niet weten, bij het ene kind meer dan bij het andere. Sommigen vinden het uitdelen van een zeldzame tik tijdens zo'n moment geoorloofd of onvermijdelijk, anderen absoluut niet. Het is opvallend hoe snel mensen over hun eigen gedrag als ouder beginnen te praten als het gesprek over kindermishandeling gaat, ondanks de mengeling van schuld en schaamte die ermee gepaard gaat. Maar zijn dit nu voorbeelden van kindermishandeling of kunnen we beter spreken van mis-handelen, als in: foutief handelen tijdens hoogoplopende ouder-kindconflicten of opvoedstress?

1.1.2 Wat zegt de (Jeugd)wet?

Een definitie van kindermishandeling is te vinden in de Jeugdwet, die in 2015 de Wet op de Jeugdzorg verving. Daaruit werd de volgende definitie overgenomen:

» Kindermishandeling is elke vorm van voor het kind bedreigende en gewelddadige interactie van fysieke, psychische of seksuele aard, die de opvoeders het kind in de afhankelijkheidsrelatie, actief of passief, opdringen waardoor ernstige schade wordt berokkend aan het kind in de vorm van fysiek letsel en/of psychische stoornissen.

1.1.3 Wat zeggen deskundigen?

De definitie lijkt de gouden standaard, want hij wordt veelvuldig geciteerd in publicaties en gehanteerd in onderzoek. Het Nederlands Jeugdinstituut (NJI) noemt het op hun site 'de officiële definitie' voor kindermishandeling. Er staat veel in die ene zin. Er wordt benadrukt dat het om een kind in een afhankelijkheidsrelatie gaat. En dat kind wordt schade toegebracht. De definitie maakt duidelijk dat kindermishandeling op verschillende manieren schade kan veroorzaken: fysiek, psychisch of seksueel. Dat het nalaten van ouderlijke taken ook wordt gezien als een vorm van kindermishandeling, kan men opmaken uit de zinsnede 'passief opdringen van een bedreigende interactie'.

Als iemand spreekt over kindermishandeling, moet dus altijd de vraag zijn over welke vorm van kindermishandeling het gaat. In onderzoeken wordt om praktische redenen een keuze gemaakt voor het onderzoeken van (een) specifieke vorm(en) van kindermishandeling. Dit maakt het voor onderzoekers uitdagend om uitkomsten van (internationale) onderzoeken of publicaties te vergelijken; het is van belang goed na te gaan welke vorm(en) van kindermishandeling zijn onderzocht of beschreven én welke definitie is gehanteerd, want definities zijn internationaal gezien niet eenduidig.

In de Nederlandse definitie ontbreekt een verwijzing naar een frequentie. De duur en frequentie van de kindermishandeling bepalen de mate van ernst, die licht tot zeer ernstig genoemd kan worden. In de richtlijnen jeugdhulp en jeugdbescherming (laatste wijziging 2017) staat vermeld dat men tegenwoordig spreekt over de chroniciteit van kindermishandeling, waarbij verwaarlozing of mishandeling een continue manier van interactie en opvoeden is geworden.

Sommige autoriteiten op het gebied van kindermishandeling formuleerden eerder hun eigen definitie. Hermanns (2008) kiest in het Actieplan Aanpak Kindermishandeling een pragmatische definitie die de sociale norm erbij betrekt:

» Kindermishandeling wordt gedrag of het nalaten van gedrag van volwassenen dat burgers en deskundigen na een analyse en discussie onacceptabel vinden.

Baartman (2010) benadrukt vooral de gevolgen:

» Kindermishandeling is het doen en laten van ouders, of anderen in soortgelijke positie ten opzichte van een kind, dat een ernstige aantasting of bedreiging vormt voor de veiligheid en het welzijn van het kind.

1.1.4 Welke definitie geven ervaringsdeskundigen?

Citaat ervaringsdeskundige Wim (56 jaar)

» Kindermishandeling is voor mij het synoniem van een chronische onveilige thuissituatie. Daar moeten hulpverleners op screenen. Dat gaat veel verder dan een ouder die af en toe of regelmatig tikken uitdeelt. Met onveilig bedoel ik dit: onvoorspelbaar gedrag van ouders die het normaal vinden om geweld te gebruiken en die geen structuur geven aan het dagelijks leven, waardoor het leven eigenlijk een groot vraagteken blijft. Dan heb ik het nog niet eens over een gebrek aan persoonlijke aandacht. Die dingen gaan wel vaak samen, maar persoonlijk vind ik dat het minst belangrijk. Waarom, vraag je? Omdat onveiligheid de hel is voor een kind. Ik kan het weten. Persoonlijke aandacht kon ik nog wel bij anderen vinden. Maar onveiligheid maakt angstig en gespannen en het erge is; die angst is nog terecht ook. Nog erger is het dat je die angst voelt voor mensen die het dichtste bij je staan en van je zouden moeten houden. Zoiets maakt van jou voor de rest van je leven een onzeker persoon. Hoe je een chronisch onveilige situatie screent? Dat is een goede vraag. Veel gebeurt letterlijk en figuurlijk in het donker. Dat weet ik niet. Dat leg ik bij de deskundigen neer die ervoor geleerd hebben. Als ik dan verwaarlozing erbij optel, kom ik tot de volgende definitie: kindermishandeling is het synoniem voor een chronische onveilige of verwaarlozende thuissituatie.

Citaat ervaringsdeskundige Wanda (21 jaar)

» Mijn moeder zorgde redelijk goed voor me als ze niet gedronken had. Maar vanaf het moment dat zij de fles tevoorschijn haalde en dronken werd, telde ik niet meer mee, bestond ik niet meer als het ware. Dan was het voor haar: 'ik en de drank'. Dan liet ze me alleen thuis om verder te gaan drinken in de kroeg, nam vreemde mannen mee en sliep de volgende dag haar roes uit, zodat ik tijdens die uren alles zelf moest doen: op tijd naar school, brood klaar maken … Ze verwaarloosde me parttime zou je kunnen zeggen. Helaas schatten de hulpverleners en de mensen uit onze omgeving haar in nuchtere toestand veel te positief in als moeder. En aan mij werd niets gevraagd. De dronken verwaarlozende moeder kreeg alleen ík te zien. Daarom antwoord ik op jouw vraag wat kindermishandeling is: 'ouders die het belang van het kind over het hoofd zien'. Bij de ouder geldt het 'ikke-ikke-ikke en mijn kind kan stikken-principe'. Maar het wordt in stand gehouden door de hulpverlening die alleen maar bezig is de relatie met de ouder goed te houden.

Deze twee ervaringen, hoe kort ook, gaan duidelijk verder dan het ouderlijk mis-handelen dat voorkwam in de eerder beschreven visies op kindermishandeling van geïnterviewde ouders. En toch is ook ouderlijk mis-handelen een ongewenste manier van handelen die de overheid wil voorkomen tijdens het grootbrengen van kinderen.

1.1.5 Wat zegt de wet over mis-handelen?

Het is nog niet eens zolang geleden dat de Nederlandse overheid in de wet heeft vastgelegd dat elk Nederlands kind recht heeft op een kindertijd zonder psychisch of lichamelijk geweld. Nederland is partij bij het Internationaal Verdrag inzake de Rechten van het Kind. Artikel 19 uit dit verdrag verwijst naar het recht van kinderen om op te groeien zonder geweld, verwaarlozing of misbruik en naar de plicht van overheden die zich gecommitteerd hebben aan dit verdrag om kinderen te beschermen en hen en hun opvoeders te helpen door middel van bestuurlijke of wettelijke maatregelen. Nederland gaf in 2007 gehoor aan deze laatste bepaling door een wettelijk verbod op alle vormen van geweld naar kinderen. Sindsdien valt in boek 1 van het Burgerlijk Wetboek, artikel 247, de volgende bepaling te lezen:

» In de verzorging en opvoeding van het kind passen de ouders geen geestelijk of lichamelijk geweld of enige andere vernederende behandeling toe.

Waar er vroeger van tijd tot tijd verhit gediscussieerd werd over de vraag of een tik een verantwoord pedagogisch tuchtigingsmiddel genoemd mag worden, is er nu een duidelijke norm gesteld: het mag niet. Hierin volgden we bijna dertig jaar later het voorbeeld van koploper Zweden, maar ook van landen als Letland, Oekraïne, Denemarken en Israël. De Zweedse overheid heeft er door middel van campagnes voor gezorgd dat de nieuwe norm bij alle ouders duidelijk werd. Die norm luidt: In dit land mag er bij het opvoeden geen enkele vorm van geweld aan te pas komen.

Sindsdien wordt de boodschap in Zweden op allerlei manieren gecommuniceerd, waaronder in het boek *Leva med barn* (leven met kinderen; Köhler et al. 2016), dat alle prille ouders van de overheid ontvangen. Een hoofdstuk uit het 224 pagina's dikke naslagwerk heeft de titel 'Nooit geweld' en gaat over de aanleiding en implicaties van het verbod op geweld in de opvoeding dat sinds 1979 in Zweden aan de ouderschapswet is toegevoegd.

In Nederland is er niet voor gekozen om de wetswijziging met een vorm van universele preventie gepaard te laten gaan. Het is zoeken naar een speld in de hooiberg als het gaat om informatie over geweldloos opvoeden. In de Groeigids 0–4 jaar die alle nieuwe ouders krijgen als zij het Centrum voor Jeugd en Gezin (CJG) gaan bezoeken, ontbreekt informatie over geweld gebruiken tijdens het grootbrengen van de kinderen. Zijn alle ouders in Nederland op de hoogte van de wettelijke norm? Maken ouders wel of niet vooraf een bewuste keuze zich eraan te houden, spreekt een ouderpaar daar onderling over in een vroeg stadium van een zwangerschap of zelfs een kinderwens?

Een andere niet onbelangrijke vraag in dit verband is of we weten of ouders de wettelijke norm in de praktijk naleven. Alleen op laatstgenoemde vraag kan een antwoord gegeven worden. Toen het Sociaal Cultureel Planbureau (SCP) het welzijn van Nederlandse kinderen tussen de nul en twaalf jaar onderzocht, bleek bijna een vijfde deel van de ouders (22 %) hun kind weleens een tik te geven of stevig beet te pakken. Jongere kinderen bleek dit vaker te overkomen dan oudere (Zeijl 2005). In 2010, dus na de wetswijziging, bracht onderzoeksbureau Motivaction naar buiten dat 73 % van de ouders weleens een klap uitdeelt die ze als corrigerende tik omschrijven. Twee op de drie ondervraagde ouders waren het er niet mee eens dat dit in Nederland verboden is (Lelij et al. 2010). In het gezinsrapport (2011) geeft 15 % van de moeders en 16 % van de vaders een bevestigend antwoord op het item 'Meestal geef ik mijn kind een draai om de oren of een tik als hij of zij iets doet wat niet mag'. Dit percentage ouders voelde in ieder geval niet de behoefte bij dit onderdeel van de vragenlijst een sociaal wenselijk antwoord te geven. Of dit voor de andere aan het onderzoek participerende ouders wel het geval is geweest, weten we uiteraard niet.

1.1.6 Meest frequent onderscheiden vormen van kindermishandeling

Er worden in de literatuur vijf vormen van kindermishandeling onderscheiden. Het Nederlands Jeugdinstituut (NJI) noemt ze in hun dossier Kindermishandeling:
- lichamelijke mishandeling of geweldpleging;
- lichamelijke verwaarlozing;
- psychische mishandeling;
- psychische of emotionele verwaarlozing;
- seksueel geweld of misbruik.

Geweld kent dus drie vormen: psychologisch, lichamelijk en seksueel. Vooral de laatste twee vormen van geweld gaan eigenlijk altijd gepaard met latent geweld; door de voortdurende dreiging wordt een kind continu waakzaam en houdt het zich voortdurend bezig met het humeur of het gedrag van de ouder. Het kind kan aangepast gedrag tonen om geweld van de ouder te voorkomen. Ook anticipatie-angst is iets waarover veel kinderen verhalen.

Lichamelijke mishandeling

Lichamelijke mishandeling of opzettelijke geweldpleging is de vorm waar de meeste mensen aan denken bij het woord kindermishandeling. Het brengt bij veel mensen het beeld naar voren van een kind dat wordt geslagen of geschopt. Ook brandwonden toebrengen en het kind onder een ijskoude douche zetten vallen hieronder.

Waar we minder snel aan denken, maar wat volgens onze westerse opvattingen duidelijk te rubriceren valt onder kindermishandeling, is vrouwelijke genitale verminking (VGV). We kennen deze vorm van mishandeling ook wel als meisjesbesnijdenis. De World Health Organization (WHO) onderscheidt vier vormen, maar over het algemeen geldt dat de uitwendige vrouwelijke geslachtsorganen, zoals de clitoris of schaamlippen, geheel of gedeeltelijk besneden of verwijderd worden. De ernstigste vorm die kan worden toegepast, is het vernauwen van de vaginale opening. Het betreft geen religieuze maar een culturele traditie waarbinnen alleen besneden meisjes als huwbaar en respectabel worden beschouwd.

Lichamelijke verwaarlozing

Een kind dat lichamelijk wordt verwaarloosd, krijgt niet de elementaire basisbehoeften waar het recht op heeft. Opvoeders schieten tekort in hun aandacht voor hygiëne, kleding (algemeen en/of passend bij de weersomstandigheden), voeding, toezicht, medische of tandheelkundige zorg. Als ouders verzuimen de voorzieningen uit de jeugdgezondheidszorg (CJG en schoolartsen) te bezoeken, kan dat worden opgevat als een signaal dat de ontwikkeling en opvoeding van het kind bedreigd wordt (Hermanns 2008).

Psychische mishandeling

Ouders of opvoeders die psychisch mishandelen tonen in hun gedrag vijandigheid en afwijzing. Dit gebeurt bijvoorbeeld door dreigen of schelden. Tegelijk vallen ook bewegingsbeperking, zoals opsluiten en vastbinden, onder deze noemer. Het is volgens Baartman en Hoefnagels (2012) een lastig te duiden begrip. In een dossieronderzoek van Tricket en collega's (2009) bleken hulpverleners uit de Jeugdzorg psychische mishandeling vaak over het hoofd te zien.

Van der Ploeg (2010) noemt het een moeilijke taak voor hulpverleners om vast te stellen of er sprake is van psychische kindermishandeling. Er moet een gedragspatroon van de ouders worden geconstateerd, waarbij het kind structureel agressief, negatief en afwijzend wordt bejegend, terwijl er vooralsnog geen specifieke Nederlandse vragenlijsten zijn om dit te meten. Hij betitelt psychische kindermishandeling als een ernstig onderschat probleem, benadrukt de ernstige gevolgen (vooral voor de eigenwaarde) en pleit voor een heldere algemeen geaccepteerde definitie:

> » Ouderlijk gedrag waarbij sprake is van een actief en aanhoudend patroon van vernedering en miskenning van (de waarde van) het kind.

Psychische verwaarlozing

Psychische verwaarlozing, ook wel emotionele verwaarlozing genoemd, blijkt minder lastig te herkennen. In gezinnen waar dit voorkomt, ziet men een desinteresse en afwezige betrokkenheid. Haxe en anderen (2015) noemen emotionele verwaarlozing de meest voorkomende en in Nederland de meeste gemelde vorm van kindermishandeling. Bij de meeste omschrijvingen wordt een merkbaar gebrek aan affectieve of emotionele aandacht genoemd. Hierbij ontzeggen de ouders het kind de basale behoefte aan liefde, aandacht en geborgenheid, evenals het tegemoetkomen aan de (emotionele) behoeften.

Volgens sommige auteurs mag ook pedagogische verwaarlozing in de vorm van een gebrek aan ouderlijk gezag en structuur in de opvoeding hier onder vallen. Een onderscheid dat Baartman (1996) merkwaardig noemt, alsof 'het bieden van affectie geen onlosmakelijk onderdeel van het opvoeden zou zijn'.

Uit de informantenstudie van het prevalentie-onderzoek 2017 was emotionele verwaarlozing de meest gerapporteerde vorm van kindermishandeling.

Seksueel misbruik

In definities over seksueel misbruik wordt veelal verwezen naar 'alle seksuele aanrakingen of gedragingen die een volwassene een kind opdringt.' Echter, begluurd worden en het tonen van seksuele handelingen vallen ook onder de noemer seksueel misbruik. De beschrijving op de overheidssite van huiselijk geweld is daarom vollediger:

» Elke vorm van seksuele grensoverschrijding van een volwassene naar een kind.

Daders kunnen gezinsleden of familieleden betreffen, maar ook bekenden of onbekenden. Binnen het kader van dit boek bespreken we alleen misbruik binnen gezinssituaties. Waar men om van mishandeling te kunnen spreken een patroon moet ontwaren, geldt dat bij seksueel misbruik niet. Wel is er op een andere manier sprake van een patroon; dat van steeds verder gaande seksuele handelingen. Tijdens deze voorbereidende periode ('grooming') wordt het kind deelgenoot gemaakt van het misbruik.

1.1.7 Minder frequent onderscheiden vormen van kindermishandeling

Verwaarlozing van het onderwijs

Verwaarlozing van het onderwijs wordt in de prevalentiestudies NPM-2010 en NPM-2017 gemeten als vorm van emotionele verwaarlozing, maar wordt niet genoemd op de website van het Nederlands Jeugdinstituut en wordt in publicaties nagenoeg niet gevonden. Hier staan de ouders het kind bewust toe te spijbelen of te verzuimen om niet legitieme redenen of laten na hun leerplichtige kinderen in te schrijven of te registreren op een school.

Pediatric condition falsification (PCF)

Een bijzondere, maar tevens zeer ernstige vorm van kindermishandeling is Pediatric Condition Falsification (PCF). Voorheen werd de term 'Münchhausen by proxy' gebruikt omdat Baron van Münchhausen net zo fantasierijk verhalen verzon als de ouders die aan deze stoornis lijden en de 'proxy' (de nabije) vertegenwoordigen. De ouder verzint of creëert letsel of gezondheidsklachten bij het kind om het kind in het medische circuit te kunnen presenteren. De dokter mishandelt vervolgens onbewust feitelijk mee, op herhaald aandringen van (meestal) de moeder. Niet zelden laten artsen zich leiden door het verhaal van de moeder en vergeten de anamnese te toetsen, op de eerste plaats bij het kind, op de tweede plaats bij professionals.

PCF wordt vaak gemist omdat het een complexe en moeilijk herkenbare vorm van kindermishandeling is. De mortaliteit is hoog en overlevers kunnen er blijvend letsel aan overhouden, bijvoorbeeld als gevolg van (onnodig) medicatiegebruik of operatieve ingrepen. Opvallend en passend bij deze vorm van kindermishandeling is dat de voorgestelde symptomen verdwijnen als de pleger en het kind worden gescheiden. Mogelijke motieven of oorzaken zijn onder andere een psychiatrische ziekte bij de ouder (factitious disorder by proxy (FDP), een psychose of een obsessief-compulsieve stoornis), financiële voordelen of strijd rondom gezags- en omgangsregeling bij een (v)echtscheiding (Putte et al. 2013).

Eergerelateerd geweld

Een andere bijzondere vorm van kindermishandeling is eergerelateerd geweld. Vormen van eergerelateerd geweld die volgens de jongeren en volwassenen uit migrantengemeenschappen het meest genoemd worden, zijn: vrijheidsbeperking, mishandeling, isolering en vernedering. Deze worden echter niet altijd als vormen van geweld beleefd of herkend (Dijke en Terpstra 2010). De auteurs beschrijven de volgende aanleidingen voor dergelijk geweld: gedragingen die de algemene of seksuele familie-eer aantasten of bedreigen. Ze onderstrepen dat een hele familie zich vaak keert tegen degene die de eer geschonden heeft, zodat er bij niemand steun gevonden kan worden.

Waarnemen van huiselijk geweld

Sommige uitingen van kindermishandeling kunnen onder meerdere noemers worden ondergebracht. Dit geldt bijvoorbeeld voor het getuige zijn van huiselijk geweld. Met deze term refereert men aan kinderen die getuige zijn van partnergeweld. Dit wordt in publicaties zowel onder psychische mishandeling alsook onder psychische verwaarlozing geschaard. Het is denkbaar dat kinderen die getuige zijn van geweld naar (stief)broertjes of (stief)zusjes op een zelfde manier schade oplopen.

1.1.8 Meerdere vormen van mishandeling

Kinderen ondergaan thuis regelmatig meer dan één vorm van mishandeling. In de prevalentiestudie NPM-2010 kwam naar voren dat 40 % van de kinderen die volgens het toenmalige AMK waren geregistreerd, slachtoffer waren van meerdere vormen van kindermishandeling. Onderzoekers van de meest recente studie spreken over 28,7 procent van de kinderen dat te maken lijkt te hebben met meer dan één vorm van kindermishandeling (NPM-2017). Sommige vormen van mishandeling lijken hand in hand te gaan. Emotionele mishandeling wordt in vrijwel alle gevallen gerapporteerd als emotionele verwaarlozing (NPM-2017). Seksueel misbruik wordt in deze studie benoemd als vorm met de minste gerapporteerde comorbiditeit. Daartegenover staat dat slachtoffers in retrospectief vaak spreken over ouderlijke gedragingen die men zou kunnen scharen onder psychische (emotionele) mishandeling maar die voor omstanders buiten beeld blijven; het kind wordt geïntimideerd, bedreigd of gechanteerd bij het uiten van negatieve emoties of de dreiging te gaan praten. Dat blijkt ook duidelijk uit de volgende passage uit een interview.

> **Citaat ervaringsdeskundige Yoeri (26 jaar)**
>
> » Mijn vader zei altijd dat niemand me zou geloven als ik over 'ons geheim' zou vertellen en dreigde standaard met twee dingen: dat mijn moeder in een gesticht zou komen en dat hij de hond voor mijn ogen zou doden als ik iemand van ons geheim zou vertellen. Onze hond was mijn enige vriend, mijn zwakke plek dus, en dat wist hij vanaf mijn vierde jaar goed te gebruiken. Daardoor kon het ook zo lang doorgaan. Ik wilde zo graag dat het stopte, maar ik was te bang gemaakt om te praten.

Partnergeweld en kindermishandeling komen regelmatig samen voor. Het NJI vermeldt in hun dossier kindermishandeling dat 30 tot 60 % van de kinderen die getuige zijn van ouderlijk geweld, ook zelf worden mishandeld. Hermanns (2008) schrijft over studies die laten zien dat als mannen hun vrouw mishandelen, in 60 tot 75 % van de gevallen kinderen ook fysiek mishandeld worden. Oftewel, kindermishandeling vindt dan plaats onder de paraplu van huiselijk geweld in bredere zin.

1.1.9 Samenvatting

Samenvattend kunnen we stellen dat kindermishandeling zoveel verschillende uitingsvormen omvat dat we het een containerbegrip kunnen noemen. De definitie maakt duidelijk dat het een veelomvattend en ingrijpend thema is, de praktijk wijst uit dat er veel kruisverbanden ontstaan. Het woord mis-handelen verwijst naar 'zoals het niet moet'. Geweld gebruiken in de opvoeding is daar een voorbeeld van, ook als het een tik op de hand of billen is. Maar een incident van mis-handelen, zoals we ook uit de citaten met ouders konden lezen, is niet hetzelfde als kindermishandeling. Daarvoor moeten we een conditie, een patroon van onveiligheid of verwaarlozing zien waarbij ernstige schade wordt toegebracht of kan worden verwacht. Voor hoeveel kinderen in Nederland is dit laatste dagelijkse realiteit?

1.2 Hoe vaak komt kindermishandeling in Nederland voor?

Beelden spreken soms meer dan woorden of getallen. Eberhard van der Laan maakte in zijn functie van voorzitter van de Taskforce Kindermishandeling in 2016 regelmatig de cijfers visueel door aan te geven dat we jaarlijks de voetbalstadions De Kuip en De Arena kunnen vullen met kinderen die het slachtoffer zijn van kindermishandeling. Hij baseerde deze visualisatie op prevalentieonderzoek uit 2010, dat uitwees dat er naar schatting 118.836 kinderen op de stoeltjes zitten (Alink et al. 2010). Deze onderzoeksresultaten waren gebaseerd op informatie van beroepskrachten en formele registraties bij de toenmalige Advies- en Meldpunten Kindermishandeling (AMK). Vijf jaar eerder was een dergelijke informantenstudie ook uitgevoerd en becijferde men het aantal jaarlijkse slachtoffers op 107.200. Toen werd pijnlijk duidelijk dat we geen gebruik meer konden blijven maken van schattingen uit Amerikaanse studies omdat de prevalentie in Nederland een stuk hoger ligt (IJzendoorn et al. 2007).

Inmiddels is de studie, vier jaar later dan waarvoor in 2010 werd gepleit, opnieuw uitgevoerd. In de tussentijd is ook de 'meldcode' ingevoerd.

Het beeld van twee gevulde voetbalstadions blijft actueel. De schattingen van drie prevalentie-onderzoeken uit 2005, 2010 en 2017 ontlopen elkaar nauwelijks. Dit betekent dat de prevalentieschattingen al jaren stabiel blijven, zowel voor de totale prevalentie als de prevalentie voor de verschillende typen kindermishandeling. Onderzoekers van het meest recente prevalentie-onderzoek spreken over een onder- en bovengrens van respectievelijk 89.160 en 127.190 (Alink et al. 2017). Van de duizend kinderen kregen er in 2017 naar schatting 26 tot 37 te maken met kindermishandeling. De cijfers zijn gebaseerd op gegevens van Veilig Thuis en een informantenstudie waarbij professionals vanuit diverse werkvelden zoals peuterspeelzalen, huisartsenpraktijken en consultatiebureaus ernstige vermoedens van kindermishandeling in een specifiek tijdsbestek rapporteerden die vervolgens door getrainde codeurs werden getoetst aan gangbare definities.

Het is om meerdere redenen moeilijk te zeggen hoe nauwkeurig de schattingen de werkelijkheid representeren. Onderzoeken hebben hun beperkingen. En dat geldt ook voor het vermogen iets waar te nemen wat zich (meestal) in het verborgene afspeelt. Dat zien we terug als we rapportages van de verschillende partijen vergelijken die in de nationale prevalentiestudies werden gebruikt. Als we zelfrapportages van scholieren naast rapportages of gegevens van professionals leggen, dan zien we steeds dat jongeren zelf hogere scores van kindermishandeling rapporteren dan informanten. Hierbij moet wel vermeld worden dat de verschillen in de prevalentiestudie van 2017 minder groot waren tussen de groepen die de gegevens aanleverden. Ook verwacht men door het aanscherpen van stap 5 in de meldcode het verschil kleiner te laten worden tussen informantenrapportages en gerapporteerde meldingen (bij 42 % van de gerapporteerde gevallen van vermoede kindermishandeling zocht de informant geen contact met Veilig Thuis, zo maakt de NPM-2017 duidelijk).

Dat er bij minderjarige asielzoekers sprake is van een ondersignalering en onderrapportage op het gebied van kindermishandeling stelt de GGD in 2013 vast; een constatering die toe te schrijven is aan het veelvoud aan verhuizingen en verplaatsingen van de gezinnen waartoe deze kinderen behoren. Het Jaarrapport 2016 van de Landelijke Jeugdmonitor, zoals gepresenteerd door het CBS, maakt duidelijk dat ruim 40.000 jongeren tot 18 jaar een jeugdbeschermingsmaatregel kregen opgelegd, omdat de rechter oordeelde dat een gezonde of veilige ontwikkeling bedreigd werd. Het aantal jongeren met een jeugdbeschermingsmaatregel neemt toe naarmate de jongeren ouder worden. Allochtone jongeren krijgen vaker een jeugdbeschermingsmaatregel dan autochtone jongeren.

1.2.1 Prevalentie vrouwelijke genitale verminking

Vluchtelingen Organisaties Nederland (VON) noemde de veertig à vijftig kinderen die jaarlijks het risico lopen slachtoffer te worden van vrouwelijke genitale verminking een laag aantal (prevalentie- en incidentieonderzoek van Expertisecentrum Pharos en Erasmus MC 2013). Het zou betekenen dat 4 % van de in Nederland wonende meisjes uit de risicogroepen besneden wordt. Het opvolgende prevalentieonderzoek dat expertisecentrum Pharos uitvoert onder begeleiding van Erasmus MC, en op onderdelen met de Universiteit van Gent en de Universiteit van Milaan, zal meer duidelijk moeten geven.

1.2.2 Sekse- en leeftijdsverschillen Sekseverschillen

Uit de prevalentiestudie 2017 komt naar voren dat kinderen tussen de nul en drie jaar het grootste risico lopen op kindermishandeling (Alink et al. 2017). Dit beeld past bij de eerder gepubliceerde prevalentiestudie (Alink et al. 2010). In deze leeftijdsgroep wordt het meest vaak fysieke mishandeling en fysieke verwaarlozing gerapporteerd. Seksueel misbruik en emotionele mishandeling kwamen significant vaker voor bij meisjes. Voor fysieke mishandeling en emotionele verwaarlozing werden geen sekseverschillen gevonden.

1.2.3 Dodelijke slachtoffers

In de media en in publicaties wordt vaak vermeld dat jaarlijks ongeveer vijftig tot honderd kinderen aan de gevolgen van kindermishandeling overlijden. In 2017 werd in de media regelmatig het getal 52 gebruikt; elke week één kind. Deze cijfers zijn schokkend en worden daarom niet zelden ingezet om aandacht te genereren voor het onderwerp.

In werkelijkheid weten we (nog steeds) niet hoeveel kinderen jaarlijks overlijden aan de gevolgen van kindermishandeling. Het is om allerlei redenen geen gemakkelijke opgave om onomstotelijk vast te stellen dat een kind een door een ouder toegebrachte dood stierf. Er is geen landelijke registratie en veel onderzoek wordt er niet aan gewijd. Een enquête uit 1996 onder huis- en kinderartsen, die in het onderzoek het begrip kindermishandeling zelf moesten definiëren, leverde een schatting op van veertig dodelijke slachtoffers per jaar (Kuyvenhoven et al. 1998). De onderzoekers concludeerden dat de Nederlandse schatting laag is in vergelijking met die van andere Europese landen en de Verenigde Staten.

In 2010 keken Soerdjbalie-Maikoe en collega's naar gerechtelijke secties die in een periode van dertien jaar op overleden minderjarigen werden verricht. Dit onderzoek leverde een schatting op van zeventien kinderen per jaar, waarbij de aantekening werd gemaakt dat het werkelijke aantal waarschijnlijk hoger is. Ook hier geldt dus dat het om de absolute ondergrens gaat, maar dat we het werkelijke antwoord schuldig blijven. Het gaat hierbij niet alleen om kinderen waar we als samenleving of binnen de hulpverlening geen zicht op hebben, er overlijden ook jaarlijks kinderen die in beeld zijn bij de Meldpunten of hulpverlening. Het jaarverslag 2013 van de toenmalige Advies- en Meldpunten Kindermishandeling maakte bekend dat er zes kinderen zijn overleden tijdens de periode van onderzoek en/of doorverwijzing.

1.2.4 Hoe is de situatie in Caribisch Nederland?

Concrete gegevens over prevalentie van kindermishandeling ontbreken, maar het VN-Kinderrechtencomité wees de overheid in 2015 niet voor niets op hun verantwoordelijkheid jegens de kinderen in Caribisch Nederland. Dit comité, bestaande uit achttien onafhankelijke deskundigen, sprak zijn zorgen uit over het feit dat op Curaçao en Sint Maarten niet gemonitord wordt hoe kinderrechten op deze eilanden worden nageleefd.

Unicef schreef in haar Jaarberichten Kinderrechten, bijvoorbeeld in 2016 en 2017, over de zorgelijke situatie van kindermishandeling, huiselijk geweld – samenhangend met armoede – en het ontbreken van inzichtgevende cijfers, zodat we nauwelijks uitspraken kunnen doen over de situatie van de ruim vijfduizend kinderen die op de drie eilanden wonen. Veel voorzieningen die we in Nederland vanzelfsprekend vinden, zijn er op de eilanden niet. Volgens een regioplan uit 2014 zou er in ieder geval op Bonaire een meldpunt en een kindertelefoon moeten komen. Het Jaarbeeld 2016 Landelijk Toezicht Jeugd vermeldt dat er op Bonaire kinderen in pleeggezinnen verblijven, terwijl er onvoldoende toezicht is op hun veiligheid en welzijn omdat zij niet begeleid worden. Hoe is de huidige situatie op het gebied van preventie van kindermishandeling? We vragen het Curvin George, Directeur bij Jeugdzorg en Gezinsvoogdij Bonaire, Saba en Sint Eustatius:

Interview Curvin George

"De ministeries waarmee ik vanaf Bonaire intensief samenwerk, doen hun best om de kinderrechten te optimaliseren op de BES-eilanden. Samenwerking met de openbare lichamen is hierbij belangrijk. Natuurlijk merk je allereerst dat sommige partijen pro-actiever en praktischer aan de slag zijn op dit gebied, terwijl andere partijen nog in de analysefase zitten. Verder constateer ik nog altijd een gebrek aan middelen; instrumenten of voorzieningen die ingezet kunnen worden bij interventies. Dit heeft te maken met een disbalans tussen de gewenste investering en de duurzaamheid van het ingezette instrument. Een opvanghuis zal niet altijd voor minimaal tachtig procent bezet zijn en soms misschien zelfs een periode geen cliënten hebben. In de eilandelijke context is dit begrijpelijk, maar het heeft verstrekkende gevolgen voor de onderbouwing van de financiering. Belastinggeld wil je effectief en doelmatig inzetten. Duurzaamheid is daarom belangrijk. Net als samenwerking met de andere landen in het Koninkrijk, te weten Aruba, Curaçao en Sint Maarten. We zullen steeds moeten blijven afwegen wat wel en niet mogelijk is in Caribisch Nederland.

We krijgen ondersteuning van een aantal departementen, hoewel die soms moeilijk in te zetten is omdat er sprake is van bijvoorbeeld verschillende werkwijzen of soms tegengestelde belangen. Bundeling van een aantal thema's bij een departement, bijvoorbeeld als het gaat om kinderrechten, zou misschien uitkomst kunnen bieden. Nederland is ook (terecht) voorzichtig met investeren door een gebrek aan betrouwbare cijfers, iets wat overigens wel verbetert, continuïteit van personeel, duidelijk gedefinieerde doelgroepen en het uitblijven van concrete acties. Maar door zowel de BES-eilanden als Nederland wordt kindermishandeling als een belangrijk thema gezien. De opzet is dat de openbare lichamen verantwoordelijk zijn voor de eerstelijnszorg, te weten preventie/voorlichting en laagdrempelige opvoedondersteuning. Dit ontwikkelt zich gestaag met als gevolg dat organisaties zoals Jeugdzorg en Gezinsvoogdij en andere tweedelijnsorganisaties, onder druk komen te staan.

Er komt te veel instroom bij de tweedelijnsorganisaties terecht die eigenlijk bij de eerstelijns thuishoren. Afschalen wordt op dat moment moeilijk. De keten rondom kindermishandeling richt zich daarom voornamelijk op middelen die nodig zijn om de gaten te vullen, gezien het grote aantal ad-hoczaken. En dat terwijl we juist met elkaar op zoek zijn naar duurzame en effectieve oplossingen. Een Meldpunt is daarvan een voorbeeld. Een van mijn medewerkers is gevraagd om de realisatie hiervan te helpen versnellen. Een termijn of datum van invoering is er niet. Maar het is algemeen bekend dat het urgent is."

1.3 Hoe kan kindermishandeling worden verklaard?

Ouders die hun kinderen schade toebrengen; dat dit werkelijk gebeurt kunnen de meeste mensen moeilijk accepteren, laat staan begrijpen. Evolutionair gezien is het ook tegennatuurlijk om je eigen kroost te beschadigen, terwijl de gevolgen ook latere generaties kunnen beïnvloeden. Het komt bij anderen voor, ver weg. Niet op jouw school, waar zoveel hoogopgeleide ouders hun kind inschrijven. Niet bij jouw patiënten. Niet in jouw straat. Wel in sprookjes natuurlijk, maar is het daar niet bij voorkeur de stiefmoeder die het kind dat niet het hare is, afwijst en (psychisch) mishandelt?

1.3.1 Huidige visie

De huidige visie op kindermishandeling wordt als volgt verwoord:

> Als de ouder zijn kind mishandelt of verwaarloost, is het eerder een kwestie van onkunde dan onwil. De ouder heeft geen inzicht in de eisen die het ouderschap stelt, of dat inzicht is vervaagd door de problemen waar hij of zij mee worstelt. Hoogst zelden is het zo dat de ouder het kind opzettelijk pijn wil doen (Wolzak 2012).

Toen de overheid in 2012 een taskforce in het leven riep, vermeldde deze de tweedeling 'kindermishandeling en seksueel misbruik'. De reden voor het apart benoemen van misbruik is 'dat er bij kindermishandeling sprake is van een onmachtige dader en bij misbruik een machtsmisbruikende dader', zo staat op de website vermeld.

Ook de term opvoedkundige onmacht duikt regelmatig op. Beide naar onmacht en onkunde verwijzende visies roepen enkele prangende vragen op: waar komt de onmacht of de onkunde vandaan en hoe (via welk proces) kan onmacht leiden tot kindermishandeling? En lopen alle ouders die (opvoedkundig) onmachtig raken, en welke ouder voelt zich níet van tijd tot tijd onmachtig, het risico om te gaan mishandelen?

Dergelijke vragen zijn niet nieuw, ook in de vorige eeuw zocht men naar het 'hoe' en 'waarom' achter kindermishandeling. Emeritus hoogleraar kindermishandeling Baartman schreef in 1996 een omvangrijk werk over kindermishandeling, waarin hij de psychologische factoren, emotionele en cognitieve, in de ouder-kindrelatie in kaart bracht die bij kindermishandeling een rol spelen. Daarin lezen we dat men kindermishandeling lange tijd vooral toeschreef aan psychische stoornissen bij de ouder(s). Dit bleef de gangbare verklaring tot uit onderzoek naar voren kwam dat mishandelende ouders in psychiatrisch opzicht en qua persoonlijkheid niet afwijken van andere ouders. Toch nam dit gegeven de interesse voor mogelijke verklarende ouderlijke persoonskenmerken niet helemaal weg.

Belsky integreerde deze interesse halverwege de jaren negentig in een multifactorieel model, waar ook het sociologisch verklaringsmodel (het zijn de omstandigheden), het interactionele model (de ouder-kindrelatie centraal) en het contextuele model (met zijn focus op omgevingsfactoren) een plek vonden. Tussen de factoren vindt een dynamische wisselwerking plaats. Het werd gedoopt als het ontwikkelingsecologische model van Belsky en het model heeft nog steeds veel invloed.

Bronfenbrenner

Het model is gebaseerd op Bronfenbrenners (1979) opvattingen over de ecologie van de ontwikkeling van kinderen, waar alle systemen rondom een kind, van micro (betrekkingen tussen kind en anderen binnen de gezinssituatie) tot macro (bijvoorbeeld culturele opvattingen over geweld naar kinderen) een plek kregen. Van heel dichtbij, tot veraf, van waarneembaar tot nauwelijks of niet waarneembaar; alles wat invloed kan hebben op de ontwikkeling van een ouder of een kind hoort erbij. Het kan inzichtelijk gemaakt worden door de schillen van een ui die allemaal een plek hebben rondom de kern; in dit geval het kind. Zo kan het arbeidsleven van een ouder het kind – maar ook de andere ouder – beïnvloeden, ook als zij zich nooit op zijn werkplek hebben begeven. Dit geldt zeker als het werk door de ouder als stressvol wordt ervaren en deze stress zich thuis op een bepaalde manier laat gelden. Stress die door een ouder wordt ervaren in een structuur uit de ecologische omgeving, zet druk op de balans tussen draagkracht en draaglast. Als de verhouding tussen draagkracht en draaglast structureel uit balans raakt, wordt de kans op (ernstige) opvoedingsproblemen groter en daarmee ook de kans op kindermishandeling.

Het balansmodel

Deze visie zien we terugkomen in het balansmodel, bedoeld om een kader te scheppen voor beleid en interventies, en om ouders en kinderen met ontwikkelings- en opvoedingsproblemen te ondersteunen (Bakker et al. 1998). Het model stelt de draagkracht en draaglast van een gezin centraal en onderscheidt daarbij drie niveaus: micro (ouder en kind), meso (omgeving) en macro (maatschappij), een indeling die past bij de multifactoriële insteek van het ecologische model. De draaglast bestaat volgens het model uit het totaal aan (ontwikkelings- en levens)taken en stressoren (bedreigende factoren) waarmee kind en ouders worden geconfronteerd. Draagkracht is volgens dit model het geheel aan competenties en beschermende factoren dat ouders en kinderen in staat stelt de taken en bedreigende factoren het hoofd te bieden.

Het model wordt nog steeds veelvuldig gebruikt. Als theorie vormt het een basis voor activiteiten in de opvoedingsondersteuning (Burggraaff-Huiskes 2011); een interventie die belangrijk wordt geacht bij het voorkomen van kindermishandeling. Maar is met de disbalans tussen draagkracht en draaglast kindermishandeling voldoende verklaard? Laten we terugkeren naar het multifactoriële model als verklaringsmodel.

1.3.2 Ouderkenmerken en hun invloed op de ouder-kindrelatie

Baartman (1996) vond in Belsky's ecologisch verklaringsmodel geen bevredigende verklaring voor de vraag *waarom* sommige ouders met een disbalans tussen draagkracht en draaglast mishandelen of verwaarlozen en andere niet. Hij vond houvast in het concept 'parental awareness' van Newberger, wat hij vertaalde naar het begrip 'pedagogisch besef' en beschreef als 'het besef wat in het belang is van het kind en de wens om dit belang te dienen.'

Het oorspronkelijke concept van Newberger kent twee componenten:
- perspectief nemen: zicht op belevingen en intenties van het kind;
- een moreel oordeel: opvattingen over eigen rechten en verantwoordelijkheden in verhouding tot die van het kind.

De weging van die verhouding is volgens Newberger een zaak van permanente 'conflicting claims', oftewel ouderlijke belangen die in het groot en in het klein voortdurend botsen met die van de kinderen: een verschijnsel dat alle ouders met elkaar gemeen hebben. En de gedachte hierbij is, dat het de ouderlijke verantwoordelijkheid is om in principe de claims van het kind het zwaarst te laten wegen. Mishandelende ouders onderscheiden zich in hun reactie op deze conflicterende belangen; het eigen belang dienen is leidend geworden in de verhouding met het kind.

Maar het concept pedagogisch besef omvat volgens Baartman meer componenten. Zo spelen ook de verwachtingen van ouders een rol. Enerzijds gaat het daarbij om gepaste, realistische, tegenover ongepaste, te hoog gespannen, verwachtingen van ouders naar het kind toe. In het laatste geval verwacht de ouder meer dan het kind qua leeftijd en ontwikkeling aankan of kan laten zien en (ook) die neiging komt voort uit de sterke focus op de eigen behoeften. Anderzijds kan er een (te) hoog gespannen verwachting zijn wat het kind aan het eigen leven gaat toevoegen. De manier waarop het ouderschap wordt beleefd (bijvoorbeeld uitputtend of juist uitdagend) en opvattingen over de intenties achter het gedrag van een kind ('Mijn peuter zit me voortdurend uit te dagen'/'Mijn baby wil expres niet slapen'), bepalen ook of het pedagogisch besef zwak of sterk genoemd kan worden.

Ouders met een zwak pedagogisch besef beleven het ouderschap als zwaar en dichten hun kinderen meer dan andere ouders negatieve intenties toe. Verder hebben zij vaak moeite met sensitiviteit; 'het aanvoelen en weet hebben van, evenals het rekening houden met, de behoeften, emoties en belevingen van het kind'. Al deze aspecten samen geven volgens Baartman vorm aan de ouder-kindrelatie in pedagogisch opzicht. Ze tonen een beeld van ouders die zich door hun kind snel miskend voelen, zeer op zichzelf en de eigen belangen zijn gericht en weinig plezier beleven aan het ouderschap. Mishandelende ouders blijken mensen met een verhoogde kwetsbaarheid op één of meer van de genoemde factoren en bij wie er sneller sprake is van persoonlijke gekrenktheid en een gevoel van onmacht. Dit beeld past bij het laagste niveau van pedagogisch besef, de zogeheten egocentrische oriëntatie. De term past bij wat de ervaringsdeskundige die opgroeide bij een verslaafde moeder het 'ikke-ikke-ikke-principe' noemde, waarbij moet worden opgemerkt dat het middel waaraan men verslaafd is, voor een verslaafd persoon vanzelfsprekend in het centrum van de aandacht staat: alles moet wijken voor de alcohol of drugs, al het andere is er min of meer ondergeschikt aan.

Naar het concept van Newberger zijn er vier niveaus in het pedagogisch besef, oplopend van zwak tot sterk die gradaties van moraliteit representeren bij de afweging van belangen:
1. egocentrische oriëntatie: de wensen en belangen van de ouder staan voorop;
2. conventionele oriëntatie: traditie, cultuur en gezag staan centraal in de opvoeding;
3. subjectief-individualistische oriëntatie: de ouder ziet wat het kind nodig heeft en geeft dit ook;
4. interactieve oriëntatie: beide belangen, van zowel ouder als kind, staan centraal en zijn in evenwicht.

Baartman benadrukt dat het begrip niet op eigen benen staat; kindermishandeling kan niet enkel en alleen begrepen worden op basis van ouderkenmerken. Het cluster heeft een plaats naast de andere structuren uit de ecologische omgeving, zoals de partnerrelatie, de werksituatie, het sociale netwerk en kindkenmerken. Als er stress wordt ervaren binnen deze clusters, is het de combinatie met een sterk of zwak pedagogisch besef wat de kans op kindermishandeling vergroot of verkleint. Veel stress en een zwak pedagogisch besef geeft de grootste kans op kindermishandeling. Terwijl een sterk pedagogisch besef bij hoge stress juist als buffer kan dienen.

Het pedagogisch besef werkt volgens Baartman als een filter, dat meer of minder negatieve invloeden doorlaat op het ouderterrein. Dat maakt dat het pedagogisch besef beschermend kan werken of een risicofactor kan zijn, al naargelang of het sterk of zwak is. Het begrip lijkt als toegevoegd concept aan het ecologisch verklaringsmodel recht te doen aan de complexiteit achter het begrip kindermishandeling en de ouderlijke betrokkenheid daarbij.

Diverse componenten van het begrip zien we in recent onderzoek terug. Mishandelende ouders blijken meer geneigd te zijn gedrag en karakter van het kind negatief te interpreteren (Lau et al. 2006; Stith et al. 2009). Berger en collega's (2004) stellen vast dat er door een gebrek aan kennis over de ontwikkeling van een kind vaker onrealistische verwachtingen ontstaan. Zij benoemen ook dat deze ouders het moeilijker vinden om op een positieve wijze met hun kind om te gaan. Of dit een gevolg is van negatief interpreteren of voortkomt uit een kenmerkende manier van met kinderen omgaan die past bij de ouder als persoon, weten we niet. Uit een meta-analyse van Stith en anderen (2009) bleek dat fysieke mishandeling sterk samenhangt met ouderlijke persoonlijkheidsstoornissen die gepaard gaan met agressie en impulsiviteit, maar ook met een slechte gezinscohesie. Voor verwaarlozing vonden de onderzoekers dezelfde persoonlijkheidskenmerken, maar ook een sterker effect van de problematische interactie tussen ouder en kind, een negatieve kijk van de ouder op het kind, het stressniveau van de ouder en het zelfbeeld van de ouder.

Het concept pedagogisch besef geeft meer inzicht in de herkomst van de ouderlijke onmacht en onkunde, maar we waren ook nog benieuwd via welk proces onmacht tot mishandeling kan leiden. Newberger veronderstelde, en vond daar ook enig empirisch bewijs voor, dat parental awareness een (morele) groei doormaakt in vier stadia. Deze veronderstelling, dat ouders van het eerste niveau idealiter doorstromen naar het hoogste niveau, werd door Baartman kritisch benaderd, alsook door ouderbegeleider en gezinstherapeut Alice van der Pas in haar promotieonderzoek (2003). Ter vergelijking: de werkdefinitie van ouder-zijn die Van der Pas hanteert, behelst ook een morele component, maar één die bij aanvang al volgroeid is, onwrikbaar en permanent: een onvoorwaardelijk en tijdloos besef van verantwoordelijk-zijn. Van der Pas (1996) noemt dit besef van verantwoordelijk-zijn 'het enige specifieke van alle ouderschap', het is de essentie ervan en wordt door alle ouders gedeeld. Dat het besef hen voortstuwt, daarvan zijn ouders zich zelden bewust: het komt 'als een prereflexieve notie van commitment'. Het is als het ware het kloppende hart van het ouderschap. Van der Pas illustreert het als energiebron, als kompas, een speciaal soort extra geweten. En tegelijkertijd, schrijft ze, garandeert het niets. Alle ouders hebben dit besef van verantwoordelijk-zijn, maar ze verschillen in de manier waarop ze er vorm aan geven.

Wat wel groeit volgens haar visie, maar niet in de zin van 'steeds hoger en beter', is ouderschap. Van der Pas ziet ouderschap als een zigzaggend groeiproces. Het groeit door gaandeweg uit te vinden hoe te timen en te doseren tijdens het grootbrengen. Een proces dat volgens de ouderschapsdeskundige een zigzaglijn volgt tussen zelfvertrouwen en onzekerheid en dat bij de meeste ouders tot een goed einde leidt. Tijdens dat proces is er sprake van falen, onaangename emoties en moeilijke perioden, maar de trots, het plezier en/of de ontroering voeren tijdens het grootbrengen bij de meeste ouders de boventoon.

Het proces kan echter ook anders verlopen en interpretaties en ouderervaringen spelen daarbij een rol. Gedrag van een kind kan bij verschillende ouders verschillende emoties teweegbrengen. Zo kan een gangbare driftbui van een peuter door een moeder die aan een depressie lijdt persoonlijker of zwaarder worden opgevat dan door een gezonde moeder die voldoende emotieregulatie tot haar beschikking heeft. Omdat interpretatie aan emoties voorafgaat, spelen interpretaties in oudergedrag een grotere rol dan emoties, zo stelt Van der Pas (1996).

Even terugkerend naar het concept pedagogisch besef: ook daar was sprake van het (negatief) interpreteren van het gedrag van een kind. Maar Van der Pas beschrijft een ander patroon van interpreteren, één dat hand in hand gaat met het besef van verantwoordelijk-zijn. Gedrag van een kind, zoals huilen of niet luisteren, kan door een ouder worden geïnterpreteerd als afwijzing, falen of een bewijs van niet-functioneren als ouder. En, zegt Van der Pas, juist het besef van verantwoordelijk-zijn zorgt ervoor dat zo'n prikkel zich door andere heen dringt en kan worden ervaren als een 'hete cognitie'; de allereerste respons erop die zich moeilijk laat corrigeren. Ouders bij wie het zigzaggende groeiproces van ouderschap afwijkend verloopt, komen terecht in een negatieve spiraal waarin het falen, de onaangename emoties en moeilijke perioden wél de boventoon voeren. Het eindstation van de spiraal is verwaarlozing, mishandeling of verwenning. Kenmerkend is de emotionele desinteresse van de ouder die zich in zo'n spiraal bevindt ten aanzien van de effecten op het kind en van de eigen mogelijkheden tot verandering. Deze ouders gaan uiteindelijk geloven dat zij ouders zonder invloed zijn; wat ze ook doen, zo is de redenatie, het maakt toch geen verschil. Zij zijn volgens Van der Pas net als alle andere ouders óók 'ervaren ouders', maar hun ervaring was er één van een neergaande lijn, zowel in ervaringen, emoties als in het geloof in de eigen ouderlijke kwaliteiten. Om tijdens of aan het einde van die neergaande spiraal nog enigszins te kunnen functioneren als ouder, worden emoties verdoofd en illusies uitgewist: het zelfvertrouwen van de ouder aan het einde is uiteindelijk uitgedoofd.

Zagen we niet een soortgelijke beschrijving van een ouder bij het bespreken van een zwak pedagogisch besef; een ouder die het lijkt te hebben opgegeven, het kind vooral ervaart als last en voor wie het ouderschap een stressor is geworden?

Het besef van verantwoordelijk-zijn kan ook een specifieker licht werpen op de disbalans tussen draagkracht en draaglast waar kindermishandeling een gevolg van kan zijn. De stressoren die de draaglast verzwaren, drukken óók zwaar op het besef van verantwoordelijk-zijn. Denk aan armoede, dat ouders kunnen ervaren als 'de kinderen niet kunnen geven wat ze nodig hebben' en relatie- of gezondheidsproblemen die gevoeld kunnen worden als 'niet in staat zijn de kinderen te geven waar ze recht op hebben'. Juist vanuit het besef van verantwoordelijk-zijn kunnen dergelijke omstandigheden stressoren worden voor ouders. Een persoon die geen ouder is, zal er niet vanuit het besef van verantwoordelijk-zijn op (hoeven te) reageren. Gezondheids- of relatieproblemen hebben dan vooral (een negatieve) invloed op het eigen welzijn of functioneren en raken niet het besef van verantwoordelijkheid dat zo kenmerkend is voor het ouderschap.

1.3.3 Samenvatting

Samenvattend kunnen we stellen dat het containerbegrip kindermishandeling slechts verklaard kan worden door een complex samenspel van factoren. Twee standaardwerken uit de vorige eeuw helpen ons om iets dichter bij de antwoorden op twee vragen te komen: hoe kunnen de onmacht en onkunde bij ouders verklaard worden en hoe verloopt het proces dat zo'n ongewenst gevolg als kindermishandeling met zich mee kan brengen?

Het concept pedagogisch besef maakt duidelijk dat we voor de ouderlijke component een laag dieper moeten kijken dan naar het ontspoorde opvoedend handelen dat ogenschijnlijk de kern vormt van het probleem. Het is het ouderschap en de beleving daarvan dat ontspoord is geraakt als ouders verwaarlozen of mishandelen. Ouderschap is een van de stressoren geworden. Ouders, volgens de visie van Van der Pas gedreven door een besef van verantwoordelijk-zijn, kunnen in een negatieve spiraal terechtkomen, waarin de negatieve beleving van zowel het ouderschap, de ouder-kindrelatie als het eigen functioneren als ouder overheerst. Deze spiraal kan uiteenlopende gevolgen hebben, maar zonder bijsturing zien we ouderlijke lethargie en disfunctioneren terug bij het eindstation. De termen onmacht en onkunde uit visies op kindermishandeling krijgen hiermee een stevigere onderbouwing en procesbeschouwing.

In het volgende interview zal de lezer de negatieve spiraal en andere behandelde factoren kunnen herkennen. Dit wil geenszins zeggen dat deze vader dé mishandelende ouder representeert.

Interview ervaringsdeskundige ouder Henk van der Plas: 'De woede welde op na een gevoel van onmacht of onzekerheid'

"Ik ben een man van 68 jaar. Met mijn tweede vrouw ben ik nu zeventien jaar getrouwd. Van origine ben ik goudsmid. Toen ik ontdekte dat ik hele dagen achter een werkbank doorbrengen toch te saai vond, heb ik me laten omscholen tot timmerman. Ik heb nog een tijd een eigen zaak gehad. Op dit moment klus ik soms bij anderen. Ik geef dit interview omdat ik hoop dat ik anderen ermee kan helpen. Misschien ook mijn eigen kinderen.

Ik groeide op als oudste zoon in een gezin van negen kinderen. Mijn vader had een eigen bedrijf. We waren een gelovig gezin. Je kunt ons achteraf bezien ook wel wat wereldvreemd noemen. We mochten veel dingen niet vanwege het geloof. Mijn ouders waren wel lief. Dat zeiden anderen ook vaak tegen me. Maar ik werd niet bevestigd door mijn vader. Er was geen hartscontact tussen mij en mijn vader en dat had ik wel nodig. Maar de eigen zaak waar ik net over vertelde, had ik wel aan mijn vader te danken. Hij ging voor mij op zoek naar een goudsmederij/juwelierswinkel en was ervan overtuigd dat ik dat zou kunnen. En het lukte ook, omdat mijn vader veel vertrouwen in me had. En al was dat op middelbare leeftijd, ik wil hem hierom postuum eren. Aan mijn moeder merkte ik dat ze geïnteresseerd in me was doordat ze me vragen stelde. Of mijn ouders een goed huwelijk hadden, weet ik niet. Mijn vader zorgde in ieder geval heel erg goed voor mijn moeder. Naar de kinderen toe hebben ze volgens mijn overtuiging naar beste weten gehandeld. Van mijn moeder werd altijd gezegd dat ze zenuwzwak was. Ze kon niet veel aan. Er kwamen echter wel negen kinderen, sommige behoorlijk brutaal. Ik ook. Mijn moeder vroeg elke nieuwe dag in gebed om veel kracht, wat ze dan ook echt kreeg. Gelukkig hadden we altijd meisjes voor dag en nacht. Mijn moeder had goed contact met deze vrouwen en deed zelf het lichte huishoudelijke werk. Haar eigen jeugd was niet gemakkelijk. Mijn grootouders scheidden op initiatief van mijn oma toen mijn moeder een jaar of acht was. Mijn oma kwam onder invloed van een medium die haar vertelde dat als ze zou gaan scheiden, ze haar man na een tijd toch weer zou terugkrijgen. Mijn oma heeft hiernaar geluisterd. Mijn moeder was vanaf dat moment haar moeder kwijt. "Wat wil je voor je negende verjaardag," vroeg haar vader. Toen ze antwoordde dat ze haar moeder terug wilde, schijnt mijn opa heel boos te zijn geworden. Mijn oma heeft de laatste jaren van haar leven doorgebracht in een psychiatrisch ziekenhuis. Ze had veel wroeging over de keuzes die ze had gemaakt. Het gevoel dat overheerste was: 'ik heb het verknald.'

Na mijn trouwen, ik was toen twintig, gingen we boven mijn ouderlijk huis wonen. In die tijd heeft mijn jongste zus van iemand gehoord dat mijn moeder thuis met de gaskraan een zelfmoordpoging heeft gedaan. Niemand van mijn zussen weet of dit echt is gebeurd. In de laatste vijftien jaar van haar leven is mijn moeder regelmatig opgenomen geweest, mede vanwege zelfmoordpogingen. De eerste keer was twee jaar na het overlijden van een van mijn broers, die een einde aan zijn leven had gemaakt. Haar laatste jaren bracht ze door in een verpleeghuis. Daar overheerste de angst; ze schreeuwde het regelmatig uit van angst. Mijn vader was toen al overleden. Het was aan het einde een nare tijd. Als we haar bezochten, konden wij als kinderen haar niet echt bereiken of troosten. Het lijkt wel alsof haar weggestopte trauma's tevoorschijn kwamen.

Vrij snel na mijn huwelijk werd mijn eerste kind geboren. In vijf jaar tijd kwamen er vier kinderen. Vier jaar later kwam mijn jongste dochter. We kregen drie zonen en twee dochters. Opeens was ik vader van vijf kinderen. Ik had geen dromen of ambities, ook niet over het vaderschap. Ik wist niet eens wie ik zelf was. Ik was heel erg onzeker. Bijbels gezien moet je als vader als hoofd van het gezin functioneren, maar ik had geen idee hoe dat moest. Hoe kun je die taak uitvoeren als je niet eens weet wie je bent? Mijn ex-vrouw was intelligent, veel slimmer dan ik, en ik kon niet tegen haar op voor mijn gevoel. Dat was natuurlijk niet zo, maar zo voelde ik dat. 'Ik kan zelf niks'; die gedachte overheerste bij mij. Als ik eens wat probeerde als man of als vader, mislukte het vaak en werd ik ontzettend boos. De boosheid werd getriggerd door mijn gevoel van onmacht. Ik was permanent onmachtig, voelde me mislukt. En ik ervoer mijn vrouw als iemand die alles onder controle had. Dat bepaalde onze relatie. Maar heel gek; als ze ziek werd of zwak was, kon ik die situatie ook niet aan. Ik werd dan volkomen hard van binnen. Onbegrijpelijk vind ik het achteraf, hoe mijn reactie dan was.

Hoe mijn opvoedstijl was? Er was helemaal geen stijl. Met de bijbel in de hand deed ik het helemaal verkeerd. Ik wist wel dat ik hulp nodig had, want ik voelde me vaak wanhopig. Die wanhoop uitte ik regelmatig, dan hing ik weer aan de telefoon bij vrienden die ook kinderen hadden en met wie we regelmatig op vakantie gingen. Ik vroeg ze om raad, mijn noodkreet was: "Help me!" Mensen in mijn omgeving wisten en zagen wel dat ik het als vader niet kon, maar ik denk niet dat ze exact door hadden hoe het er thuis aan toe ging. Ik kon ook niet genieten. In gezelschap zat ik er altijd als een boer met kiespijn bij. Op een gegeven moment vertelden die vrienden dat ze ook niet meer wisten hoe ze me konden helpen. Het advies wat overbleef, was: 'Roep de Heer aan.' En dat deed ik daarna dan ook elke dag na het avondeten. Dan ging ik het huis uit om te wandelen.

Ik kan je niet veel voorbeelden geven over hoe ik me gedroeg als vader. Ik weet dat niet meer, heb er nauwelijks herinneringen aan. Wat ik je wel kan zeggen is wat ik laatst aan mijn ex-vrouw verteld heb. Ik heb sinds kort weer contact met haar en ik heb uitgesproken dat ik honderd procent mislukt ben als echtgenoot en als vader. Ze heeft me volledig vergeven toen ik haar dat vroeg. We zijn op haar initiatief gescheiden toen ons jongste kind elf jaar oud was. Mijn dochters wilden dat ik wegging. Terecht. Ik voelde ergens wel aan dat als ik niet zou vertrekken, het echt goed mis zou gaan. Het werd gewoon te erg; de boosheid, de frustraties. En ik hoorde er in het gezin voor mijn gevoel al niet meer bij. Dus ik vertrok.

Ik kwam boven een café te wonen en begon, met wat hulp van mijn vader, een eigen zaak. Mijn dochters wilden na de scheiding geen contact meer. De Raad voor de Kinderbescherming onderzocht op verzoek van de rechtbank of een omgangsregeling mogelijk was. Na gesprekken met mij, mijn dochters en mijn ex-vrouw brachten zij het advies uit om mijn verzoek om een omgangsregeling af te wijzen. De meisjes wilden absoluut geen contact meer met mij en hadden dat aan de Raad verteld.

Ik heb het rapport nog bewaard. Er staat dat '… vader zich, aldus moeder, erg bruut en onvoorspelbaar kon gedragen. Bij het minst of geringste ontstond er een conflict, soms met slaande ruzie. Op zulke momenten waren moeder en de kinderen erg bang voor vader. Uit angst voor zijn woede-uitbarstingen kwam het regelmatig voor dat moeder en de kinderen het huis uit vluchtten. Op den duur was zelfs de aanwezigheid van vader in huis, volgens de moeder met name voor de jongste twee kinderen, aanleiding voor angstige en onveilige gevoelens.'

Ik kan me daar dus niks van herinneren. Dat staat ook in het rapport: 'Moeder haalt aan dat zij vaak getracht heeft met vader hierover te praten. Maar na een uit de hand gelopen conflict of woede-uitbarsting kon vader zich totaal niets herinneren van zo'n voorval of vertoonde hij de neiging het als niet ernstig te hebben ervaren.'

Ook hier is mijn geheugen een zwart gat. Mijn kinderen gebruiken de term kindermishandeling als ze het over hun jeugd hebben. Toen wij net contact hadden voor het interview, betrok ik het woord 'kindermishandeling' niet op mezelf. In het uitgebreide rapport wordt 'kindermishandeling' ook niet genoemd. Maar als ik dat rapport teruglees, over mezelf …, dan moet ik wel toegeven dat die term van toepassing is geweest. Wat er gebeurd is, gaat zo diep. Dat tast je als kind vreselijk aan. Het moet zo zwaar geweest zijn voor ze. Al die ruzies …

Een van mijn dochters heb ik na de scheiding nog één keer gezien. Ze kwam met een vriend bij mij langs om me vragen te stellen. Maar ik verviel in mijn, zoals ik het noem, 'zieligheidsmodus'. Dat betekent dat ik de nadruk legde op mijn eigen moeiten. Er was geen ruimte voor haar verhaal of vragen. Ik heb het gesprek verkeerd aangepakt en ik heb haar daarna nooit meer gezien. Ik ken haar man niet en haar kinderen heb ik nog nooit ontmoet. Mijn andere dochter laat me als opa voor haar kinderen in haar leven toe. Daar maak ik samen met mijn huidige vrouw leuke uitstapjes mee. Een van mijn zonen wil helemaal geen contact meer sinds een aantal jaren. Eén zoon laat me af en toe in zijn leven toe, maar alleen op zijn initiatief. Met mijn andere zoon heb ik nog wel contact en vanwege dit interview hebben wij laatst voor het eerst een keer gesproken over zijn jeugd. Hij zei me hoe erg het er vroeger aan toe ging en dat ik alles deed met de bijbel in de hand. Het viel me op hoe voorzichtig hij me dat vertelde … Dat was zo bijzonder.

Ik huil nu omdat hij, en onlangs ook mijn dochter, me op zo'n lieve manier vertelden wat een rotleven ze door mij hebben gehad. Het moet zo zwaar geweest zijn voor ze. Dat besef had ik voorheen niet. Dat ze het nu durven vertellen, vind ik al bijzonder. Dat is nieuw voor mij. Langzamerhand krijg ik dan ook concrete voorvallen te horen. Dat ik de sfeer altijd verpestte door zo snel boos te worden. Ik snap nu dat mijn gedrag schadelijk was voor mijn kinderen. Maar toen ik er middenin zat, had ik daar totaal geen notie van. Ik wist alleen dat ik hulp nodig had. Wat het voor de kinderen betekende … ik had er geen idee van.

Het klopt dat ik het woord slaan of geweld niet gebruik. Ik omschreef het tot nu toe vooral als boosheid. Maar als ik eerlijk ben, dekt dat woord de lading niet. Ik kan beter zeggen dat ik vaak woedend was. Ik heb mijn kinderen geslagen. En ook mijn ex-vrouw. Het gebeurde in een opwelling of in combinatie met mijn woede.

Hoe ik dat gevoel kan omschrijven? De woede welde op na een gevoel van onmacht of onzekerheid, wat als man een verschrikkelijk gevoel is. Als ik er nu op terugkijk, draaide het dus alleen maar om mij. Of ik vond dat ik in overeenstemming met mijn geloof handelde? Daar dacht ik niet over na. Had ik dat maar gedaan, want dan had ik beseft wat ik kapotmaakte. Maar mijn geloof was in die tijd meer religie dan relatie. Dat mijn kinderen wegvluchtten voor me, zoals in het rapport staat geschreven, dat weet ik zelf niet meer. Ik kan niet verklaren waarom ik zoveel ben vergeten. Mijn vrouw noemt dat een zwart gat. Tegelijkertijd weet ik zeker dat de verhalen van mijn kinderen kloppen. Maar ik heb er zelf geen beelden bij. Op één voorval na. Een van mijn zonen, die toen een jaar of dertien was, maakte op de werkplaats van mijn vader schade aan mijn nieuwe auto. Hij kreeg er genadeloos van langs. Van mij. En van mijn vader. We sloegen hem om de beurt. Dat moet iets bij hem kapot hebben gemaakt. We hadden nota bene zelf kunnen voorkomen dat hij de auto beschadigde door de stekker ergens uit te halen. Ik was het er op dat moment ook mee eens dat mijn vader mijn kind sloeg. Dat was natuurlijk heel erg en dan druk ik me voorzichtig uit. De vraag of mijn vader zijn eigen kinderen ook weleens geslagen heeft, kan ik niet beantwoorden. Dat weet ik eigenlijk niet. Ik heb dit voorval een keer bij mijn zoon aangeroerd, maar dat ging niet gepaard met bewogenheid van mijn kant. Hopelijk kan ik dat ooit nog rechtzetten. En dat wil ik niet doen op de manier zoals ik het als jonge vader deed. Duizenden keren heb ik vergeving gevraagd als ik weer eens in woede was uitgevallen. Maar als je het zo vaak doet, werken je excuses natuurlijk niet meer. Op een gegeven moment zegt het ze niks meer. Dan maak je het eigenlijk alleen maar erger. Toen ze volwassen waren, heb ik mijn kinderen een brief geschreven waarin ik vergeving vroeg, maar dat werkte eigenlijk ook niet.

Als ik werkelijk contact had gehad met mijn vader, geweten had wie ik was, zekerheid had meegekregen … dan had ik levenswijsheid gehad. Ik denk dat dat gemis ten grondslag ligt aan mijn complete falen als vader. En als echtgenoot van de moeder van mijn kinderen. Nu ben ik opnieuw echtgenoot en ik loop daarin ook wel weer tegen bepaalde dingen aan. Ik moet ervoor waken mezelf niet te laten ondersneeuwen. Ik wil wel een eigen persoon blijven. Mijn vermoeden is dat meer mannen hiermee te kampen hebben.

De dochter van mijn derde zoon gaf me laatst een tekening waarop twee keer geschreven stond: 'Opa, u bent een lieve zonneschijn.' Dat vond ik een groot compliment. Ik wist niet wat me overkwam. Met de kleinkinderen kan ik blijkbaar iets doen, waartoe ik als vader niet in staat was. En voor een knulletje uit de straat die geen vader heeft, mag ik ook opa zijn. Ik begrijp nu dat het een wisselwerking is. Blijkbaar straal ik in deze periode van mijn leven iets uit waardoor kinderen zich veilig voelen. En ik zie de kinderen zelf ook. Dat was vroeger niet het geval. Een aantal jaren terug deed ik voor mijn werk een klus op een school. Op een dag zei ik helemaal enthousiast tegen mijn vrouw: "Ik zie kinderen." Daarmee bedoelde ik; ik zie hen en zij zien mij. Dat was nieuw.

Ik kan me vinden in de visie op kindermishandeling die jij me liet lezen, dat ouders uit onmacht hun kinderen mishandelen. Als vader wil je je kinderen geen pijn doen. Ik ook niet. Maar ik deed het wel. Ik had hulp nodig. Toen ik bij mijn gezin weg was, heb ik die hulp gezocht bij een psychiater. Of ik daar wat aan gehad heb? Niet dat ik weet. Ouders die in dezelfde situatie zitten als ik destijds, zou ik willen meegeven: 'Probeer je kinderen elke dag te bevestigen door ze positief te behandelen, lieve dingen uit te spreken en te zeggen dat je in ze gelooft. Ga met ze stoeien, kroelen, spelletjes doen … Ik denk dat je ze bevestigt als je dat soort dingen vaak doet. Ook als je jezelf daartoe niet in staat voelt, zou je het toch moeten doen. Tegen de jongere versie van mezelf, de jonge vader, zou ik nu zeggen: 'Vergeet jezelf. Richt je op je kinderen. Nogmaals: bevestig ze.' Door mijn wanhoop was ik enorm veel met mezelf bezig. Achteraf gezien was het goed geweest als mensen, bijvoorbeeld vrienden, een broer of een zus, mij ter verantwoording hadden geroepen. Als ze me op een duidelijke manier hadden verteld dat mijn gedrag niet deugde of hadden gezegd: 'Stop hiermee.' Ik zou omstanders op het hart willen drukken: 'Laat iemand maar goed schrikken.' Dan gebeurt er wat. Ik citeer een bijbelse wijsheid als ik zeg dat een echte vriend wonden slaat."

Naschrift: Enige tijd na het interview koos Henk van der Plas ervoor hulp te zoeken bij een (systeem)therapeut.

Preventie van kindermishandeling

2.1 Preventie – een inleiding – 30
2.1.1 Meerdere vormen van preventie – 30
2.1.2 Hoe bereik je je doel? – 32

2.2 Beïnvloedende factoren bij kindermishandeling – 33
2.2.1 Risicofactoren en beschermende factoren voor kindermishandeling – 34
2.2.2 Risicofactoren en beschermende factoren voor seksueel misbruik – 35
2.2.3 Meisjesbesnijdenis – 36

2.3 Welk kind loopt het meeste risico? – 36

2.4 Preventie en de probleemeigenaren – 37
2.4.1 Actieplannen – 37
2.4.2 Meldcode – 38
2.4.3 Overheidscampagnes – 39
2.4.4 In de praktijk – 40
2.4.5 Innovatieve projecten binnen gemeenten – 40
2.4.6 Lokaal beleid – 43

© Bohn Stafleu van Loghum is een imprint van Springer Media B.V., onderdeel van Springer Nature 2019
S. van Gameren, *Preventie van kindermishandeling*, https://doi.org/10.1007/978-90-368-1876-6_2

> In dit hoofdstuk staan de volgende vragen centraal:
> - Welke vormen van preventie zijn er?
> - Welke factoren beïnvloeden de kans dat kindermishandeling optreedt?
> - Wie is de probleemeigenaar als het gaat om preventie?

2.1 Preventie – een inleiding

Preventie betekent niets meer en niets minder dan dat we iets schadelijks voorkomen. En daarmee is de gemiddelde mens druk doende. We sluiten er zelfs de dag vaak mee af: we poetsen onze tanden, brengen crème aan op het gezicht en draaien alle deuren op slot. Van deze vormen van naïeve preventie zijn er talloze. Voor dit hoofdstuk is het belangrijk te kijken naar professionele preventie, een sector binnen de geestelijke gezondheidszorg die vanaf de jaren tachtig van de vorige eeuw erkend werd als een gespecialiseerde vorm van zorg. Elke grote instelling voor geestelijke gezondheidszorg heeft sindsdien een preventieafdeling waar onder andere voor de volgende vier thema's activiteiten worden georganiseerd: arbeid (voorkomen van werkstress en burn-out), sociale psychiatrie, depressie en kinderen van ouders met psychische problemen of een verslaving (KOPP/KVO). De onderwerpen worden veelal in cursusvorm behandeld. Het exacte aanbod is per instelling en per regio verschillend, hoewel veel thema's en doelgroepen overlappen.

Preventieve activiteiten kunnen erop gericht zijn iets te voorkomen, maar ook om tijdig te ontdekken en daarmee een ziekte of probleem in een vroeg stadium aan te pakken of na te streven dat er na herstel geen terugval volgt. Preventie van kindermishandeling kan daarom meer behelzen dan willen voorkomen dat iets zich zal openbaren, hoewel dat feitelijk gezien de ultieme manier van preventief handelen is. Zo snel mogelijk hulp bieden om verdere schade te voorkomen; ook dat is preventie. Voor een nadere uitleg komen we uit bij de Amerikaanse kinderpsychiater Caplan, die in 1964 een indeling heeft beschreven voor preventie van psychiatrische problemen. De indeling geldt nog steeds als leidend; het is de gouden standaard voor ggz-preventie. Maar men is in de loop der jaren creatief omgesprongen met zijn nalatenschap. Want waar bij Caplan de psychische stoornis standaard het object van preventie was, wordt het in de literatuur en preventiepraktijk regelmatig vervangen door een term die relevant geacht wordt voor de geestelijke gezondheid, zoals arbeidsongeschiktheid op psychische gronden (Hoefnagels 2001). Datzelfde gebeurt als we de indeling van Caplan hanteren en kindermishandeling het preventieobject maken, een keuze die gerechtvaardigd lijkt door het risico op psychische schade voor het kind.

2.1.1 Meerdere vormen van preventie

Driedeling

De definitie van Caplan onderscheidt de driedeling primaire, secundaire en tertiaire preventie. Als we nu kindermishandeling op de plaats van psychiatrische problemen invullen, komen we uit bij de volgende indeling.

Primaire preventie Bij primaire preventie wil men voorkomen dat er zich nieuwe gevallen van kindermishandeling voordoen. Dit betreft de incidentie. Hieronder vallen volgens Caplan ook preventieve activiteiten gericht op risicogroepen, hoewel risicogroepgerichte preventie vaak als secundaire preventie wordt aangeduid (Baartman 1996). Primaire preventie richt zich met interventies vooral op het wegnemen van de oorzaken van het probleem en op groepen, bijvoorbeeld op de hele bevolking door middel van grote campagnes, tegelijk kan het ook individugericht zijn.

Secundaire preventie Bij secundaire preventie wil men juist de prevalentie, het aantal bestaande problemen, verminderen en dat kan door de duur te verkorten en te voorkomen dat een mild probleem verergert.

Tertiaire preventie Deze vorm van preventie heeft als doel de gevolgen te verminderen, dan wel reeds bestaande problemen te verzachten. De oorzaken achter het voortduren van het probleem worden aangepakt. Hiermee wordt getracht de bekende negatieve spiraal te voorkomen.

Ten slotte kunnen we ook nog recidive-preventie (terugvalpreventie) onderscheiden, waarmee men wil voorkomen dat een probleem of stoornis waarvan bekend is dat het zich herhalen kan, opnieuw optreedt.

Omvang van de doelgroep

Een ander onderscheid kan gemaakt worden op basis van de omvang van de doelgroep waarop men zich richt. Is dat voor de hele bevolking of een grote bevolkingsgroep, dan spreken we van universele preventie. Richt men zich juist op een risicogroep, dan spreken we van selectieve preventie, er hoeven dan nog geen klachten aanwezig te zijn. Een voorbeeld hiervan is het thema kinderen van ouders met psychische problemen (KOPP) die een verhoogd risico lopen, zelf (vroeg of later) klachten te ontwikkelen, maar nog geen klachten hoeven te hebben, om aan een interventie deel te nemen. Geïndiceerde preventieve interventies zijn bestemd voor individuen met een hoog risico op een ziekte of stoornis, bij wie al wel sprake is van (beperkte) symptomen. Je kunt hierbij denken aan mensen met (lichte) werkstress of burnoutklachten.

Pedagogische preventie

In het kader van het thema kindermishandeling is de term pedagogische preventie interessant. Dit is de vorm van preventie die zich richt op het terrein van opvoeding en ontwikkeling van kinderen. Het omvat de volgende drie vormen:
1. opvoedingsondersteuning: ondersteuning van het opvoedingsproces;
2. ontwikkelingsstimulering: ondersteuning van het ontwikkelingsproces van kinderen en jongeren;
3. omgevingsfactoren beïnvloeden: interventies ten aanzien van de sociale en pedagogische omstandigheden in de directe leefomgeving van ouders en kinderen (Burggraaff-Huiskes 2011).

2.1.2 Hoe bereik je je doel?

Om een preventiedoel te bereiken, kunnen veel wegen worden bewandeld. Er kan bijvoorbeeld gekozen worden voor eenmalige voorlichting aan een individu of groep, een cursusaanbod met de nadruk op onderlinge gesprekken of juist op kennisoverdracht, huisbezoeken of een zelfhulpmethode. Om te rechtvaardigen dat er preventief geïnvesteerd wordt in een thema, is het nodig dat de ernst en omvang hiertoe oproepen. We hebben in ▶ par. 1.2 gezien dat dit voor kindermishandeling het geval is.

Preventieve activiteiten kennen de nodige uitdagingen. Soms is de effectiviteit van een (dure) preventieve interventie moeilijk of pas in een laat stadium aan te tonen. Hoe meet je of je iets voorkomen hebt? Ook maakt de doelgroep, zeker als zij zelf nog geen klachten hebben maar wel tot een risicogroep behoren, niet zo vaak gebruik van een interventie als onderzoekers of ontwikkelaars wenselijk achten of hadden begroot. En dat is niet alleen frustrerend voor de uitvoerders, de effectiviteit hangt ook af van de vraag of men in staat is geweest de doelgroep te bereiken en of de doelgroep vervolgens de interventie volgens de 'regels' heeft gevolgd (bijvoorbeeld: een cursus afmaken of de bijbehorende opdrachten maken).

Hosman en Veltman (1995) hebben verschillende criteria vastgelegd. Zo moet men door empirisch onderzoek hebben vastgesteld onder welke condities en voor welke doelgroep de activiteit het gewenste resultaat oplevert. Ook is de theoretische basis enorm belangrijk voor het beoordelen van de effectiviteit, hoewel het moeilijk is een theorie te vinden die in zijn geheel naadloos past. Net zo moeilijk kan het zijn om de financiering van een preventieve activiteit rond te krijgen.

Hoewel zowel zorgverzekeraars als gemeenten hun eigen verantwoordelijkheid hebben voor preventie, weten ze niet hoe ze die verantwoordelijkheid concreet kunnen invullen en wat ze van elkaar mogen en kunnen verwachten, aldus de toenmalige minister van Volksgezondheid, Welzijn en Sport Schippers en de staatssecretaris Van Rijn in een brief aan de voorzitter van de Tweede Kamer op 25 maart 2016. Maar ook de ontwikkelaar van een preventieve interventie draagt een steentje bij: die zal zich naast theorie en uitvoering ook op een sluitende begroting moeten toeleggen. Daarbij hoort ook het nodige promotiewerk teneinde andere beroepskrachten te enthousiasmeren omdat je hen nodig hebt om de doelgroep te bereiken. Beleidsnotities over preventie worden soms zuchtend bekeken; meestal betekent dit alleen maar extra werk. Zo'n zucht kan ook voortkomen uit de aanname dat preventie gelijk staat aan bemoeizucht of het stigmatiseren van mensen die volgens de statistieken een bepaald risico lopen. Vooral aan het eerste hebben we in Nederland tenslotte een broertje dood. Dat roept de vraag op of het thema van dit boek niet op zijn minst een beetje schuurt in een samenleving en een politiek klimaat waarin zelfredzaamheid en het recht op (gezins)privacy zo hoog in het vaandel staan.

Hoe weten en meten we of een interventie effectief is? Hosman en Veltman benadrukten het belang van een theoretisch goed onderbouwd vertrekpunt voor een preventieve activiteit (1995). Je zou kunnen stellen dat het een basisvoorwaarde is. Inmiddels geldt het als tweede sport (na het volledig beschrijven van de interventie) bij het beklimmen van de effectladder die ertoe kan leiden dat een interventie met het oordeel 'theoretisch goed onderbouwd' wordt opgenomen in de databank Effectieve Jeugdinterventies van het Nederlands Jeugd Instituut (NJI). Als ook vervolgstap drie (meten of de interventie voldoende resultaten geeft) en vervolgstap vier (toetsen of de resultaten toe te schrijven zijn aan de interventie) doorlopen zijn, kan het predicaat 'effectief volgens eerste, goede of sterke aanwijzingen' volgen.

2.2 Beïnvloedende factoren bij kindermishandeling

Om inzicht te krijgen in bepaalde problematiek, zoals in ons geval kindermishandeling, worden er beïnvloedende factoren onderzocht. Welke factoren beïnvloeden het ontstaan of voortduren van de problematiek? We onderscheiden daarmee risicofactoren, die een risico kunnen vergroten, en beschermende factoren, die bij de aanwezigheid van risicofactoren kunnen optreden als een buffer en daarmee de kans kunnen verkleinen dat een probleem zich voordoet of dat er (psychische) klachten door ontstaan. Factoren kunnen alleen als risicofactoren omschreven worden als statistisch is aangetoond dat hun aanwezigheid de kans vergroot dat een probleem zich voordoet. Maar sommige factoren kunnen ook een gevolg zijn, denk maar aan gedragsproblemen bij een mishandeld kind of psychische problemen bij de niet-plegende ouder die moeite heeft met het geweld dat de partner gebruikt. Baartman (1996) geeft om die reden de voorkeur aan de term risico-indicatoren.

Aan de hand van de beïnvloedende factoren wordt een preventieve interventie ontwikkeld waarvoor een einddoel en subdoelen worden vastgesteld. Laten we ter illustratie inzoomen op het aanbod voor kinderen van ouders met psychische problemen of verslaving. Zoals gezegd zijn zij een risicogroep omdat uit allerlei onderzoeken een zelfde beeld naar voren komt; een derde deel van deze kinderen ontwikkelt zelf langdurende problemen en een even zo groot deel krijgt tijdelijke (aanpassings)problemen (Factsheet KOPP/KVO 2012). Gebleken is dat het beschermende factoren zijn als een kind begrijpt dat de ouder ziek is en dat hij of zij zelf geen schuld heeft aan het ontstaan of voortbestaan daarvan. Deze, en andere, beïnvloedende factoren, zijn verwerkt in een preventieve interventie, die voor deze doelgroep veelal in groepsverband wordt aangeboden. In de Doe-Praat-groep, een (niet-bewezen effectieve) interventie voor (gemiddeld) achtjarigen, wordt nagestreefd om bij de kinderen psychische problemen te voorkomen door de beschermende factoren te versterken en de risicofactoren die te beïnvloeden zijn, te verminderen. Welke van die factoren zijn er voor kindermishandeling te noemen?

2.2.1 Risicofactoren en beschermende factoren voor kindermishandeling

In de JGZ-richtlijn kindermishandeling 2016 vinden we een overzicht van de beïnvloedende factoren voor kindermishandeling. De factoren met een grote tot middelmatig voorspellende waarde die met goed wetenschappelijk onderzoek kunnen worden onderbouwd, staan hieronder per categorie gerangschikt (factoren die een lage voorspellende waarde hebben, laten we buiten beschouwing). Naast deze factoren zijn er uiteraard ook andere risicofactoren denkbaar die onvoldoende onderzocht zijn of moeilijk te achterhalen zijn voor informanten die bij een informantenstudie vermoedens van kindermishandeling moeten rapporteren en daarnaast moeten aangeven wat zij over gezinnen weten (denk aan: ouderlijke verslaving of psychiatrie).

Risicofactoren
- Vanuit de ouder:
    - partnergeweld
    - psychische problemen zoals depressie
    - temperament, prikkelbaarheid, hyperreactiviteit
    - zelf slachtoffer of getuige van huiselijk geweld
    - ongewenste zwangerschap
- Vanuit het kind:
    - leeftijd < dan 3 jaar
- Ouder-kind:
    - zwakke ouder-kindrelatie (geen goede gehechtheidsrelatie, het kind wordt als probleem gezien)
    - gebruik van fysieke straf
- Vanuit het gezin:
    - geringe samenhang tussen de gezinsleden
    - veel conflicten
- Specifieke risicofactoren voor verwaarlozing:
    - slechte kwaliteit van de ouder-kind relatie
    - de mate waarin het kind door de ouder als probleem of last wordt ervaren

Uit de nationale prevalentiestudie van 2017 (Alink et al. 2017) kwamen risicofactoren voor kindermishandeling naar voren die in voorgaande studies ook werden gevonden:
- Vanuit de ouder:
    - lage opleiding
    - werkloosheid
    - niet Nederlandse afkomst (waarbij eerste generatie hogere risicofactor)
- Vanuit het gezin:
    - een oudergezin
    - samengesteld gezin (stiefgezin)
    - groot gezin (4 of meer kinderen)

Beschermende factoren voor kindermishandeling (zoals in Protective Factor Framework zijn ondergebracht)
- Vanuit de ouder:
  - opvoedvaardigheden, competenties
  - welzijn
  - positieve invloedrijke andere volwassenen
  - veerkracht (niet ondergebracht in Protective Factor Framework)
- Vanuit de omgeving:
  - positieve schoolomgeving
  - stabiele woonsituatie
  - sociale steun (naar ouder en/of kind) (niet ondergebracht in Protective Factor Framework)
- Vanuit het kind:
  - gevoel van perspectief, zingeving
  - beleving eigen effectiviteit (interne locus of control)
  - vermogen tot zelfregulatie
  - oplossingsvermogen
  - sociale vaardigheden
  - veerkracht (niet ondergebracht in Protective Factor Framework)
  - positieve betrokkenheid bij activiteiten

Uit de prevalentiestudie 2017 bleek dat een lage opleiding van de ouder(s) een vijf keer verhoogd risico op kindermishandeling gaf en werkloosheid bij de ouders een 3,6 keer hogere kans. In gezinnen met niet-Nederlandse afkomst bleek het risico op kindermishandeling 3,4 keer zo groot (eerste generatie) en bijna twee keer zo groot (tweede generatie) dan in andere gezinnen (Alink et al. 2017).

2.2.2 Risicofactoren en beschermende factoren voor seksueel misbruik

Voor seksueel misbruik geldt dat er weinig onderzoek is gedaan naar beïnvloedende factoren.

Risicofactoren
- Vanuit het gezin:
  - verstoorde gezinsverhoudingen;
  - geweld tussen partners;
  - sociale isolatie;
  - eenoudergezin;
  - een fysiek of emotioneel afwezige moeder;
  - een tekort aan opvoedingsvaardigheden bij niet-plegende ouder;
  - afwezigheid van een ondersteunende relatie tussen kind en niet-plegende ouder.
- Vanuit het kind:
  - jonge leeftijd;
  - sekse: meisje;
  - meisje dat opgroeit bij een stiefvader.

Beschermende factoren
- Vanuit het kind (die de gevolgen van seksueel misbruik kunnen verzachten, zogenaamde modererende factoren):
  - sociale vaardigheden;
  - gevoel van eigenwaarde.
- Vanuit het gezin/de context:
  - steun van de niet-plegende ouder of anderen;
  - georganiseerd gezinsklimaat met een sterke onderlinge betrokkenheid, flexibiliteit en probleemoplossend vermogen;
  - eerder gepleegde kindermishandeling.

2.2.3 Meisjesbesnijdenis

Voor meisjesbesnijdenis geldt dat alle meisjes van wie de (groot)ouders afkomstig zijn uit de landen waar meisjesbesnijdenis als traditie voorkomt, een risicogroep vormen. Op vakantie gaan naar het land van herkomst is een risicofactor, omdat de meisjesbesnijdenis daar vaak wordt uitgevoerd. Ook het bereiken van een bepaalde leeftijd is een risicofactor. De specifieke leeftijd verschilt per land van herkomst.

2.3 Welk kind loopt het meeste risico?

Of een kind risico loopt slachtoffer te worden van kindermishandeling, hangt (gelukkig) niet af van één enkele risicofactor. Het gaat altijd om een complexe combinatie van risicofactoren en beschermende factoren. Natuurlijk zouden we graag kunnen voorspellen welk kind het meeste risico loopt. Dat blijft een heikel punt. De beste voorspeller voor het ontwikkelen van psychische problemen en ontwikkelingsproblemen bij een kind van een psychisch zieke ouder (KOPP) blijkt het aantal risicofactoren te zijn (Romijn et al. 2010). Hoe meer risicofactoren, des te groter het risico. Dat geldt ook voor kindermishandeling (Nair et al. 2003; Wekerle et al. 2007). Dit noemt men risicocumulatie. Bij vier of meer risicofactoren binnen een gezin en/of diens omgeving neemt de kans op kindermishandeling toe. Tegelijk wordt driekwart van de kinderen met vier risicofactoren niet mishandeld (Brown et al. 1998). Een lijst met aangekruiste risicofactoren voorspelt dus onvoldoende zorgvuldig, kan stigmatiserend werken (vermoedelijk meer dan bij het thema KOPP) en levert fout-positieven op (ouders die helemaal niet gaan mishandelen). Deze risicofactoren hoeven niet tot kindermishandeling te leiden, een andere uitkomst, zoals delinquent pubergedrag of een verstoorde ontwikkeling bij het kind is ook mogelijk.

2.4 Preventie en de probleemeigenaren

Het Burgerlijk Wetboek, alsook artikel 18 van het Internationale Verdrag van de Rechten van het Kind stellen dat de ouders de primaire verantwoordelijkheid hebben voor de opvoeding van de kinderen, maar dat 'de Staat op een passende wijze bijstand zal verlenen bij het opvoeden van hun kinderen.' Door de decentralisatie van bevoegdheden van rijk en provincie naar gemeenten dragen gemeenten in ons land de verantwoordelijkheid voor de lokale uitvoering van preventie van kindermishandeling, waaronder de hulp aan (risico)ouders en kinderen. Deze verantwoordelijkheid is wettelijk vastgelegd. Preventie van kindermishandeling valt onder de Wet maatschappelijke ondersteuning (WMO) en de Jeugdwet (artikel 2.1), waarin onder andere wordt verwezen naar de taak om opvoed- en opgroeiproblemen te voorkomen en vroeg te signaleren.

Het Nederlands Jeugdinstituut (NJI) ondersteunt gemeenten in het maken en realiseren van hun preventiebeleid en adviseert drie stappen centraal te zetten:
1. zicht krijgen op de situatie binnen de gemeente, waarbij het accent ligt op het in beeld krijgen van de lokale omvang van het probleem en de aanwezige risicofactoren;
2. bepalen wat de gemeente kan doen en op welke manier, waarbij het onder andere gaat om het formuleren van een regio-aanpak, doelen en doelgroepen;
3. de aanpak sturen en monitoren.

2.4.1 Actieplannen

Binnen het 'Actieplan Aanpak Kindermishandeling 2012–2016' heeft de overheid duidelijk een accent gelegd op preventie. De doelstelling was kort en bondig geformuleerd: het aantal mishandelde kinderen laten afnemen. Het middel om dit te bereiken werd gezien in algemene opvoedingsondersteuning en opvoedingsondersteuning aan risicogezinnen.

Een ander accent is gelegd op het bundelen van krachten door middel van het multidisciplinair werken bij het stoppen van mishandeling en het behandelen van de slachtoffers. Ook werd het bestrijden van fysieke mishandeling en seksueel misbruik centraal gesteld. Dit is de zogenaamde ketenaanpak, gericht op voorkomen, signaleren, stoppen en de schade beperken. In dezelfde periode is een Taskforce Kindermishandeling en Seksueel misbruik ingesteld met als doel de veiligheid van kinderen in ons land te vergroten. Het middel om dit te bereiken waren de deskundige leden van de Taskforce. Als de Taskforce in het eindrapport terugblikt, worden er tien speerpunten geformuleerd waar preventie er een van is, of beter gezegd: blijft (Vuijsje 2016). Preventie moet volgens de Taskforce topprioriteit zijn in het jeugdbeleid van gemeenten.

De Taskforce blijft ook na het eindrapport actief en is een van de raadgevende partijen voor de makers van het actieplan 'Geweld hoort nergens thuis', dat kabinet Rutte III presenteerde en waarin zowel huiselijk geweld als kindermishandeling centraal staan. Het laatste wordt in het plan een hardnekkig maatschappelijk probleem genoemd waarbij 'veel al is gedaan of in ontwikkeling, maar het is nog niet genoeg'. Drie (preventieve) actielijnen moeten verbetering brengen: (1) kindermishandeling (of huiselijk geweld) eerder en beter in beeld krijgen, (2) stoppen en duurzaam oplossen en (3) extra aandacht geven aan specifieke groepen. Om aan het eerste actiepunt te kunnen voldoen, zet de overheid al jaren ruimschoots in op scholing en naleving van de meldcode.

2.4.2 Meldcode

Sinds 2013 is in Nederland de Wet verplichte meldcode huiselijk geweld en kindermishandeling geïntroduceerd. Elke beroepsgroep die met ouders of kinderen werkt, dient volgens wettelijke eisen een meldcode op te stellen en te hanteren. Een meldcode is een handelingsprotocol waaruit (vooralsnog) is afgesproken dat er geen meldplicht volgt. Het doel van de wet is om sneller en adequater in te grijpen als men kindermishandeling vermoedt of als daar een verhoogde kans op bestaat. Een meldcode beschermt het kind maar ook de professional 'omdat het volgen van de code professioneel zorgvuldig gedrag oplevert dat hem of haar vrijwaart van aanspraken' (Hermanns 2008).

Het protocol geldt voor professionals werkzaam bij het onderwijs, de gezondheidszorg, kinderopvang, jeugdzorg, justitie en maatschappelijke ondersteuning. Artsen hadden al sinds 2004 een meldcode die later werd herzien tot de (KNMG) 'meldcode kindermishandeling en huiselijk geweld'. Politie valt hier niet onder, omdat zij hun eigen mogelijkheden hebben om te signaleren en te melden. De wet verplicht instellingen niet alleen tot het beschikken over een meldcode, maar ook tot het vergroten van de kennis over de meldcode en het bevorderen van de toepassing daarvan bij de eigen medewerkers.

Het toezicht op het naleven van de wet is voor de meeste instanties in handen van de landelijke inspecties. Bij een mogelijke inspectie zal men nagaan of er een meldcode aanwezig is, of men zich voldoende heeft ingespannen om de kennis over en het gebruik van de meldcode te bevorderen en het handelen van beroepskrachten zal worden getoetst aan de hand van het stappenplan.

> **Meldcode huiselijk geweld en kindermishandeling**
> De meldcode bestaat uit de volgende vijf stappen:
> - Stap 1: De signalen in kaart brengen.
> - Stap 2: Collegiale consultatie en zo nodig advies vragen aan of overleggen met Veilig Thuis.
> - Stap 3: In gesprek met de betrokken ouder(s).
> - Stap 4: Wegen van (de vermoedens van) een vorm van kindermishandeling.
> - Stap 5: Beslissen aan de hand van afwegingskader. Er moeten twee afwegingen gemaakt worden: is melden noodzakelijk en is hulpverlening (ook) mogelijk?

Voor de tweede stap uit de meldcode lijkt de aanwezigheid van een deskundige op het gebied van kindermishandeling, met wie collega's vragen, dilemma's of weerstanden kunnen bespreken, onmisbaar. Hoewel instellingen of organisaties niet verplicht zijn een aandachtsfunctionaris kindermishandeling aan te stellen, kan zijn of haar aanwezigheid eraan bijdragen dat het signaleren en aanpakken van kindermishandeling door organisaties frequenter en effectiever plaats vindt. De Academische Werkplaats Kindermishandeling schreef in een handreiking voor gemeenten hoe zij instellingen, zoals scholen en kinderdagverblijven, kan ondersteunen bij het aanstellen van een aandachtsfunctionaris. De Academische Werkplaats ziet hierin voor gemeenten een aanjagende rol.

Het afwegingskader bij de laatste stap zal voor elke beroepsgroep anders zijn. Een beroepskracht met een meer signalerende functie, zoals een leerkracht, zal een ander afwegingskader hebben dan een (huis)arts of een psycholoog, die ook hulpverlenende taken kan verlenen of inzetten. Beoogd wordt dat opvoedsituaties waarin acute of structurele onveiligheid een rol spelen, altijd worden gemeld, ook als de beroepskracht hulpverlening door zichzelf of anderen mogelijk acht.

2.4.3 Overheidscampagnes

De overheid kan door voorlichting en communicatie de Nederlandse bevolking kennis bijbrengen over onderwerpen die men maatschappelijk relevant of belangrijk acht. De laatste jaren zijn er verschillende overheidscampagnes over geweld in de thuissituatie geweest, gericht op doelgroepen zoals omstanders en volwassen slachtoffers van huiselijk geweld. Kindermishandeling kreeg daarin, net als ouderenmishandeling en partnergeweld, een plek onder de paraplu van huiselijk geweld.

De rijksoverheidscampagne 'Een veilig thuis, daar maak je je toch sterk voor', is vanaf 2012 meerdere malen ingezet; in 2015 werd er de introductie van meld- en adviespunt Veilig Thuis mee begeleid. Naast ouderenmishandeling richtte men zich op jongeren en op het informeren van omstanders over het thema vechtscheiding. Er werd daarbij gekozen voor televisie en radiocommercials. Daarbij werd de boodschap gecommuniceerd dat een vermoeden voldoende is om zorgen te delen en het publiek leerde dat actie nodig is want 'Het houdt niet op, niet vanzelf'.

In 2016 voerde Taskforce kindermishandeling de campagne 'Ik kijk niet weg', waarbij beeldmateriaal en posters met bekende Nederlanders werden ingezet. De boodschap luidde dat het goed is om tot actie over te gaan en dat huiselijk geweld waarbij kinderen betrokken zijn een vorm van kindermishandeling is.

Gemeenten kunnen ervoor kiezen om tijdens een landelijke campagne ook regionaal de aandacht op het thema te vestigen. Hiervoor wordt door de overheid materiaal beschikbaar gesteld. Ook kunnen zij zelf een campagne op touw zetten, bijvoorbeeld in samenwerking met een regionale Veilig Thuis-organisatie. Dit gebeurde in 2018 onder andere in Groningen waar men omstanders door middel van tv-spotjes, teksten op theezakjes en posters informeerde over hoe te handelen bij vermoedens van kindermishandeling. De publiekscampagne is een van de tien actiepunten die de Noordelijke gemeenten gezamenlijk opstelden om kindermishandeling te voorkomen, signaleren en bestrijden. Het leidde onder andere tot een grotere publieke bekendheid van Veilig Thuis.

Alle actieplannen en protocollen ten spijt; tussen papier en praktijk kan een groot gat gapen bij een complex probleem als kindermishandeling. En dat geldt zeker na ingrijpende doorgevoerde veranderingen zoals de decentralisatie. Laten we eens kijken naar de praktijk van preventie van kindermishandeling binnen gemeenten.

2.4.4 In de praktijk

Alle nieuwe aanbieders van jeugdhulp worden via een risico-analyse geselecteerd en getoetst op de basiseisen voor verantwoorde jeugdhulp. Niet handelen volgens een meldcode huiselijk geweld en kindermishandeling noemt Het Jaarbeeld 2016 Landelijk Toezicht Jeugd een van de meest voorkomende tekortkomingen bij nieuwe toetreders. Het toepassen van de meldcode blijft dus een belangrijk punt van aandacht, in ieder geval binnen de jeugdhulp. Uit de Rapportage Quickscan meldcode blijkt dat het merendeel van respondenten uit de sectoren maatschappelijke ondersteuning, onderwijs, justitie en kinderopvang goed op de hoogte is van de meldcode en dat een ruime meerderheid van de respondenten de stappen ook doorloopt (ministerie van VWS 2015). Volgens driekwart van de respondenten geeft het protocol houvast. Wat wel lastig wordt gevonden is de vraag wie er actie onderneemt als er in een gezin meerdere hulpverleners betrokken zijn en de zorg niet afdoende effectief blijkt. De Quickscan maakt ook duidelijk dat men binnen de sector onderwijs door de meldcode niet sneller handelt bij vermoedens van kindermishandeling (37 % handelt sneller ten opzichte van 50 % van het gemiddelde uit de sectoren).

Weten we eigenlijk hoe de praktijk van preventie van kindermishandeling binnen Nederlandse gemeenten vorm krijgt en of we daar positief over mogen zijn? Het antwoord vinden we in de rapporten van de Kinderombudsman. In 2014 concludeerde de Kinderombudsman dat er in driekwart van de 208 gemeenten die aan hun onderzoek meewerkten, weliswaar sprake was van een preventiebeleid kindermishandeling, maar dat het te weinig opleverde voor ouders en kinderen. Drie jaar later kon er op tien gemeten doelstellingen bij alle aan het onderzoek deelnemende 169 gemeenten een verbetering worden geconstateerd op borging, inhoudelijke maatregelen en beleid (Verheul et al. 2018). Maar de conclusie dat er gerapporteerde verbeteringen zijn vastgesteld voor alle doelstellingen is geen synoniem voor jeugdbeleid dat aan preventie een topprioriteit heeft toegekend, zo kan men uit het rapport van de Kinderombudsman concluderen (Wilde et al. 2017). Vijf procent van de aan het onderzoek deelnemende gemeenten heeft geen preventiebeleid en bij 18 % is het onder de maat. Gemeenten hebben nog steeds te weinig zicht op risicogroepen. Daarbij geldt dat we van het grootste deel van de 388 Nederlandse gemeenten niet weten hoe het met het preventiebeleid gesteld is.

2.4.5 Innovatieve projecten binnen gemeenten

Sommige gemeenten nemen innovatieve initiatieven waar andere gemeenten hun voordeel mee kunnen doen. Een voorbeeld hiervan zijn Collectieven tegen

Kindermishandeling die in 2015 en 2016 in zes grote Nederlandse gemeenten werden opgericht. Er werd met regionale en lokale partijen samengewerkt die betrokken zijn bij de preventie en aanpak van kindermishandeling. Doel was om lokale knelpunten in kaart te brengen en op te lossen. Elke betrokken gemeente heeft zijn eigen accenten gelegd binnen vijf centrale thema's:
- signaleren en handelen;
- samen leren en ontwikkelen;
- lokaal en regionaal samenwerken;
- informatie delen en privacy;
- oppakken, doen en doorgaan.

In het rapport 'Collectieven tegen kindermishandeling. Opbrengsten en ervaringen' wordt uitvoerig beschreven wat gemeenten gedaan, geleerd en geadviseerd hebben (Kooijman en Lantinga 2017). Alle aanpakken binnen de collectieven hebben er volgens het eindrapport toe geleid, dat beroepskrachten vanuit scholen, wijkteams, Veilig Thuis, politie, Jeugdhulp, Raad voor Kinderbescherming elkaar en elkaars werkwijze beter hebben leren kennen en elkaar dus sindsdien beter kunnen vinden. En dat is iets wat volgens het rapport 'simpel klinkt, maar overal een basisvoorwaarde is gebleken voor het kunnen realiseren van duurzame verandering.' Een basisvoorwaarde dus, waarvoor tijd vrijgemaakt moet worden. Verder wordt er aangegeven dat het borgen en continueren van een lokale aanpak kindermishandeling beter werkt als acties worden ingebed in bestaand beleid.

Een greep uit de adviezen die de collectieven andere gemeenten geven.

Voor signaleren en handelen
- Zorg voor een jaarlijkse training, waarin het praten met ouders over zorgen omtrent kinderen centraal staat voor alle organisaties die werken met ouders en kinderen.
- Bevorder dat organisaties filmpjes en tipsheets maken over moeilijke gesprekken en dat deze gedeeld worden.
- Laat professionals gezamenlijk een routekaart voor ouders en burgers maken.
- Kijk niet alleen naar kindsignalen, maar ook naar oudersignalen.

Voor samen leren en ontwikkelen
- Veilig Thuis kan als extra (niet wettelijke) taak algemene preventie en voorlichtingsactiviteiten verzorgen.
- Deskundigheidsbevordering in het onderwijs vraagt om tijdige (uiterlijk januari/februari) gesprekken met bestuurders en beleidsadviseurs van lokale onderwijsbesturders.
- Betrek alle onderwijslagen en ga na of er gemeentelijk budget is voor extra scholing.

Voor lokaal en regionaal samenwerken
- Faciliteer en stimuleer dat professionals met elkaar in gesprek gaan.
- Maak duidelijke afspraken met bestuurders en managers dat de professionals ook de tijd en ruimte krijgen om dergelijke gesprekken aan te gaan.

Voor informatie delen en privacy
- Organiseer gezamenlijke bijeenkomsten over informatie-uitwisseling waarbij aan de hand van casuïstiek wordt gesproken over wetgeving, rol en posities van de organisaties en de knelpunten van informatie-uitwisseling.
- Faciliteer dit gesprek met deskundige begeleiding (juridisch en agogisch) en organiseer het op uitvoerings- en organisatieniveau.

Voor lokale en regionale vernieuwingen
- Zorg eerst voor bestuurlijk draagvlak met de wethouders zorg, onderwijs en jeugd en afstemming met de burgemeester bij een regionale of lokale aanpak van kindermishandeling.
- De gemeente heeft een aanjagende, procesbegeleidende, faciliterende (financieel) en verbindende rol en moet een lokale projectleider aantrekken.
- Streef naar een gedeeld gevoel van verantwoordelijkheid en urgentie. De strategie om dit te bereiken is afhankelijk van de lokale (politieke) situatie.
- Stel met lokale en regionale partners een verbeteragenda op en focus op bepaalde thema's. De Vereniging van Nederlandse Gemeenten (VNG), Het Rijk en regionale en landelijke kenniscentra kunnen hierbij ondersteuning bieden.

Voor wat betreft het laatste advies; één zo'n ondersteunend kenniscentrum is het Nederlands Centrum Jeugdgezondheid (NCJ), het kennis- en innovatiecentrum voor de jeugdgezondheidszorg (JGZ). Marga Beckers van het NCJ licht toe welke ondersteuning zij kunnen bieden als het gaat om preventie van kindermishandeling.

Interview Marga Beckers
"Het NCJ houdt zich bezig met de vroegpreventieve kant, we bevinden ons aan de voorkant zogezegd, om te zorgen dat kinderen zich optimaal ontwikkelen. We worden hoofdzakelijk gefinancierd door het ministerie van VWS. Vanuit de Wet publieke gezondheid proberen we een goede aansluiting te maken met professionals die vanuit de Jeugdwet werken. De JGZ heeft veel taken op haar bord, daarom hebben wij rondom drie maatschappelijke problemen een versterkte inzet gekozen met de JGZ-preventieagenda en een van die problemen is kindermishandeling. Ons actieplan kindermishandeling helpt JGZ-organisaties bij het voorkomen en aanpakken van kindermishandeling. We hebben zeven actiepunten geagendeerd en ons als doel gesteld landelijk een beweging in gang te zetten waarin ze alle zeven ruime aandacht krijgen: (1) de rechten van het kind voorop, (2) veilige hechting, (3) sterke ouders zijn cruciaal, (4) weerbare jongeren kennen de weg, (5) geen kind opnieuw slachtoffer door stevige samenwerking met Veilig Thuis, (6) samenwerking in de wijk en (7) de professional maakt het verschil.
Ik zal er een paar toelichten. We willen graag dat alle JGZ-professionals met ouders en jongeren over kinderrechten in gesprek gaan. Het moet een normaal te bespreken onderwerp worden. De professionals kunnen informatie uit het Unicef-boekje gebruiken in hun gesprek met ouders. Daarnaast is er bijvoorbeeld het KRNU-concept;

een preventieve aanpak van 'kinderrechten.nu' waarbij kinderen op laagdrempelige manier bewust worden gemaakt van kinderrechten. 'Sterke ouders zijn cruciaal' is een actiepunt dat al stevig is neergezet, professionals kunnen hierover op onze website veel informatie vinden. Voor wat betreft het actiepunt 'weerbaarheid van jongeren'; dit omvat ook seksuele weerbaarheid en wordt de komende jaren verder uitgewerkt. Het gaat over het stellen van grenzen en wat je als kind kan doen als die worden overschreden."

2.4.6 Lokaal beleid

Lokale overheden hebben ook de taak zo positief mogelijke maatschappelijke randvoorwaarden en opvoedcondities te creëren. Sociaal beleid, inkomensbeleid en werkgelegenheidsbeleid, gericht op het verbeteren van de levensomstandigheden van kinderen in armoede en achterstandssituaties, kunnen een belangrijke bijdrage leveren aan het voorkomen van kindermishandeling. Men kan op die manier de kans verkleinen dat ouders geconfronteerd worden met een optelsom van risicofactoren. In wijken met een verhoogde kans op opvoedingsproblemen hebben gemeenten de taak de fysieke en psychische beschikbaarheid van reguliere zorg en ondersteuning te verhogen. Daarbij moet men vraaggericht werken, een aanbod kunnen doen als dat nodig is en het vervolgens zo inrichten dat de doelgroep er gebruik van maakt (Hermanns 2008).

Wijkacademie Een lokaal initiatief dat gehoor heeft gegeven aan behoeften van (migranten)ouders is de Wijkacademie. Er zijn op dit moment bijna twintig Wijkacademies actief waar ouders bij elkaar komen om ervaringen te delen en van elkaar te leren. De Wijkacademies zijn onderdeel van het landelijke project 'Wijkacademies Opvoeden en meer' en worden georganiseerd door Stichting BMP en lokale organisaties. Het project is op verzoek van migrantenouders ontstaan en heeft samen met hen vorm gekregen. Elke Wijkacademie kent een kerngroep van acht tot vijftien ouders. Men ontmoet elkaar rondom een thema, zoals 'Armoede en ouders' en 'It takes a village to raise a child'. Met activiteiten die rondom de thema's georganiseerd worden, bereikt de kerngroep tweehonderd tot vijfhonderd ouders per wijkacademie per jaar. Sommige bezoekers komen omdat ze in een bepaald onderwerp geïnteresseerd zijn, anderen bezoeken trouw alle bijeenkomsten. Mensen worden op straat of op school uitgenodigd om deel te nemen.

De samenstelling van de kerngroepen en het bereik van de Wijkacademies hangt nauw samen met de wijk waarin men actief is. In Amsterdam Oost, Hoograven Utrecht en Leidsche Rijn Utrecht participeren ook Nederlandse ouders. In andere wijken zijn de bezoekers migranten van diverse komaf, zoals Marokkaans, Turks, Somalisch, Afghaans, Irakees, Surinaams en Antilliaans. Opvoeden zonder geweld is een voorbeeld van een thema dat behandeld wordt op verzoek van de deelnemers. Voor zo'n specifiek thema nodigt men soms een spreker uit.

In Rotterdam is de ondersteuner van de Wijkacademies Fadma Bouchataoui gespecialiseerd in geweldloos communiceren. We vragen haar naar haar ervaringen.

> **Interview Fadma Bouchataoui: 'We moeten als ouders aan onszelf werken'**
>
> "De workshops die ik verzorg zijn geïnspireerd door het gedachtegoed van geweldloze communicatie. Het doel van geweldloze communicatie is het opbouwen van een relatie die gebaseerd is op openheid en mededogen. Mededogen is een levenshouding. Het houdt in dat je je kan inleven in de ander en respect hebt voor en aandacht kan geven aan je eigen gevoelens en die van de ander. Ongeacht de verschillen. Ik werk als trainer met dit gedachtegoed, maar tegelijk ben ik er elke dag mee bezig om er mijn eigen levenshouding van te maken.
>
> Ik benader opvoeding vanuit het geweldloos gedachtegoed en neem de ouders hierin mee. Met hun voorbeelden over opvoedsituaties zoeken we naar de bijbehorende emoties, de behoeften die daaronder zitten en verzoeken die ouders zouden kunnen doen om zowel hun eigen behoeften als de behoeften van hun kinderen te vervullen. Nieuw gedrag aanleren is niet makkelijk. Ouders geven aan dat ze in de drukte van het moment geneigd zijn vanuit hun oude gewoonte te reageren en dus te schreeuwen en de kinderen te straffen. Later realiseren ze zich dat ze liever anders hadden willen handelen. Als zij er de tijd voor nemen en vanuit rust in een moeilijk moment kunnen zijn, dan lukt het vaak wel om bij zichzelf en het kind te blijven, de verbinding aan te gaan en te zoeken naar wat er echt nodig is. De meeste ouders geven aan dat het werkt omdat het rust, vrede en harmonie oplevert in de thuissituatie. Dat is belangrijk, want alle ouders willen graag een leuke en liefdevolle relatie met hun kinderen. Ze willen hun kinderen een mooie kindertijd bezorgen.
>
> Ouders die de Wijkacademie in de wijk Feijenoord bezoeken, komen uit verschillende culturen maar hebben dezelfde opvoedingsvragen. Ik heb wel gemerkt dat de invulling van het begrip 'gehoorzaamheid' verschilt. Nederlanders vertalen gehoorzaamheid naar 'respect hebben voor je ouders', alhoewel sommigen het ook opvatten als 'luisteren naar je ouders' en 'doen wat je ouders je bevelen, anders zwaait er wat'. Nieuwe Nederlanders vatten gehoorzaamheid daarentegen op als 'doen wat je ouders zeggen' en 'luisteren naar je ouders zonder tegenspraak'. Als een kind 'nee' durft te zeggen of niet doet wat er gevraagd wordt, dan volgen er sancties. Dat kan variëren van straffen tot lijfelijke straffen. Daar moet ik bij zeggen dat de jongere generatie ouders die in Nederland is opgegroeid, liever straft door iets af te pakken of te verbieden. Het lijfelijke straffen komt minder voor en als het gebeurt dan noemt men het een 'pedagogische tik'.
>
> Hoe meer professionals met dit gedachtegoed aan de slag gaan, des te meer ouders we kunnen bereiken. Op dit moment komt een selecte groep mensen, die het zich kunnen veroorloven een training te volgen, op het pad van dit gedachtegoed. Ik ben ervan overtuigd dat we een verandering in de samenleving teweegbrengen als de hele welzijns- en onderwijssector zich dit gedachtegoed eigen gaat maken. Zelf ben ik ook actief in moskeeën, waar ik de inzichten uit het geweldloos gedachtegoed

en pedagogische en didactische vaardigheden doceer aan de vrijwilligers die er Arabische taal of koranlessen geven. Dit werk geeft me veel energie omdat ik zie hoe betrokken ouders willen zijn bij hun kinderen. Als ze dingen doen waar ze zelf niet blij van worden en die problemen niet oplossen, komt dat vaak door onwetendheid en bagage vanuit de eigen opvoeding. Het is belangrijk dat we als ouders inzicht krijgen in de vraag waarom we reageren zoals wij reageren. We moeten aan onszelf gaan werken in plaats van de schuld buiten onszelf te leggen en daarmee anderen te belasten."

Het slotpleidooi van Fadma Bouchataoui is meteen een mooie brug naar het volgende hoofdstuk dat de doelgroep (aanstaande) ouders centraal stelt.

De ouders

3.1 Risico-ouders? – 49

3.2 Welk risico wil men achterhalen? – 49

3.3 Screenen van aanstaande ouders op hoogrisicosituaties en risicogedrag – 50

3.4 Screenen van prille ouders, onder andere op psychische problematiek – 51

3.5 In de praktijk: gebruik van risicotaxatie-instrumenten – 51
3.5.1 In de praktijk: preventief aanbod voor risico-ouders – 51
3.5.2 In de praktijk: beschikbaarheid van preventief aanbod voor risico-ouders – 52

3.6 Voorlichten van jonge ouders over de risico's van babyshaking – 53
3.6.1 In de praktijk: preventie van SBS – 54

3.7 Preventie van vrouwelijke genitale verminking (VGV): meer dan ouders informeren over de risico's – 55
3.7.1 In de praktijk: preventie van VGV – 56

3.8 Primaire preventie: de (verplichte) opvoedcursus – 56

3.9 Begeleide voorbereiding op het ouderschap – 57
3.9.1 In de praktijk: ouderschapsvoorbereiding – 59
3.9.2 Ouderschapsbegeleiding – 61
3.9.3 Samengevat – 62

3.10 Vroegsignaleren en vroegformuleren van zorgen, vragen of problemen – 62

© Bohn Stafleu van Loghum is een imprint van Springer Media B.V., onderdeel van Springer Nature 2019
S. van Gameren, *Preventie van kindermishandeling*, https://doi.org/10.1007/978-90-368-1876-6_3

3.11	Opvoedingsondersteuning – 65	
3.11.1	Opvoedvragen Syrische vluchtelingen – 67	
3.11.2	In de praktijk: aanbod opvoedingsondersteuning – 67	
3.11.3	In de praktijk: aanbod binnen gemeenten – 69	
3.12	Vroegsignaleren bij ouders met een verhoogde kwetsbaarheid door psychische problematiek of verslaving – 69	
3.13	Handelen na oudersignalen: Kindcheck – 72	
3.13.1	Uit de praktijk – 73	
3.13.2	Het gesprek invulling geven – 76	
3.13.3	Uit de praktijk – 77	
3.14	Vroeghulp voor de kinderen van psychisch zieke ouders (KOPP) – 79	
3.15	Vroeghulp binnen het gezin: de gezonde partner van een ouder met psychische problemen – 81	
3.15.1	Het netwerk – 82	
3.15.2	In de praktijk: interventies voor ouders met psychische problemen – 82	
3.15.3	Uit de praktijk – Ouders begeleid ondersteunen in hun ouderschap – 83	
3.16	Mishandelende ouders – 85	
3.16.1	In de praktijk: interventies om kindermishandeling te stoppen – 87	
3.16.2	In de praktijk: beschikbaarheid van interventies – 88	
3.16.3	Vroeghulp voor de pedoseksueel of pedofiel – 89	
3.16.4	I want to Stop it Now! – ontbrekende vroeghulp voor mis-handelende ouders – 89	
3.16.5	Risico-ouders: probleemouders? – 89	

> Dit hoofdstuk richt zich op de volgende vragen:
> - Welke ouders komen in aanmerking voor interventies?
> - Welke interventies zijn er voor (aanstaande) ouders?
> - Op welke theorie(ën) zijn ze gestoeld en welk doel wil men nastreven?
> - Wat weten we over de effectiviteit?

3.1 Risico-ouders?

We vroegen ons in het vorige hoofdstuk af of er kinderen zijn die meer kans lopen dan andere om geweld, verwaarlozing of misbruik mee te maken. Het antwoord school in het aantal risicofactoren waarmee hun ouders te kampen hebben. In het eerste hoofdstuk zagen we dat een verhoogde kwetsbaarheid voor een zwak pedagogisch besef een risicofactor kan zijn; het maakt dat deze ouders een grotere kans lopen dat het groeiproces van het ouderschap ontspoort. De combinatie risico-ouders, risicogezinnen of hoogrisicomoeders wordt dan gemakkelijk in de mond genomen. Omdat er een stigma aan deze terminologie kleeft en je een ouder bij voorbaat al als probleemouder lijkt weg te zetten, roept het de vraag op of het risico op kindermishandeling zo significant is dat de term risico-ouder geoorloofd is. Emeritus hoogleraar kindermishandeling Baartman geeft hier het volgende bevredigende antwoord op (Baartman 1996).

Citaat dr. Herman Baartman

> De conclusie die ik getrokken heb, is deze. De combinatie van sociaal isolement, een gebrek aan sociale steun, een gebrekkig pedagogisch besef en een deplorabele jeugd van de ouders vergroot de kans op het ontstaan van opvoedingsproblemen, al of niet zich manifesterend in mishandeling of verwaarlozing. De combinatie van deze factoren rechtvaardigt het daarom een gezin als risico-gezin aan te merken.

Deze zienswijze maakt de term risico-ouder minder stigmatiserend. Het zijn de huidige sociale leefomstandigheden en de eigen getroebleerde opvoeding, het één objectief vast te stellen, het ander een subjectieve retrospectieve beoordeling, die kwetsbaar maken. Deze factoren kunnen tijdens een zwangerschap al worden vastgesteld.

3.2 Welk risico wil men achterhalen?

Is het haalbaar en ethisch om aanstaande ouders bij wie de kans verhoogd is dat zij opvoedproblemen krijgen of hun kinderen gaan mishandelen, vroegtijdig in beeld te willen krijgen? Valt een dergelijke screening te rechtvaardigen ondanks de kans op foutpositieven en het stigmatiseren van de ouders? Baartman (1996) antwoordt ontkennend op die vraag, maar in lijn met zijn constatering dat het risico wat de ouders lopen opvoedproblemen betreffen, concludeert hij dat er onderzocht mag worden of er bij de ouders een (verborgen) behoefte aan steun bij het opvoeden is. De professional kijkt dan idealiter bij alle prille of aanstaande ouders naar de noodzaak of behoefte voor steun bij het versterken van sociale contacten, uitbreiding van mogelijkheden van sociale steun, bevorderen van pedagogisch besef (▶par. 1.3) en bij het verwerken van een deplorabele jeugd. Dit zijn volgens Baartman de vier pijlers waarop de preventieve hulp moet worden gericht. Niet met het doel om een voorspelling te doen of deze ouders gaan mishandelen, maar vanuit de constatering dat de situatie van dat moment simpelweg aandacht voor deze factoren vraagt.

Dat klinkt ethisch. En logisch. Net zo logisch als het monitoren van de medische kant van een zwangerschap en geboorte; iets wat in Nederland zo voortreffelijk is geregeld. Emeritus hoogleraar opvoedkunde Hermanns vertelt in het boek *Goed aangepakt* (Kole et al. 2012) over het gebruik van de 'Vragenlijst Onvervulde behoefte Zeeland'. Uit dit onderzoek bleek dat een grote ondersteuningsbehoefte van ouders een goede voorspeller is van kindermishandeling. Wat je beoogt is de startpositie van een gezin in kaart te brengen als het gaat aanvangen voor een (extra) kind te zorgen. Er zijn instrumenten beschikbaar die beroepskrachten hiervoor kunnen inzetten, zoals het gespreksprotocol Samen Starten en de vragenlijst die hoort bij de interventie Stevig Ouderschap.

3.3 Screenen van aanstaande ouders op hoogrisicosituaties en risicogedrag

'Rook je, drink je alcohol of gebruik je drugs?' Dit zijn algemeen geaccepteerde vragen die tijdens de intake door een verloskundige of gynaecoloog worden gesteld. Gezondheidsvoorlichting is tenslotte een belangrijk deel van het vak. Bij een bevestigend antwoord zal de verloskundige altijd de risico's bespreken die inname van deze verslavende middelen kan hebben op het ongeboren kind. Maar de beroepsgroep zal ook alert moeten zijn bij een ongewenste zwangerschap waar de aanstaande moeder zich negatief over uit laat. Ook een prenatale depressie is een risicofactor. Hermanns (2008) doet de aanbeveling om alle vrouwen prenataal of perinataal door verloskundigen aan de hand van een korte checklist te laten screenen teneinde de meeste extreme risicosituaties zo vroeg mogelijk te signaleren.

Een voorbeeld van zo'n risicosituatie is een gewelddadige partnerrelatie. Vrijwel alle vrouwen kijken positief of neutraal aan tegen screenen op geweld tijdens de zwangerschap (Roelens et al. 2008). Het vroegsignaleringsinstrument voor verloskundigen ALPHA-NL kan hiervoor ingezet worden. Het is een vertaling van een Canadese vragenlijst en beoogt vroegtijdig zwangerschapsrisico's en ongunstige opgroeiomstandigheden te signaleren. TNO, dat het instrument voor Nederland ontwikkelde, benadrukt op haar website dat de vragenlijst slechts een hulpmiddel is en dat een training nodig is om het gesprek met ouders aan te gaan. De verloskundige vraagt de zwangere vrouw de vragenlijst voorafgaand aan een tweede of derde afspraak in te vullen en mee te nemen.

Er wordt onder andere gevraagd naar de beleving van de zwangerschap, de partnerrelatie en steun uit de omgeving. Om een verhoogd risico een passend vervolg te geven is samenwerking tussen de verloskundigenpraktijk met de JGZ of andere instanties essentieel.

Het protocol Dienst Maatschappelijke Ontwikkeling (DMO) is een gesprekprotocol voor de signalering van beïnvloedende factoren tijdens de postnatale periode. De validiteit en betrouwbaarheid van het instrument zijn onbekend, maar het gebruik ervan heeft geleid tot een significante toename van het signaleren van problematiek binnen het gezin (Postma 2008). Deze auteur benoemt daarbij dat het aanbod aan betrouwbare en valide instrumenten in de Nederlandse gezondheidszorg schaars is. Een instrument voor risicotaxatie is Licht Instrument Risicotaxatie Kindveiligheid (LIRIK) voor het onderkennen van een vermoeden van kindermishandeling en het inschatten van een toekomstig risico op kindermishandeling (Berge en Eijgenraam 2009).

3.4 Screenen van prille ouders, onder andere op psychische problematiek

Voor kraamverzorgenden ontwikkelde TNO de checklist 'Vroegsignalering in de kraamtijd', een lijst met 35 items die de kraamverzorgende voor zichzelf kan doorlopen om na te gaan of er bijzonderheden zijn waargenomen rondom de baby, ouders, ouderrelatie, woon- en leefomgeving. De lijst komt niet in het kraamdossier. Bij het invullen wordt een keuze gemaakt tussen 'geen bijzonderheden' of 'behoeft aandacht'. Vervolgens wordt er een besluit gevraagd, wat bijvoorbeeld kan inhouden dat iemand contact opneemt met een leidinggevende of een aandachtsfunctionaris kindermishandeling.

Kraamverzorgenden en JGZ-medewerkers dienen ook alert te zijn op, en dus kennis te hebben van, de aandoeningen post-partumdepressie en post-partumpsychose, hoewel voor de eerstgenoemde beroepsgroep geldt dat de meeste symptomen zich aandienen als hun taak er na enkele dagen op zit.

3.5 In de praktijk: gebruik van risicotaxatie-instrumenten

Uit onderzoek van de Kinderombudsman naar de gemeentelijke inzet op preventie van kindermishandeling blijkt dat een derde deel (33 %) van de 169 aan het onderzoek deelnemende gemeenten stuurt op subsidievoorwaarden of kwaliteitseisen aan instellingen als het gaat om het inzetten van risicotaxatie-instrumenten (Wilde et al. 2017). De rest van de gemeenten laat dit vooralsnog na en van 219 gemeenten ontbreken de gegevens.

3.5.1 In de praktijk: preventief aanbod voor risico-ouders

Als er gebruik is gemaakt van een risicotaxatie en de ouder staat open voor deskundige begeleiding, welke interventies zijn er dan beschikbaar?

VoorZorg

Verloskundigen of andere deskundigen kunnen aanstaande moeders onder de 25 jaar doorverwijzen als zij constateren dat er sprake is van middelenmisbruik, partnergeweld of andere risicofactoren, zoals alleenstaand ouderschap, laag inkomen, weinig opleiding of sociale steun en een kindertijd met verwaarlozing of mishandeling. VoorZorg is een vrijwillig intensief preventief programma dat preventie van kindermishandeling als een van de doelstellingen heeft. In 40 tot 60 huisbezoeken wordt er tot het kind tweeënhalf jaar is geholpen bij de verzorging en opvoeding. Het is gebaseerd op een Amerikaans programma dat gedurende 35 jaar is onderzocht en onder andere effectief bleek op het terugdringen van kindermishandeling (bij de interventiegroep kwam in 11 % van de gezinnen kindermishandeling voor, bij de controlegroep was dat 19 %). Ook wordt er minder gerookt door deelnemers en besluiten ze dat niet te doen waar de baby bij is. Ook huiselijk geweld komt minder vaak voor in vergelijking met niet-deelnemers.

In de databank Effectieve Jeugdinterventies van het NJI kreeg de interventie het oordeel 'effectief volgens goede aanwijzingen'.

Stevig Ouderschap

Deze interventie is bedoeld voor gezinnen met een verhoogd risico op opvoedproblemen. Door middel van pre- en postnatale huisbezoeken worden prille ouders tot hun kind achttien maanden is, begeleid in het ouderschap. Er wordt ingezet op kennis, vaardigheden en sociale steun, met als doel het zelfvertrouwen en de zelfredzaamheid van de ouders te vergroten.

Het NJI heeft de interventie als 'effectief volgens eerste aanwijzingen' opgenomen in de databank Effectieve Jeugdinterventies.

Nu Niet Zwanger

Het programma Nu Niet Zwanger (NNZ) dat werd ontwikkeld bij de GGD Hart voor Brabant, helpt kwetsbare ouders in een kwetsbare periode geen kind te krijgen. Sleutelwoorden lijken te zijn: relatie, pro-actieve benadering en maatwerk. Meer dan 80 % van de deelnemende vrouwen ging na het programma een vorm van anticonceptie gebruiken (Factsheet 2018).

3.5.2 In de praktijk: beschikbaarheid van preventief aanbod voor risico-ouders

Zijn de genoemde interventies voor risico-ouders ook voor al deze ouders beschikbaar? Gemeenten zijn vrij in hun inkoopbeleid, dus het antwoord is ontkennend. VoorZorg wordt door 53 van de 169 aan het onderzoek van de Kinderombudsman deelnemende gemeenten ingekocht (Wilde et al. 2017). Iets meer dan de helft van de deelnemende gemeenten (53 %) geeft aan dat de inkoop van dergelijke programma's geen onderdeel uitmaakt van het beleid. Uit het onderzoek blijkt dat een deel van de gemeenten eigen acties uitzet, zoals het verspreiden van folders en het (laten) organiseren van voorlichtingsbijeenkomsten voor hulpverleners en/of ouders.

Hoe krijgt men alle gemeenten in Nederland zover dat een effectieve interventie als VoorZorg wordt ingekocht? Met deze vraag blijkt het Nederlands Centrum Jeugdgezondheid (NCJ) zich ook bezig te houden. Trudy Dunnink van het NCJ vertelt hoe zij te werk gaan.

Citaat Trudy Dunnink

> Het is belangrijk dat een effectieve interventie als VoorZorg of Stevig Ouderschap in alle gemeenten beschikbaar komt. Ik ben blij dat dit in steeds meer gemeenten gebeurt. Ons streven is dat elke JGZ-professional in elke gemeente de mogelijkheid heeft om zo nodig bij elke ouder de meest passende ouderschapversterkende interventie aan te bieden. Van lichte ondersteuning, tot meer intensievere begeleiding, zoals bij VoorZorg wordt geboden. Dit willen we bijvoorbeeld voor VoorZorg bereiken door het programma op allerlei manieren breed onder de aandacht van de JGZ te brengen en de professionals te ondersteunen als zij hierover in gesprek gaan met gemeenten. We benadrukken de effectiviteit ervan en stimuleren organisaties om het te agenderen en de financiering ervan bespreekbaar te maken met gemeenten. In onze VoorZorg-infographic kan men de naam van een gemeente invoeren, waarna inzichtelijk gemaakt wordt wat de interventie kan opleveren. Op het beeldscherm verschijnt vervolgens hoeveel kwetsbare zwangere vrouwen in aanmerking komen voor VoorZorg, wat de kosten voor dit aantal vrouwen bedragen en wat de baten (uiteindelijk) zijn. De infographic en de website van het NCJ geven ook informatie over wat VoorZorg voor de kwetsbare zwangeren en moeders betekent. Uiteindelijk is dat het allerbelangrijkste: dat deze moeders dankzij de begeleiding in staat zijn voor zichzelf en hun kind te zorgen en beiden zich zo gezond mogelijk kunnen ontwikkelen.

3.6 Voorlichten van jonge ouders over de risico's van babyshaking

TNO deed bij meer dan drieduizend ouders van maximaal zes maanden oude baby's onderzoek naar hun gedrag als de baby huilt. Van deze ouders heeft 5,6 % hun baby weleens door elkaar geschud, gesmoord of geslagen om het huilen te laten verminderen of stoppen (Reijneveld et al. 2004). Dit is zeer risicovol gedrag, want de mogelijke gevolgen voor de baby zijn niet gering. Babyshaking houdt in dat een baby hard door elkaar wordt geschud, waarbij het hoofdje – dat juist zorgvuldig moet worden ondersteund – heen en weer gaande of rollende bewegingen maakt. De schade die het kind kan oplopen zijn bloedingen van de netvliezen, hersenvliezen en hersenen. Er is kans op een ernstige levenslange handicap, coma of op overlijden als gevolg van 'het syndroom van de door elkaar geschudde baby', oftewel het 'shaken baby'-syndroom (SBS). In Amerika valt het syndroom onder de medische noemer 'abusive head trauma'.

Op de website ▶shakenbabysyndroom.nl vermeldt men dat er van de tachtig baby's die in Nederland op de eerste hulp binnenkomen met hersenschade, bij dertig van hen sprake is geweest van hevig schudden. Volgens het Centraal Bureau voor de Statistiek overlijden er jaarlijks drie à vier baby's in Nederland aan de gevolgen van SBS. The National Centre on Shaken Baby Syndrome meldt dat een kwart van de kinderen met SBS overlijdt en dat 80 % van de overlevers levenslange gevolgen ondervindt. SBS is volgens deze bron in de Verenigde Staten de meest voorkomende oorzaak van dodelijke slachtoffers door fysieke kindermishandeling. Maar ook hier geldt dat de exacte cijfers ontbreken omdat de diagnose vaak gemist wordt. De inwendige verwondingen zijn niet altijd te herleiden naar het harde schudden van een baby en worden door professionals niet altijd herkend. Ook bij deze vorm van kindermishandeling wordt verondersteld dat de cijfers het topje van de ijsberg weergeven.

The Canadian Paediatric Society noemt SBS een te voorkomen tragedie. De multidisciplinaire aanpak (Joint Statement on shaken baby syndrome) in Canada richt zich op:
1. kennisoverdracht voor de hele populatie over de definitie, oorzaak en alle mogelijke gevolgen;
2. stimuleren van de ontwikkeling van lokale en nationale preventiestrategieën;
3. aanmoedigen van hulp aan slachtoffers en hun families.

De boodschap die men hiermee wil overbrengen is dat het schudden van een baby zeer schadelijk is, fysiek geweld onacceptabel is, dat je met zorg de mensen moet kiezen die voor jouw baby zorgdragen (en/of hen als ouder zelf voorlichten) en dat er alternatieve manieren bestaan om met de frustraties om te gaan die een (huilende) of veeleisende baby met zich mee kan brengen.

In Amerikaans onderzoek kregen ruim 65.000 prille ouders in 2005 voorlichting over SBS. Er werd een afname van 47 % minder baby's met schudletsel geconstateerd en ouders konden zich na zeven maanden de voorlichting nog herinneren (Diaz et al. 2005).

3.6.1 In de praktijk: preventie van SBS

Met het 'Kinderen Veilig Preventiepakket', een initiatief van onder andere de Augeo Foundation, zijn gemeenten in 2010 aangespoord om inwoners voor te lichten over SBS en het omgaan met huilende dan wel veeleisende baby's. Men kan voorlichtingsmateriaal gebruiken dat is ontwikkeld door TNO in samenwerking met het vakblad Kraamzorg. Er is onder andere een voorlichtingsfilm beschikbaar: 'Niet schudden, breekbaar'. Voor de beroepskrachten is er een e-learningmethode ontwikkeld, maar er kunnen ook trainingen op de werkvloer worden aangevraagd.

Het preventiepakket en het ruime aanbod aan materialen ten spijt; de Kinderombudsman wijst gemeenten in 2017 op het belang van voorlichting aan jonge ouders over het omgaan met huilgedrag van baby's en het besteden van aandacht aan SBS, omdat uit hun onderzoek blijkt dat er net als in 2014 ondermaats wordt gepresteerd op dit onderdeel van het gemeentelijke preventieve beleid kindermishandeling.

3.7 Preventie van vrouwelijke genitale verminking (VGV): meer dan ouders informeren over de risico's

Juridisch is het niet mogelijk om verplichte medische controles uit te voeren om vrouwelijke genitale verminking te kunnen signaleren en zo de wet te kunnen handhaven. De overheid heeft om allerlei redenen ook niet voorzien in een lichamelijk onderzoek voor alle (risico)kinderen op risicovolle leeftijden tijdens contactmomenten bij de Jeugdgezondheidszorg. Wel voeren we in Nederland een zero-tolerance en een zeer actief preventiebeleid als het gaat om vrouwelijke genitale verminking, zo vermeldt Expertisecentrum Pharos in zijn factsheet 'Vrouwelijke genitale verminking en de Nederlandse ketenaanpak'.

Het Nederlandse preventiebeleid richt zich op voorlichting, vroegsignaleren en risicotaxatie en wordt vorm gegeven door de Jeugdgezondheidszorg, Vluchtelingen Organisaties Nederland, Federatie Somalische Associaties Nederland, Koninklijke Nederlandse Vereniging van Verloskundigen, Veilig Thuis en de juridische keten (Raad van Kinderbescherming, OM en de politie). Voorlichting door getrainde deskundigen over de mogelijke medische gevolgen voor het kind en voor ouders (strafbaarheid) is het probate middel dat wordt ingezet. Preventiedeskundigen zullen ouders uit risicolanden proberen te overtuigen af te zien van mogelijke plannen. Blijft er desondanks een reëel risico voor de dochter om te worden besneden, dan dienen de stappen van de meldcode te worden doorlopen. De gemeentelijke verantwoordelijkheid vraagt van ambtenaren en beleidsmakers om na te gaan hoeveel kinderen er in de desbetreffende gemeente risico lopen besneden te worden en om een regionaal netwerk op gebied van preventie en signalering samen te stellen. Ook zullen gemeenten moeten beoordelen of wijkteams versterking of kennis nodig hebben in het herkennen en bespreekbaar maken van meisjesbesnijdenis.

Kritische geluiden op het wereldwijd geroemde Nederlandse beleid kwamen in 2007 van Vluchtelingen Organisaties Nederland (VON) die de nadruk op het gezondheidszorgperspectief eenzijdig vonden. Liever zouden zij zien dat vrouwelijke genitale verminking breder wordt opgevat, namelijk als uitingsvorm van seksueel geweld en vrouwenonderdrukking. Daarmee zou preventiebeleid meteen ook meer worden dan het voorkomen van de lichamelijke daad. Hoe kijkt expertisecentrum Pharos daar tegenaan? We vragen het Diana Geraci.

Citaat Diana Geraci

> Wij zien vrouwelijke genitale verminking in de eerste plaats als een schending van mensen-, vrouwen- en kinderrechten. Het benadrukken van de medische gevolgen kan leiden tot medicalisering; dan wordt de 'oplossing' gezocht in het veilig uitvoeren van de ingreep waardoor de kans op complicaties verkleint, iets wat bijvoorbeeld in Egypte aan de orde is. Tegelijk is de insteek van mogelijke gezondheidsrisico's in een gesprek met ouders een betere start dan het benoemen van geschonden kinderrechten en de strafbaarheid van de daad. Deze aspecten van VGV dienen in een later stadium wel benoemd te worden. Dit gebeurt door diverse partijen die het thema bij ouders aankaarten: de Immigratie- en

> Naturalisatiedienst (IND) benoemt dat vrouwelijke genitale verminking strafbaar is en in asielzoekerscentra wordt het onderwerp besproken door de JGZ Publieke Gezondheidszorg Asielzoekers (PGA). Ook in groepscursussen die de GGD geeft aan asielzoekers komt het onderwerp aan bod. Zodra statushouders in een gemeente wonen, kan de JGZ-professional in de gesprekken met (aanstaande) ouders gebruikmaken van het Standpunt Preventie Genitale Verminking, in 2010 opgesteld door de RIVM.

In het Standpunt Preventie Genitale Verminking vindt de beroepskracht onder andere gespreksrichtlijnen, juridische informatie en handvatten voor het maken van een risicotaxatie. Vrouwelijke genitale verminking wordt erin benoemd als een 'ernstige en onherstelbare vorm van mishandeling en een fundamentele schending van de mensenrechten en lichamelijke integriteit.'

Het basisexamen inburgering leert nieuwkomers hoe het Nederlandse beleid is ten opzichte van geweldsvormen die voortkomen uit tradities, zoals vrouwelijke genitale verminking, en hoe we in dit land aankijken tegen man-vrouwverhoudingen. Dit komt tot uiting in het lesmateriaal bij het onderdeel staatsinrichting, politiek en grondwet. Hierin wordt benadrukt dat mannen en vrouwen dezelfde rechten hebben en dat het strafbaar is om vrouwen te discrimineren. Ook eerwraak en meisjesbesnijdenis worden genoemd als strafbare feiten. Het stukje film eindigt met de mededeling dat 'de wet in Nederland niet kan voorkomen dat er strafbare feiten worden gepleegd, maar als burger heb je de plicht en het recht er iets aan te doen.'

3.7.1 In de praktijk: preventie van VGV

Uit onderzoek van het Verwey-Jonker Instituut blijkt er een discrepantie tussen beleid en praktijk binnen de Jeugdgezondheidszorg (JGZ) als het gaat om preventie van vrouwelijke genitale verminking (Drost et al. 2018). Aandachtsfunctionarissen geven aan dat de aandacht voor het onderwerp VGV de laatste jaren is afgenomen binnen de sector. Zij schatten in dat de helft van de collega's het onderwerp bespreekbaar maakt. Belangrijke belemmeringen die genoemd worden zijn handelingsverlegenheid, gebrek aan tijd en de cultuur-/taalbarrière. Verder wordt genoemd dat de module VGV niet in elk kinddossier van een kind uit een risicoland automatisch naar voren komt, als in een 'pop-up'. Deze 'taaktrigger' wordt door de respondenten wel wenselijk geacht.

3.8 Primaire preventie: de (verplichte) opvoedcursus

Kindermishandeling willen voorkomen via opvoedingslessen; van tijd tot tijd pleit een deskundige of politicus voor een verplichte opvoedcursus voor alle (aanstaande) jonge ouders. Ook de voorzitter van de Taskforce Kindermishandeling en Seksueel misbruik

Eberhard van der Laan was in 2016 pleitbezorger van de opvoedcursus. De argumenten die vóór zo'n cursus geuit worden, zijn veelal dat: (a) opvoeden nou eenmaal voor alle ouders van tijd tot tijd moeilijk is; (b) er geen stigma aankleeft als iedereen dezelfde cursus volgt; en (c) de verwachting is dat we er opvoedproblemen en kindermishandeling mee kunnen voorkomen.

Tegelijkertijd leren ouders om vragen, ervaringen of oplossingen met anderen te delen en wordt het sociale netwerk vergroot. Aan de ouder-kindrelatie kan (indirect) ook aandacht worden besteed door ouders voor te lichten over het ontstaan van een goede hechting. De kritiek richt zich vaak op de organisatorische en financiële haalbaarheid, alsook op het moment van inzetten: voor of snel na de bevalling wanneer alle moeilijke peuter- en puberstrubbelingen nog ver weg zijn? Kun je opvoeden leren voordat de moeilijke momenten zich nog moeten voordoen? En is opvoeden niet sowieso een weg van vallen en opstaan, van laveren tussen de ene uitdaging en de andere?

Ook zetten critici vraagtekens bij de kans op het bereiken van de groep ouders voor wie een dergelijke cursus het hardste nodig is en die waarschijnlijk (en misschien wel om die reden) verzuimen. En moeten er voor weigerende ouders dan sancties volgen? Of moet deelname juist beloond worden in de vorm van een toeslag of hogere kinderbijslag?

Sommige mensen zijn van mening dat de overheid zich niet mag bemoeien met de opvoeding van kinderen omdat het een privé-aangelegenheid zou zijn. Het tegenargument kan zijn dat de overheid zich op het terrein van pedagogische preventie al op veel manieren met ouders en kinderen bemoeit, daarbij vrijwel altijd een maatschappelijk belang nastrevend. Als het voorkomen van kindermishandeling het einddoel zou moeten zijn, is een belangrijke tegenwerping dat kindermishandeling niet alleen ontstaat door ouderlijke factoren of opvoedstress. Om de effectiviteit van een dergelijke opvoedcursus te kunnen bepalen, is het in ieder geval van belang dat er een gestandaardiseerde vorm wordt aangeboden. Maar daarmee kun je dan weer onvoldoende ingaan op specifieke wensen, problemen en opvoedvragen die er op dat moment bij ouders leven. En voor welke ontwikkelingsfase van het kind, of de ouder, zou men moeten kiezen? Want levert een nieuwe sprong in de ontwikkeling niet vaak ook 'nieuwe kinderen' op met de daarbij behorende onzekerheden en opvoedvragen?

Vooralsnog verdween het speerpunt van de Taskforce in de la, dezelfde die de afgelopen decennia al meerdere keren werd geopend als het op een verplichte opvoedcursus ging.

3.9 Begeleide voorbereiding op het ouderschap

De intentie dan wel vraag die achter een opvoedcursus schuilgaat, blijft echter interessant, zeker als we de schil van het opvoedend handelen afpellen en, geïnspireerd door ▶ par. 1.3, daaronder naar het ouderschap kijken. Een relevante vraag zou dan zijn of een begeleide voorbereiding op het ouderschap er (mede) voor kan zorgen dat ouderschap een bron van kracht wordt of blijft, zodanig dat men zichzelf als ouder, het kind, de onderlinge relatie en het ouderschap over het algemeen genomen positief (blijft) beleven, hoe (stressvol) de omstandigheden verder ook zijn. Met andere woorden: zou je door een begeleide voorbereiding ouderschap kunnen versterken?

Met deze vragen verleggen we onze focus. Naast GGZ-preventie kennen we in Nederland ook geestelijke gezondheidsbevordering, waar het primair gaat om het versterken van de geestelijke gezondheid, zonder het doel psychische problematiek te voorkomen. Een hoger gezondheidsniveau bereiken is een van de speerpunten uit de visie van de Dienst Gezondheid & Jeugd, breder bekend als de GGD en LVS. Men werkt bijvoorbeeld aan een positief zelfbeeld, het sociaal functioneren of het versterken van copingvaardigheden. Ook binnen het preventieve aanbod bij GGZ-instellingen kom je naast interventies voor risicogroepen trainingen tegen op het gebied van assertiviteit, zelfvertrouwen en het uitbreiden van een sociaal netwerk.

Dit laatste thema heeft een link met uiteenlopende problemen. Het ontbreken van sociale steun is een determinant met een niet-specifieke invloed, wat betekent dat het op meerdere soorten problemen invloed kan uitoefenen. Tegelijk impliceert het dat het beïnvloeden ervan een breed effect kan hebben; denk aan geestelijke gezondheid, maar ook aan de beleving van het ouderschap ('overwegend stressvol' bijvoorbeeld bij een gebrek aan sociale steun). Om geestelijke of psychische gezondheid te beïnvloeden, moet je allereerst weten wat het begrip inhoudt en wat de determinanten ervan zijn. Dat geldt dus ook als we ouderschap zouden willen versterken. Ouderschap was lange tijd een onontgonnen terrein binnen de wetenschap, totdat het werk van ouderschapsbegeleider Alice van der Pas daar in ons land verandering in bracht. Hoort dit thema in een boek thuis over het voorkomen van kindermishandeling? Toch wel.

Toen emeritus hoogleraar kindermishandeling Baartman in 2009 een inleiding hield bij het lectoraat Ouderschap en Ouderbegeleiding aan de Hogeschool Leiden, verwoordde hij als volgt waarom het belangrijk is kennis over ouderschap te vergaren.

Citaat dr. Herman Baartman

» (…) Wat we nodig hebben is een theorie over ouderschap die ons helpt te begrijpen waar ouders het vandaan halen en hoe ze het klaarspelen om dag in dag uit zorg te bieden. Bij mij is de vraag 'Wat zijn dat voor ouders die hun kind mishandelen?' in het verlengde komen te liggen van een andere vraag: 'Wat zijn dat voor mensen die als ouder voor hun kind zorgen?' Die vraag is minstens zo boeiend als de eerste. Sterker nog, ik ben tot de overtuiging gekomen dat wie zich niet met oprechte interesse afvraagt wat ouderschap is en wat de bronnen zijn waaruit ouders putten om er wat van te maken, niet in staat is beleid te maken, onderzoek te doen, recht te spreken, toezicht te houden en gezinnen te coachen of ouders te steunen op een manier die ouders recht doet. Als ik niet in mijn werk had geprobeerd ouderschap te begrijpen dan had ik minder het idee gehad iets te begrijpen van falend ouderschap. Wat ben ik dan gaan begrijpen? (…) De cijfers [van kindermishandeling] zijn ontstellend, zeker. Ze wijzen niet op een volksziekte, maar leggen de 'conditione humane' van ouderschap bloot. De belangrijkste conclusie bij het prevalentieonderzoek zou moeten zijn: 'ouderschap vraagt meer dan je denkt, zowel van ouders als van de samenleving'.

Het was Alice van der Pas die het onderscheid maakte tussen opvoeder- en ouderschap. Waar opvoeden tijdelijk is en door anderen kan worden overgenomen, stelde zij dat ouderschap permanent, tijdloos en onvoorwaardelijk is, met als essentie het besef van verantwoordelijk-zijn, zoals we al lazen in ▶par. 1.3. Je zou kunnen zeggen dat ouderschap het ouderlijke 'zijn' in de kern raakt, waar opvoederschap verwijst naar het (ouderlijke) 'handelen'.

Ook het perspectief verschilt bij beide concepten. Bij het opvoeden is het kind het uitgangspunt en vanuit dat perspectief staan de vragen 'wie is dit kind?' en 'wat heeft het nodig?' centraal. Ouderschap draait daarentegen om de vraag wie de ouder is en wat de ouder nodig heeft om goed te kunnen functioneren. De terminologie van geestelijke gezondheidsbevordering doortrekken naar 'ouderschapsbevordering' lijkt niet in overeenstemming met deze visie. Opvoedingsvaardigheden kun je bediscussiëren, uitbreiden of naar een hoger niveau tillen. Ouderschap niet. Je kunt het hoogstens versterken, zodat het bij de aanwezigheid van meervoudige stressoren een bron van kracht blijft of wordt en ouderschap niet door de ouders aan het lijstje stressoren wordt toegevoegd. Zou je het einddoel dan ook sterk ouderschap moeten noemen? Of zijn andere termen beter geschikt?

Een veelvuldig gehanteerd en ingeburgerd credo is 'goed genoeg ouderschap' dat in 1974 door Winnicot werd geïntroduceerd. Sterk eraan is dat hij meteen al impliceert dat verre van perfect ook voldoende is. Maar als we de kenmerken van 'goed genoeg ouderschap' bestuderen, zien we dat ze de nadruk leggen op de eisen die een kind stelt aan een veilige gezonde ontwikkeling en minder op wat een ouder nodig heeft om goed te kunnen functioneren. Datzelfde geldt voor opties als geweldloos of veilig ouderschap. Competent of gezond ouderschap zijn termen die minder normerend of stigmatiserend zijn, maar tegelijk ook een externe evaluatie behelzen. Wellicht is er nog een term die verwoordt wat ouders zelf nodig hebben en nastrevenswaardig vinden. Achter het draagkracht-draaglastmodel, gaat de term 'draagkrachtig ouderschap' schuil. Draagkracht verwijst naar een vermogen dat (alle) ouders onherroepelijk nodig hebben en dat in de praktijk ervaren kan worden als ouders merken bestand te zijn tegen de draaglast van het gezinsleven, life-events en de problemen van alledag. Draagkrachtig ouderschap is ouderschap dat als uitkomst van alle plussen en minnen een plusscore oplevert en daardoor overwegend als een bron van kracht en vreugde wordt beleefd, ook als de algemene draaglast wordt of is verhoogd. Wordt er aandacht besteed, door middel van onderzoek en interventies, aan het draagkrachtig(er) maken van ouders?

3.9.1 In de praktijk: ouderschapsvoorbereiding

Een groot deel van de antwoorden is te vinden bij het Lectoraat Ouderschap en Ouderbegeleiding van de Hogeschool Leiden, waar men onderzoek naar de betekenis van ouderschap voor ouders centraal stelt. Het lectoraat koos lange tijd voor de term positief ouderschap, maar inmiddels gebruikt men 'krachtig ouderschap', dat drie domeinen kent: het thuisklimaat, netwerkklimaat en individuele factoren. Bij het thuisklimaat horen onder andere de taakverdeling, werk-privébalans en de partnerrelatie. Het netwerkklimaat omvat het sociale netwerk en de bereidheid daarvan gebruik te maken. De individuele factoren betreffen de voorbereiding op het ouderschap en kennis over de ontwikkeling van kinderen.

De voorbereiding op het ouderschap en daarbij in het bijzonder de taakverdeling en de partnerrelatie staan centraal in het onderzoeksprogramma '▶OuderTeam.nu'. Het bestaat uit vier groepsbijeenkomsten en enkele digitale onderdelen en is bedoeld voor stellen die zich in dezelfde periode van de zwangerschap bevinden. Het doel is de nieuwe samenwerkingsrelatie te versterken die ontstaat als twee partners ouders worden. Het lopende onderzoek kijkt of het programma die relatie daadwerkelijk verbetert en of ouders vinden dat zij beter zijn voorbereid op het ouderschap. De eerste onderzoeksresultaten tonen zich op het gebied van de samenwerking tussen de ouders, maar ook op het kind (bijvoorbeeld beter slapen), de ouders (onder andere minder stress) en de omgang met de kinderen (gebruik van streng straffen vermindert). Een dergelijke preventieve interventie waarbij de samenwerkingsrelatie tussen aanstaande en prille ouders centraal staat, was er nog niet in Nederland.

Waar de term opvoedcursus impliceert dat er (groepsgewijs) iets geleerd moet worden, zou een begeleide voorbereiding op het ouderschap ook per e-learning of een boek kunnen plaatsvinden. Het doel is niet zozeer iets te leren, als wel te reflecteren op en stil te staan bij het aankomende of prille ouderschap. De reflectie wordt gestimuleerd door basisvragen: hoe wil men het ouderschap invullen, wat is daarvoor nodig en wat heeft men nodig om als ouder(duo) draagkrachtig te kunnen functioneren? Verborgen behoeften zijn er niet alleen bij risico-ouders. Denk aan ouders die een tweede kind verwachten en bij wie ontevredenheid heerst over de huidige taakverdeling. Door reflectie en communicatie kunnen verborgen behoeften aan de oppervlakte komen. Aan de hand van open vragen kan een interne reflectie of een gesprek tussen twee partners in gang worden gezet.

In het boek *Er zijn voor je kind* (Brok en Zeeuw 2008) staat een vragenlijst gericht op zogenaamde 'waarden in het ouderschap'. Het zijn vragen die passen bij de lijn van een (begeleide) voorbereiding op het ouderschap en tevens geschikt zijn om als (aanstaande) of jonge ouders met elkaar te bespreken, zodat duidelijk wordt welke waarden eenieder aanhangt, waardoor bepaalde gedragingen in de omgang met de kinderen ook beter verklaarbaar worden. Bij tien kernwaarden worden twee vragen gesteld. Hieronder staan enkele voorbeelden:

1. Huwelijksrelatie, partner, intieme relatie: Wat wil je dat je kind kan leren van hoe jij staat in intieme relaties?
2. Ouderschap: Bedenk wat het voor je kind betekent dat jij vader of moeder van hem of haar bent?

3. Familieverhoudingen: Hoe wil je dat je kind jou het liefst ziet in je familierelaties?
4. Recreatie, vrije tijd: Wat vind je zinvol aan hobby's, sporten, nevenactiviteiten, spelletjes, vakanties en andere vormen van recreatie voor je kind?
5. Loopbaan, werk: Wat wil je dat je kind van jou afkijkt als het gaat om de betekenis van werk?
6. Onderwijs, opleiding, persoonlijke groei en ontwikkeling: Hoe wil je dat je kind jou herinnert als het gaat om leren en ontwikkelen, ook op persoonlijk vlak?

Hieraan kunnen vragen worden toegevoegd die de interne reflectie of het gesprek met de partner naar de eigen opvoeding leidt:
7. Wat wil je uit je eigen opvoeding meenemen? En waarom?
8. Wat wil je uit je eigen opvoeding achterlaten? En waarom?

3.9.2 Ouderschapsbegeleiding

Het thema ouderschap zit vooralsnog niet standaard in het curriculum van de opleidingen voor leerkrachten, pedagogisch medewerkers of hulpverleners. Er is een ontwikkeling gaande waarbinnen men ouderschap breder bekend wil maken bij beroepskrachten die met ouders werken, vanuit de visie dat kennis over ouderschap professionals kan helpen bij het ondersteunen en sterker maken van ouders. Die visie zien we terug bij onder andere het scholingsaanbod van het Lectoraat Ouderschap en Ouderbegeleiding van de Hogeschool Leiden en bij het Nederlands Centrum Jeugdgezondheid (NCJ). Dit kenniscentrum heeft ouderschap als een van de vier pijlers van de JGZ-preventieagenda benoemd. Het NCJ stelde voor JGZ-medewerkers een themadossier ouderschap samen. In de infosheet ouderschap van het NCJ (2018) kan men lezen dat de JGZ beter wenst aan te sluiten bij ouders en wil investeren in het ouderschap om zo een vanzelfsprekende gesprekspartner voor ouders te worden om vragen, onzekerheden en frustraties rondom het ouderschap mee te bespreken. Erkenning krijgen van professionals dat het ouderschap af en toe gewoonweg zwaar is, kan de druk van de ketel halen, zo is het idee. Jeugdprofessionals worden aangemoedigd aandacht te hebben voor ouders omdat, zo leest men in het themadossier:

> Een jeugdgezondheidszorg die zich echt bekommert om de opvoeding van kinderen zich ook echt moet bekommeren om het welzijn en de uitrusting van de ouders van deze kinderen.

Met het versterken van ouderschap wordt een belangrijke preventieve bijdrage geleverd aan het veilig en gezond opgroeien van kinderen, het voorkomen van maatschappelijke uitdagingen zoals kindermishandeling en vechtscheidingen, het doorbreken van patronen van generatie op generatie.

Het NCJ acht drie aspecten kenmerkend voor ouderschap: de beleving van het ouderschap, het welbevinden van de ouders en het opvoedvertrouwen dat zij ervaren. Alle informatie die de professionals krijgen, is gebaseerd op het gedachtegoed van Van der Pas. Dat geldt ook voor de beschrijving van de benodigde professionele houding die gestoeld is op drie aannames, die te zien zijn als drie poten van een kruk die elkaar in balans houden:

1. *Elke ouder heeft een besef van verantwoordelijk-zijn.* Dit uitgangspunt kwam in het eerste hoofdstuk al aan bod en vraagt van de professional dat hij ervan uit blijft gaan dat elke ouder het beste voor heeft met zijn kind. Hiermee plaatst de professional zich naast de ouder. De verbinding tussen ouder en hulpverleners komt onder druk te staan als de ouder het gevoel gegeven wordt tekort te schieten.
2. *Ouderschap maakt kwetsbaar.* Omdat iedere ouder het goed wil doen, sluimert er altijd een gevoel van schuld en schaamte rondom het ouderschap. Het is belangrijk de ouder respectvol, belangstellend en positief te benaderen.
3. *Ouders zijn eindverantwoordelijk.* Ouders zijn ervaringsdeskundig op het gebied van hun eigen kind en dat maakt ze consulterende opdrachtgevers. Als ze de regie tijdelijk kwijt zijn, kun je als professional zorgen dat ze de touwtjes weer zelf in handen krijgen.

3.9.3 Samengevat

Als we alle informatie over ouderschap vanuit de eerste drie hoofdstukken overzien, dan blijkt ouderschap het verleden, het heden en de toekomst te behelzen. In het verleden ligt de eigen genoten opvoeding, al dan niet onder ogen gezien, als het ware geëvalueerd, en in meerdere of mindere mate doorwerkt en verwerkt, en de invloed daarvan op de invulling van het eigen ouderschap. In het heden wordt het ouderschap op een bepaalde manier beleefd en vormgegeven. Tegelijk is ouderschap toekomstgericht: er wordt duidelijk ergens naartoe gewerkt, de kinderen op eigen benen laten staan, en daarover hebben ouders wensen en idealen. 'Ouderschap maakt kwetsbaar': als we die aanname van Van der Pas grondig laten resoneren en daarbij in het gezinsrapport (Bucx 2011) lezen dat meer dan de helft van de ouders het ouderschap als moeilijker ervaart dan van tevoren was ingeschat, dan mogen we het op zijn minst opmerkelijk noemen dat er geen ruim(er) aanbod voorhanden is van begeleide voorbereiding en begeleiding op het gebied van draagkrachtig ouderschap.

3.10 Vroegsignaleren en vroegformuleren van zorgen, vragen of problemen

Praat of lees over preventie en vroeg of laat valt de term vroegsignaleren. Als men in een beginnend stadium kan vaststellen dat er een probleem is of dreigt te komen, dan kan men de ernst van de gevolgen verminderen. En dat geldt niet alleen voor medische problemen. Als het gaat om gedragsverandering dan is de verwachting dat een behandeling of interventie meer kans van slagen heeft als gedragspatronen nog niet zijn ingesleten en ouders nog vatbaar zijn voor bijsturing. Hulp kan dus ook gewoonweg te laat komen om nog effectief te zijn. Dit lijkt vooral het geval te zijn bij verwaarlozing (Hermanns 2008).

Dit vraagt van beroepskrachten die met ouders en/of kinderen werken, dat zij in staat zijn in een vroeg stadium problemen met ouderschap, opvoeden, een verstoorde balans tussen draagkracht-draaglast, kinderen of de ouder-kindrelatie te signaleren. Dat vraagt tegelijk van beroepskrachten die zowel kinderen als ouders zien, dat zij voor beide doelgroepen evenveel oog hebben. Het Centrum voor Jeugd en Gezin (CJG) is de uitgelezen plek voor het vroegsignaleren van problemen rond de opvoeding of het ouderschap en omgekeerd: waar een ouder problemen in een vroeg stadium kan benoemen oftewel vroegformuleren. Dit geldt overigens vooral als de kinderen nog niet op de basisschool zitten. In de leeftijd nul tot vier jaar zien de artsen en verpleegkundigen van de CJG's de kinderen met hun ouders het meest frequent. Aan welke randvoorwaarden moet de jeugdgezondheidszorg voldoen om deze vorm van formele preventieve steun aan ouders te bieden?

De volgende ouders leggen de nadruk op aandacht, tijd en de manier waarop telefonische spreekuren worden vormgegeven, waarbij opgemerkt moet worden dat de ouders die hierover iets kwijt wilden ook een (verborgen) behoefte hadden voor meer begeleiding of aandacht.

Citaat Inge, 39 jaar, één kind, docente op een middelbare school

» Als ik voor een afspraak bij het CJG kom, dan heb ik niet het gevoel dat ik er als moeder veel toe doe. Ik heb nog nooit de vraag gekregen hoe het met mij gaat. De vaccinaties staan centraal en bij de andere afspraken draait toch alles om de vraag of mijn zoon qua lengte en gewicht niet te veel afwijkt van het gemiddelde. Daarvan word ik op de hoogte gesteld via een grafiek. Dat ik in het eerste jaar ontzettend heb geworsteld met mijn nieuwe leven als moeder en tegen een burn-out aanzat, heb ik er nooit verteld. Wanneer had ik dat moeten doen? Voor je het weet sta je weer buiten met je boekje. De drempel om te bellen voor mezelf vind ik hoog. Ik heb wel een keer gebeld voor advies over zindelijk worden. Dan moet je eerst je vraag uitspreken en word je later teruggebeld. Die werkwijze verhoogt voor mijn gevoel de drempel nog meer. Toen mijn zoon drie jaar werd, moest ik voor de oogtest komen. De laatste afspraak was al bijna weer een jaar geleden. Dus mag ik even lachen als je beweert dat ze een vroegsignalerende functie hebben? Hoe dan?

> **Citaat Sophie, 30 jaar, twee kinderen, thuisblijfmoeder**
>
> » Of ik een professionele steungever heb in mijn alleenstaand ouderschap? Daar heb ik nooit eerder over nagedacht. Het antwoord is helaas ontkennend. Ik ervaar het in ieder geval niet zo, maar misschien zijn ze er wel. Bij het CJG weten ze niet eens dat mijn partner bij me weg is. In ieder geval is het geen onderwerp van gesprek geweest. Tot nu toe red ik het wel, maar soms vliegt de verantwoordelijkheid voor die kleintjes me zo naar de keel dat ik ga hyperventileren. Ik vraag me vaak af of ik het allemaal wel goed doe. Wat bevestiging in mijn moederen zou ik heel fijn vinden. Ik zou niet weten bij welke instantie ik voor hulp zou moeten aankloppen. En moet ik dan gaan bellen en betalen –met geld dat ik niet heb – voor de hulpvraag: "Hoe krijg ik meer hulp en zelfvertrouwen?" Omdat mijn moeder ernstig ziek is, kan ik ook geen beroep doen op mijn ouders. Ik sta er in alle opzichten alleen voor. Ja, zo moet ik dat toch wel stellen.

Het Nederlands Centrum voor Jeugdgezondheid ondersteunt de JGZ in het streven naar een betere aansluiting bij ouders. We vragen Marieke Timmermans van het Nederlands Centrum voor Jeugdgezondheid (NCJ) hoe zij dit streven in de praktijk brengen.

Interview Marieke Timmermans: 'Inzicht krijgen in de behoeften van ouders is essentieel'

"Het NCJ en de JGZ-organisaties delen de missie dat elk kind veilig en gezond moet kunnen opgroeien. Het NCJ gelooft dat een sterke JGZ hierin het verschil kan maken. Een sterke JGZ stelt naast kinderen ook ouders centraal, werkt oudergericht en investeert in ouderschap. Wij ondersteunen JGZ-organisaties in deze ontwikkeling. Beter aansluiten bij ouders heeft te maken met vakmanschap, maar ook met de inrichting van een organisatie, de dienstverlening en werkwijze. Binnen de JGZ bleek een breed draagvlak te zijn voor deze visie, zo bleek uit onderzoek met meer dan honderd professionals, managers, staf- en beleidsmedewerkers. Natuurlijk was er binnen de JGZ al aandacht voor ouders, maar het onderzoek heeft duidelijk gemaakt dat er nog veel vragen zijn over hoe je aansluiten bij ouders vormgeeft. Tijdens de interviews ging het onder andere over professionalisering; het daadwerkelijk centraal stellen van ouders, oudergericht werken en investeren in ouders vraagt iets van het vakmanschap van professionals. Naast kennis en vaardigheden gaat het om de grondhouding van waaruit je werkt. Omdat aansluiten bij ouders ook iets vraagt van de organisatie van de JGZ, was dienstverlening en communicatie in de interviews ook een van de dimensies. Je kunt daarbij denken aan meer regie geven aan ouders door middel van technologische applicaties, het vergroten van de (online) bereikbaarheid en werken op vindplaatsen zoals scholen of kinderopvang. Om goed te kunnen aansluiten is het essentieel inzicht te krijgen in de behoeften van ouders. Voldoen de communicatiemiddelen aan de behoeften van ouders? Is het beschikbare aanbod voldoende om aan de diverse behoeften van ouders tegemoet te komen? Er zijn door inventarisatie veel praktijkvoorbeelden verzameld, zodat organisaties ook van en met elkaar kunnen leren. Daarnaast heeft het NCJ een documentaire gemaakt over ouderschap in een veranderende maatschappij, die we gebruiken in bijeenkomsten voor beroepskrachten. Al deze inspanningen moeten tot meer leiden dan alleen kennis opdoen."

'Of er vragen over het opvoeden zijn' is eigenlijk een voor de hand liggende uitnodiging tot goed gesprek tussen een ouder en een deskundige. Toch wordt de vraag niet standaard gesteld tijdens de consultaties op het consultatiebureau. We zagen in het eerste hoofdstuk dat ook ouderschap een onderwerp mag zijn en zelfs moet zijn als we kijken naar het belang van vroegsignaleren van verborgen behoeften of hulpvragen. 'Wegen de leuke, fijne en ontvangende kanten van het ouderschap op dit moment op tegen de zware, moeilijke en gevende kanten van het ouderschap?', 'Welke woorden passen op dit moment bij de manier waarop u het ouderschap ervaart?', 'Als het gaat om het vertrouwen wat u heeft in uzelf als ouder, waar bevindt u zich dan nu op een schaal van 0 tot 10?' Dergelijke vragen kunnen aanleiding zijn tot een open gesprek waarbij de ouder zich als ouder gezien en bevestigd voelt.

3.11 Opvoedingsondersteuning

Het ligt in de lijn van het balansmodel om te stellen dat formele steun bij het opvoeden kan bijdragen aan de preventie van kindermishandeling. Dit kan onderbouwd worden door de aanname dat een andere manier van opvoeden, meer belonen dan straffen bijvoorbeeld, kan leiden tot meer positieve ouderervaringen en dientengevolge tot meer zelfvertrouwen en meer draagkracht. Oudergerichte ondersteuning bij de opvoeding wordt ook wel opvoedingsondersteuning genoemd. Wat is dat eigenlijk precies? De definitie van emeritus hoogleraar opvoedkunde Hermanns (1992) wordt vaak gebruikt:

» Alle activiteiten die tot doel hebben de opvoedingssituatie van kinderen te verbeteren, met andere woorden: opvoeders helpen opvoeden.

Opvoedingsondersteuning is een veelomvattend begrip dat varieert van het uitdelen van een folder met tips tot het intensief begeleiden van een gezin. De staat waarin een gezin zich bevindt op het moment van ondersteunen is net zo breed te nemen: van overwegend probleemloos tot een gezin waar de opvoeding, en misschien ook wel het ouderschap, als een grote last of zorg wordt ervaren, ofwel door de ouders ofwel door anderen. Het is wenselijk deze laatste situatie te voorkomen. En theoretisch gezien zijn daar mogelijkheden voor, want voordat het mis dreigt te lopen, zijn er al diverse stadia gepasseerd.

Kousemaker heeft dit lang geleden al inzichtelijk gemaakt door de fasen te beschrijven waar ouders doorheen kunnen gaan en waarop dus ook preventief kan worden ingezet (Kousemaker en Wilbrink-Griffioen 1987). De eerste fase betreft opvoedingsvragen (twijfels, onzekerheid) die onbeantwoord kunnen uitmonden in opvoedingsspanning, vervolgens kunnen leiden tot een opvoedingscrisis en uiteindelijk kunnen eindigen in opvoedingsnood (chronische complexe hardnekkige problematiek). Vooral bij de laatste twee fasen is de informele opvoedingsondersteuning uit het sociale netwerk niet meer afdoende en zal ook een folder of het inloopspreekuur van het CJG onvoldoende ondersteuning bieden om een keer te brengen in de situatie die is ontstaan. Ook lijkt het denkbaar dat in deze laatste twee fasen de kans op een onveilige thuissituatie voor kinderen (en misschien ook wel voor partners) verhoogd is.

Beroepskrachten moeten de stadia goed kunnen onderscheiden en ouders dienen de mogelijkheid te hebben, en dat als zodanig te ervaren, opvoedingsvragen snel en gemakkelijk te kunnen en durven stellen. Opgeworpen drempels moeten geslecht worden, maar om dat te kunnen doen moet men eerst achterhalen of ouders drempels ervaren. Toch moet men oppassen met de term opvoedingsvragen: ouders zullen zeker niet altijd in staat zijn concrete vragen te formuleren bij onzekerheden, twijfels of zorgen. Dat vraagt van beroepskrachten die ouders op frequente basis ontmoeten, de vaardigheid om verborgen vragen boven tafel te krijgen voordat een normale opvoedingssituatie met zijn bijbehorende onzekerheden uitmondt in een problematische opvoedingssituatie met een onveilige situatie voor kinderen.

> **Opvoedvragen top-5**
>
> Welke vragen leven er zoal bij ouders? Het Trimbos Instituut heeft op basis van 25 landelijke en provinciale onderzoeksrapporten een top-5 samengesteld van opvoedvragen (Speetjens et al. 2009). Die blijken te gaan over:
> 1. algemene ontwikkeling van kinderen, gezondheid, kinderziektes;
> 2. gedrag van kinderen (moeilijk en ongehoorzaam gedrag);
> 3. grenzen stellen, luisteren, gehoorzaken, corrigeren en straffen;
> 4. sociaal-emotionele ontwikkeling, (on)zekerheid, (faal)angst;
> 5. algemene opvoedingsvaardigheden en vragen.

Het onderzoek leverde door expertmeetings items op die ook nu nog relevant zijn als het gaat om het bieden van formele opvoedingsondersteuning, zoals: zorgen voor laagdrempelige inlooppunten in een wijk, het consultatiebureau moet een (pro)actieve houding innemen voor opvoedvragen, er moet beter zicht komen op welke ouders wel of niet bereikt worden met het aanbod aan opvoedingsondersteuning, het taboe rond opvoedvragen en problemen moet worden aangepakt en de algemene visie op opvoedingsondersteuning zou idealiter gewijzigd moeten worden in 'een aanbod dat opvoeden makkelijker en leuker kan maken' (Speetjens et al. 2009). Redenen om geen formele ondersteuning te vragen, kwamen volgens de twee focusgroepen voort uit de angst dat kinderen uit huis geplaatst worden en dossiervorming waardoor ouders vrezen dat de openheid van zaken op latere leeftijd van het kind negatieve gevolgen kan opleveren. Ouders moeten om vragen te durven stellen een zekere mate van veiligheid ervaren: in hoeverre ben ik geoorloofd mijn vragen te stellen zonder te worden gediskwalificeerd als ouder? Het klimaat binnen de Centra voor Jeugd en Gezin (CJG), opgericht om ouders laagdrempelige opvoed- en opgroeiondersteuning te bieden, en de openheid over wat er eigenlijk gebeurt met eventuele verslaglegging van consulten zal de openheid van ouders kunnen bevorderen of belemmeren.

In het onderzoek geven ouders aan een voorkeur te hebben voor ondersteuning via het internet. Dat blijkt ook wel uit de praktijk van de site 'Ouders Online', die maandelijks tienduizenden bezoekers trekt. Uit het gezinsrapport blijkt dat de meeste ouders tevreden zijn met de opvoedingsondersteuning die zij, veelal vanuit het informele netwerk, ontvangen (Bucx 2011). In het formele circuit worden via school, de peuterspeelzaal en kinderopvang de meeste opvoedingsvragen gesteld. Uit het onderzoek blijkt dat dit minder het geval is via formele steungevers als het CJG en de huisarts (Speetjens et al. 2009). Degenen die aangeven meer steun nodig te hebben dan ze krijgen, zijn gezinnen met een laag inkomen, eenoudergezinnen of gezinnen met jonge kinderen. Dat kunnen ook de gezinnen zijn die door de jonge leeftijd van hun kind(eren) nog niet met een basisschool in aanraking zijn geweest en geen gebruik (kunnen) maken van opvangmogelijkheden.

3.11.1 Opvoedvragen Syrische vluchtelingen

Specifieke doelgroepen kunnen zo hun eigen opvoedvragen en problemen hebben en het is belangrijk daar inzicht in te hebben. Het Trimbos Instituut heeft een inventarisatie gemaakt van opvoedvragen die bij Syrische ouders leven die naar Nederland gevlucht zijn (Speetjens en Plat 2017). Sommige items komen overeen met die van Nederlandse ouders uit het meer algemene onderzoek uit 2009, andere komen voort uit ervaringen uit het land van herkomst en de specifieke situatie waarin de gezinnen zich op dat moment bevinden.

Ouders die in Asielzoekerscentra verblijven met kinderen onder de twaalf jaar hebben vragen over (1) psychische gezondheid van kinderen, (2) voeding, (3) grenzen stellen, (4) bieden van structuur in een onzekere leefomgeving en (5) ontbreken van sociale steun tussen ouders onderling in de AZC. Ouders van kinderen boven de twaalf jaar ervaren naast vragen over de psychische gezondheid van de kinderen dilemma's over autoriteit van de ouder, puberteit, toekomst en opvoedstijl in combinatie met nieuwe omgeving en ontwikkelingsfase. Als ouders eenmaal met een verblijfsvergunning in gemeenten zijn opgenomen, komen er nieuwe vragen bij, die onder andere gaan over het vinden van aansluiting en discrepanties in opvoedstijlen tussen de eigen en de Nederlandse cultuur. De Jeugdmonitor van het CBS uit 2016 maakte duidelijk dat bij aanvang van dat jaar het aantal Syrische jongeren in Nederland was verdubbeld door de vluchtelingenstroom (22.000). Dit aantal is inmiddels hoger, hetgeen betekent dat de noodzaak, ook gezien de vragen die er bij de ouders leven, groot genoeg is om een passend aanbod te bieden.

3.11.2 In de praktijk: aanbod opvoedingsondersteuning

Opvoedingsondersteuning bestaat uit een veelkleurig palet van diensten, geschikt voor lichte tot zwaardere opvoedproblemen. Zo is er groepsgerichte opvoedingsondersteuning, de individuele op maat gesneden pedagogische advisering (via consultatie, telefoon, huisbezoek of online) al dan niet met videohometraining, de informele opvoedingsondersteuning (via – getrainde – vrijwilligers oftewel paraprofessionals) en de meer intensieve professionele vormen.

Triple P

Triple P verwijst naar de beginletters van 'Positief Pedagogisch Programma', vaak samengevat als 'positief opvoeden'. Het is een van origine Australisch programma dat opvoedondersteuning biedt aan ouders met kinderen van 0 tot 16 jaar. Het gaat uit van de stelling dat kleine opvoedproblemen beter in een vroeg stadium kunnen worden begeleid. Toch kan deze methode ook worden ingezet als ouders ernstige opvoedproblemen/kinderen met gedragsproblemen hebben. Men werkt met vijf niveaus van preventie tot zware hulp. Het leert ouders praktische vaardigheden en maakt ouders competenter.

Triple P en Triple P-niveau vier is volgens de databank Effectieve Jeugdinterventies van het NJI 'goed onderbouwd'. Het wordt volgens de website van Triple P in meer dan tweehonderd gemeenten in Nederland aangeboden.

Video feedback to promote positive parenting and sensitive discipline (VIPP-SD)

In zes huisbezoeken richt men zich op het verhogen van de ouderlijke sensitiviteit en het op een positieve manier stellen van grenzen. Het programma bleek effectief in het verhogen van de sensitiviteit en het verbeteren van de gehechtheidsrelatie met het kind. Dit zijn belangrijke buffers als het gaat om kindermishandeling. Er zijn meerdere versies, bijvoorbeeld voor het omgaan met baby's en voor ouders met een kind tussen de 1 en 6 jaar. Instapmogelijkheden zijn ouders die het gedrag of bepaalde gedragingen van hun kind als lastig ervaren en zich niet kundig genoeg voelen om ermee om te gaan. Ouders bleken enthousiast na het volgen van het programma. Als een dergelijk programma wordt aangeboden door een laagdrempelige organisatie als het CJG, kan het nauwelijks stigmatiserend werken. De kosten zijn hoog te noemen: 2.800 euro per gezin.

De interventie staat in de databank Effectieve Jeugdinterventies van het NJI vermeld als 'effectief volgens sterke aanwijzingen'.

Wraparound Care Model

Pleitbezorger van dit uit Amerika afkomstige empowerment-model is emeritus hoogleraar opvoedkunde Jo Hermanns, die er met anderen een gelijknamig boek over schreef (2012). Het betreft intensieve pedagogische thuishulp (IPT). Op basis van dit model wordt hulp geboden aan gezinnen met een indicatie voor jeugdzorg, waarbij vaak meerdere hulpverleners betrokken zijn. Er wordt nagestreefd dat alle betrokkenen de neuzen dezelfde kant op hebben staan en dat het gezin zelf de regie weer zal en kan nemen. Een generalist staat het gezin bij. Er wordt een plan opgesteld aan de hand van doelen die zijn geformuleerd op basis van de vraag wat de gezinsleden belangrijk vinden om te veranderen.

De concrete invulling van het gewenste veranderingsproces wordt opengelaten, hetgeen meteen betekent dat de effectiviteit nooit zal kunnen worden bewezen. Het model is wel evidence-based en in ieder geval practice-based. 'Signs of Safety', een veiligheidsplan voor kinderen, sluit goed aan bij de werkwijze van IPT.

Home Start

Home Start biedt door middel van getrainde vrijwilligers die zelf ook ouder zijn, kosteloze steun aan gezinnen met kinderen tot zeven jaar bij wie lichte opvoedproblemen aandacht vragen. De vrijwilliger is een tijdelijke uitbreiding van het sociale netwerk. Home Start ziet opvoeden als een zelfregulerend proces, dat onder druk kan komen te staan door stress(oren). De ouders geven zelf aan op welke gebieden zij steun willen. Men wil voorkomen dat alledaagse problemen uitgroeien tot structurele problemen. Het is gebaseerd op een mondiaal programma. Home Start plus is er voor ouders met kinderen boven de zeven jaar. Het is een preventieve interventie die volgens de databank Effectieve Jeugdinterventies 'goed is onderbouwd'.

Gezin centraal

Gezin Centraal staat bij het NJI als 'theoretisch goed onderbouwd' in de databank Effectieve Jeugdinterventies en is bedoeld voor gezinnen met ernstige opvoedproblemen. In deze vorm van ambulante hulpverlening werkt men aan het herstel van de draagkracht en draaglast.

3.11.3 In de praktijk: aanbod binnen gemeenten

Home Start wordt volgens de eigen website in ongeveer eenderde van alle gemeenten van Nederland aangeboden. In vergelijking met drie jaar eerder zijn gemeenten volgens onderzoek van de Kinderombudsman (Wilde et al. 2017) beter gaan sturen op subsidievoorwaarden en kwaliteitseisen op aanbieders als het gaat om het inzetten van risicotaxatie-instrumenten (vlaggensysteem, signs of safety, 60 %), deskundigheidsbevordering gesprekstechnieken (47 %) en scholingstrajecten screenen kindermishandeling (42 %). De directe beschikbaarheid van programma's is nog ondermaats (16 % van 146 gemeenten). Allerhande vormen van opvoedingsondersteuning worden door het merendeel van de gemeente ingekocht. In bijna een kwart van de gemeenten is het geen onderdeel van het beleid. Veel gemeenten sturen op de inzet van een aandachtsfunctionaris bij screenen en opvoedingsondersteuning.

3.12 Vroegsignaleren bij ouders met een verhoogde kwetsbaarheid door psychische problematiek of verslaving

Soms kunnen hulpverleners van mensen met ernstige psychische problematiek niets meer of minder dan er samen met de patiënt naar streven dat het leven leefbaar blijft of wordt. Of het alledaagse leven voor de kinderen in zo'n geval ook leefbaar en veilig is, is een vraag die door hulpverleners gesteld mag en moet worden. De reactie op een dergelijke vraag zou kunnen afwijken van wat men verwacht of vreest te gaan horen, omdat ouder(s) hier zelf ook vragen of zorgen over kunnen hebben. Het initiatief ligt bij de formele steungever.

"Je kunt als huisarts een vertrouwensband hebben, maar dat veronderstelt niet dat mensen uit zichzelf vertellen dat het niet goed gaat met de kinderen. Je moet ernaar vragen, vooral bij mensen die worstelen met psychische problemen, armoede en drugsgebruik," aldus huisarts en bestuurslid van de Vereniging van huisartsen Van Loenen in een interview met ▶NRC.nl (2015). Hij vervolgt: "Het is een illusie om te denken dat huisartsen alles goed inschatten, alleen omdat ze al heel lang betrokken zijn bij een gezin. Ik heb bijvoorbeeld een jong stel in de praktijk waarvan de vrouw psychische problemen heeft. Ze kwamen regelmatig langs, ik dacht dat ik wist wat er speelde. Tot ik op een dag nadrukkelijk vroeg hoe haar situatie hun twee kinderen beïnvloedde. Dat leidde tot een emotionele reactie; ze bleek daar grote zorgen over te hebben."

Eigenlijk waarschuwt Van Loenen hier voor de valkuil om als beroepskracht antwoorden te geven zonder de vragen te stellen. Zo loop je het risico zelf in te vullen hoe een aandoening, psychisch of lichamelijk, het leven beïnvloedt van de patiënt en diens gezinsleden. Omdat we die invulling doen vanuit onze eigen zienswijze en persoonlijke dan wel praktijkervaringen loopt men het risico voorbij te gaan aan de werkelijke situatie van een gezin en daarmee aan de impact van een aandoening op de opvoeding, het ouderschap, het gezinsleven en het welzijn van de kinderen. Het is denkbaar dat de handelingsverlegenheid die de formele steungever kan voelen, voortkomt uit angst voor stigmatisatie. Het laatste wat je als hulpverlener wil, is de cliënt het gevoel geven dat er een oorzakelijke relatie bestaat tussen psychische problematiek en falend ouderschap. Want laten we duidelijk zijn; die is er niet. Wel zie je in interviews met ervaringsdeskundige kinderen terug dat het ouderschap van hun psychisch zieke of verslaafde ouder(s) (extra) kwetsbaar was.

In het boek *Leven met een psychisch zieke ouder* (Gameren 2006) is gesteld dat we enerzijds aandacht moeten hebben voor het kind dat opgroeit met een psychisch zieke ouder, maar dat we tegelijkertijd moeten waken voor een (groter) stigma van de ouder dan er vaak al gegeven wordt of door de ouder ervaren wordt omdat je daarmee beide gezinsleden geen dienst doet. Uiteraard zit daar een spanningsveld, want door aandacht te vragen voor de – vaak verborgen – problematiek van deze groep kinderen, belicht je onvermijdelijk de problematiek van de ouders, met als risico 'overbelichting' of een eenzijdige benadering. En die frictie wordt groter als we specifiek aandacht vragen voor de basiszorg en veiligheid van de kinderen.

Het blijft belangrijk te benadrukken dat de psychische problematiek of verslaving ouders onmachtig dan wel extra kwetsbaar maakt en dat zij niet gekozen hebben voor een (gezins)leven dat overschaduwd wordt door psychisch lijden of het appèl dat een verslaving 24 uur/7 dagen op hen doet. Maar die schaduw kan ruim vallen over veel terreinen van het leven: arbeid, partnerrelatie, sociaal functioneren én het ouderschap. En hoe kan dat ook anders met symptomen die zich laten gelden op energieniveau, levenslust, dag-nachtritme, verzorging van uiterlijk en huishouden, zelfwaardering enzovoort. En hoewel psychische problemen of verslaving het vermogen tot liefhebben niet hoeven te beïnvloeden, kunnen we wel stellen dat de invloed ervan zichtbaar kan zijn in de wijze waarop en de mate waarin een ouder aan de liefde vorm kan geven. Soms wijkt dat af van wat we als samenleving acceptabel en wenselijk vinden en wat een kind volgens deskundigen nodig heeft om zich gezond te kunnen ontwikkelen. Soms lukt het ouders met psychische problematiek wel om het ouderschap zodanig vorm te geven dat het kind zich veilig en gezond kan ontwikkelen, daarbij vaak ondersteund door een draagkrachtige partner en een steunende omgeving.

Waarom dan toch de uitgebreide aandacht voor deze groep ouders en kinderen? Omdat beide partijen daar recht op hebben. In een verkennend onderzoek beantwoordden 115 volwassen respondenten die opgroeiden bij een ernstig psychisch zieke ouder, de open vraag wat zij als kind gemist hadden. 33 % van hen gaf aan 'liefde, aandacht en belangstelling' te hebben gemist (Gameren 2006). We kunnen er niet omheen dat de invloed van het psychisch lijden (in)direct de leefwereld van het kind en het gezin binnenkomt. In interviews en levensverhalen van kinderen die opgroei(d)en bij een ouder die leed aan een ernstige psychische aandoening, zoals een psychotische stoornis of een depressie (zie bijvoorbeeld Gameren 2006), komen we veel van de voorbeelden tegen die het *Medisch handboek kindermishandeling* (Putte et al. 2013) heeft verzameld voor emotionele (psychische) verwaarlozing: het getuige zijn van een suïcidepoging of dronkenschap, het overvragen van oudste kinderen als het gaat om het zorgen voor broertjes en zusjes of de zieke ouder, en gebrek aan liefde, geborgenheid en aandacht voor de behoeften van het kind. Deze ervaringsverhalen vertonen vaak grote gelijkenissen met die van kinderen die opgroeiden bij een verslaafde of verstandelijk beperkte ouder.

Maar net zoals de problematiek van de kinderen verborgen blijft als we er geen aandacht aan besteden, zo blijven ook de ouderschapsproblematiek of hulpvragen van ouders met psychische problemen verborgen als we nalaten het thema ouderschap bespreekbaar te maken. In de onderzoeksgroep van Van der Ende ervoeren alle ouders met psychische problemen ook problemen op het gebied van ouderschap (Ende et al. 2012). Zij putten kracht uit het ouderschap, maar het viel hen tegelijk ook zwaar. De zwaarte komt voort uit beperkte energie, structuur, contacten en levenslust en uit zich in beperkingen in recreatie, het stellen van grenzen, structuur bieden en activiteiten organiseren. Kracht voor ouderschap van mensen met psychische aandoeningen is gebaseerd op vijf universele factoren, waarvan Van der Ende aangeeft dat ze voor deze doelgroep extra van belang zijn:

1. Ouders met psychische aandoeningen komen in hun kracht omdat het kind ze bij de les houdt.
2. Het opgroeien met een eigen kind biedt de ouder een basis voor participatie via school en vriendschappen van het kind.
3. Samenzijn en activiteiten ontplooien die ouder en kind boeien, geven beiden levenskracht.
4. Loyaliteit en solidariteit met een eigen kind geven kracht om door te gaan.
5. Een nieuwe generatie en zo mogelijk een daaropvolgende generatie geeft perspectief.

Van der Ende concludeert dat het voor ouders met psychische problemen belangrijk is om in een vroeg stadium emotionele of praktische steun te vragen aan formele of informele steungevers teneinde ernstige problemen te voorkomen.

Maar laten we de bal niet alleen bij de ouders zelf leggen; ook voor hulpverleners is het belangrijk aandacht te besteden aan het ouderschap. We lazen eerder dat Alice van der Pas stelt dat ouders zonder meer behept zijn met een besef van verantwoordelijk-zijn. Vertrekkend vanuit de aanname dat dit voor alle ouders geldt, gezond of met medische of psychische problematiek, dan moeten we bij de laatste groep de mogelijkheid onderzoeken of men ook lijdt aan een sluimerend of chronisch gevoel van tekortschieten of aan het gegeven alleen te staan in de zorg voor het kind – zomaar twee mogelijkheden die klachten kunnen uitlokken of versterken en waar een hulpvraag of noodkreet achter schuil kan gaan. Als we nalaten deze mogelijkheid te verkennen, schiet de hulpverlening dan niet schromelijk tekort in het voorkomen van secundaire problematiek?

3.13 Handelen na oudersignalen: Kindcheck

De naam kan je op het verkeerde been zetten. Want het vernieuwende aan de Kindcheck is juist dat ook oudersignalen aanleiding kunnen zijn om de stappen van de meldcode te gaan doorlopen. Voormalig huis- en vertrouwensarts Pollmann noemde die ziens- dan wel handelwijze in 2010 'leren voorbij te kijken aan het kind'. Kinder- en jeugdpsychiater Lies Wenselaar deed in 1997 al de uitspraak dat we het aan de kinderen verplicht zijn een uitspraak te doen over de wijze waarop de psychiatrisch zieke ouder zijn of haar ouderrol kan vervullen. Het heeft lang geduurd voordat deze manier van kijken en handelen realiteit werd, zo gewend als we zijn geraakt om via het kind de vraag te willen beantwoorden hoe het thuis gaat. Maar een hulpverlener die slechts op basis van kindkenmerken een risicotaxatie maakt, kan om meerdere redenen over een beperkte of misleidende bron van informatie beschikken.

Veel hulpverleners in de geestelijke gezondheidszorg (GGZ) zien de kinderen van hun cliënten in het geheel niet. Huisbezoeken zijn bij de meeste instellingen voor ambulante geestelijke gezondheidszorg wegbezuinigd. En als er contact is tussen kinderen en beroepskrachten in de zorg, dan laten de kinderen tijdens die korte contactmomenten in veel gevallen geen of nauwelijks opvallende kenmerken zien. Sommige vormen van kindermishandeling zijn met het blote oog niet waarneembaar zijn of worden heel goed door ouders verborgen. Daarbij zal een door de ouder(s) opgelegd verbod op openheid niet snel worden geschonden, zijn veel kinderen bang gemaakt voor de gevolgen van praten, denken kinderen lange tijd dat hun situatie normaal is en hebben ze zichzelf aangeleerd om niet te koop te lopen met hun leed. 'Voorbij het kind kijken' werd in 2013 onderdeel van de meldcode. De uitvoering is daarom verplicht voor alle beroepskrachten die onder de Wet meldcode vallen.

De Kindcheck vraagt kort gezegd van de professional om na te gaan of de volwassene die hij medisch of psychisch behandelt, zwanger is, de zorg draagt voor kinderen en hoe het met de (veiligheid van de) kinderen gaat. Daaraan kun je de vraag toevoegen na te gaan of er bij de ouders zorgen of onzekerheden leven over het ouderschap, de opvoeding of het welzijn van de kinderen. De Kindcheck wordt uitgevoerd door (huis)artsen, maatschappelijk werkers, psychologen of psychiaters. Het kunnen cliënten betreffen die hulp zoeken bij de eerste hulp, voor ernstige psychische problematiek, na een suïcidepoging of voor huiselijk geweld. Op de spoedeisende hulp (SEH) volgt men een protocol 'Zorgwekkend gedrag van ouders op de SEH' als men zich zorgen maakt om kinderen die onder de zorg vallen van een bezoeker. Voor de kinderen wordt een afspraak gemaakt op de polikliniek kindergeneeskunde. Professionals die betrokken zijn bij een arrestatie of detentie van een ouder hebben hun eigen Kindcheck.

Als de beroepskracht heeft gecheckt of er minderjarige kinderen in het spel zijn of dat er sprake is van een zwangerschap, dan volgt er een gesprek. Daarin staat de vraag centraal of de cliënt ondanks de geestelijke gezondheidsklachten in staat is voldoende zorg, aandacht en veiligheid te bieden of te organiseren. Door de Kindcheck krijgt het gezinssysteem van de cliënt als het ware een taxatie, een ontwikkeling die al jaren vurig werd gewenst door preventiewerkers uit de geestelijke gezondheidszorg (GGZ) die werken voor het thema KOPP (kinderen van ouders met psychische problemen). Want als collega's van de behandelafdelingen niet nagaan of hun cliënten kinderen hebben en hoe het met de veiligheid en ontwikkeling van de kinderen gaat, wordt er van het preventieve aanbod voor kinderen (en hun ouders) nauwelijks gebruikgemaakt.

Het was verpleegkundige Hester Diderich, werkzaam op de spoedeisende hulp van een ziekenhuis in Den Haag, die met haar promotieonderzoek deze bal aan het rollen kreeg. Uit het onderzoek bleek dat het heel effectief is om op oudersignalen af te gaan. Van alle gedane meldingen op basis van oudersignalen bleek 91 % gegrond en driekwart van deze kinderen was niet bekend bij het meldpunt. Mogelijke hulpmijders komen op deze manier toch sneller in beeld (Diderich 2015).

Er was meteen wereldwijd interesse in deze vernieuwende aanpak die toch vrij simpel oogt. Werkt het ook zo simpel in de praktijk? Hoe geef je de Kindcheck in de praktijk handen en voeten? Uit de Rapportage quickscan meldcode bleek dat onder andere respondenten uit de sector maatschappelijke ondersteuning hier in de praktijk mee worstelen (Ministerie van VWS 2015). We vragen het Patricia van den Dungen, klinisch psycholoog/psychotherapeut, met een ruime ervaring binnen de volwassenzorg.

3.13.1 Uit de praktijk

Interview Patricia van den Dungen: 'Patiënten zeggen na de Kindcheck altijd dat het goed gaat met de kinderen'
"Juist omdat we het over de Kindcheck gaan hebben, vind ik het belangrijk om de context waarin ik werk goed te schetsen. Ik ben sinds 1985 werkzaam bij mijn huidige werkgever. Ik werk in de basis-GGZ, de zogenaamde eerstelijnszorg. Wij behandelen lichte, geen complexe, problematiek. Je kunt daarbij denken aan een lichte depressie, paniek en overbelasting. In een intakegesprek van zestig minuten probeer je als hulpverlener na te gaan wat er met iemand aan de hand is, stel je een diagnose en maak je een behandelplan. Binnen die beperkte tijd moet dus ook de Kindcheck worden gedaan. De intake maakt deel uit van een behandeltraject van gemiddeld vijf tot maximaal twaalf gesprekken. In dat traject kiest de behandelaar samen met

de patiënt een (beperkte) behandelfocus. Afhankelijk van de aanmeldklacht kan de focus liggen op klacht, omstandigheden of persoonlijke stijl. Het doel is niet om alle bestaande problemen op te lossen. We stoppen als iemand voldoende handvatten heeft om zelfstandig verder te kunnen. Omdat het een korte behandeling is, moet je als behandelaar keuzes maken. Patiënten komen zelden met een hulpvraag voor of over de kinderen. Als je opvoedingsproblemen in een gesprek meeneemt, kost je dat behandelminuten en moet je andere onderwerpen laten liggen. Door onze werkwijze en de beperkte tijd die we hebben voor een intake en behandeling, weet ik zeker dat de Kindcheck een ondergeschoven kindje is. En dat heeft als gevolg dat we kinderen over het hoofd zien die onze aandacht wel nodig hebben.

Werk binnen de BGGZ is focus- en vraaggericht en tegelijkertijd vind ik een brede blik, aandacht voor de context, belangrijk. Ik vind het heel vreemd dat psychologen worden getraind om naar individuele problemen te kijken en dat behandelaars slechts met individuen bezig zijn. Want de mens leeft nou eenmaal niet geïsoleerd; iemand functioneert altijd binnen een context van andere mensen. De individu- en klachtgerichtheid is ook mijn kritiek op onze opleidingen. Binnen de opleiding zou er meer aandacht kunnen zijn voor het effect van psychische problematiek op het systeem. Dat problemen binnen het gezin en de relatie sinds een aantal jaar gezien worden als algemeen menselijke problemen (niet psychiatrisch) en systeemtherapie en relatietherapie daardoor zelf bekostigd moeten worden, maakt het er niet makkelijker op. Ik geloof niet dat ik het moeilijk vind om de ouderrol met iemand te bespreken, maar ik vind het wel moeilijk om actie te ondernemen. Ik ga ervan uit dat ieder mens een goede ouder wil zijn. Als er sprake is van onvermogen dan benoem ik dat iets te ingewikkeld is geworden, maar dat men altijd vanuit de beste bedoelingen handelt. Mijn uitgangspunt is ook dat het in het belang van de patiënt is als het thuis goed gaat, daarom vind ik het goed om het thuisfront aan de orde te stellen. Ik heb nog nooit een patiënt behandeld die het niets uitmaakte hoe het met de kinderen ging. Maar patiënten zeggen na de Kindcheck altijd dat het met de kinderen goed gaat. Dat is hun standaardreactie. Mijn ervaring is dat ouders zich schamen voor problemen met de kinderen. Ze ervaren dat als hun fout, hun tekortkoming. Dat gevoel komt nog eens bovenop de psychische problemen en moeilijkheden die ze al ervaren. Die wetenschap maakt een telefoontje naar een vertrouwensarts ingewikkeld. Je onderschrijft het belang, maar tegelijkertijd komt je vertrouwensrelatie door zo'n telefoontje in het geding. Want het is jouw hulpvraag, niet die van de patiënt. Die vroeg niet of jij je met de kinderen wilde 'bemoeien'.

Wat kan anders? Het is goed dat het item 'kinderen' elke keer weer op je scherm verschijnt bij het schrijven van een intakeverslag. Het is goed dat je er naar moet vragen. Toch worden er te weinig problemen gemeld. De Kindcheck mag tussen collega's onderling wel wat vaker onderwerp van gesprek zijn. En behandelaren in de GGZ zouden dóór moeten vragen als het standaard antwoord komt dat het goed gaat met de kinderen: "Vertel eens, wat maakt dat het goed gaat?" Bij twijfel kan een partner of een huisarts informatie leveren om een vollediger beeld van iemands functioneren te krijgen. Van partners hoor je vaak dingen die de patiënt niet verteld heeft, bijvoorbeeld dat je patiënt vaak schreeuwt tegen de kinderen, ze zonder ontbijt naar school stuurt of snel boos wordt. Dat geeft een meer realistisch beeld van het algehele functioneren en de invloed hiervan op de kinderen."

3.13.2 Het gesprek invulling geven

De hulpverlener uit het interview geeft aan dat haar patiënten meestal de standaardreactie geven dat het met de kinderen goed gaat. Om te voorkomen dat de Kindcheck hiermee vroegtijdig ten einde komt, is het wenselijk dat de hulpverlener wat verdiepingsvragen (kader) paraat heeft, passend bij de eigen communicatiestijl. Daarbij kan een inleiding over het ouderschap of de eigen ervaringen in het opvoeden helpend zijn. Men handelt vanuit de leidende vraag of de kinderen thuis veilig en in een prettig opvoedklimaat kunnen groeien en of er bij de ouder(s) of bij de kinderen een (verborgen) hulpvraag ligt. Nagaan of er bij de ouder(s) of bij de kinderen een (verborgen) hulpvraag ligt, kan het gesprek vergemakkelijken.

Maar is het reëel om te veronderstellen dat alle informatie in het eerste gesprek op tafel komt? Soms hebben cliënten tijd nodig om voor zichzelf en naar anderen te erkennen dat de ziekte invloed heeft op de kinderen of om zich veilig genoeg te voelen om te onthullen. Laat het ouderschap om die redenen binnen de geestelijke gezondheidszorg een onderwerp van gesprek blijven.

> **Voorbeelden van (open) verdiepingsvragen**
>
> - Algemeen: 'Kunt u het antwoord dat het goed gaat wat meer voor mij toelichten?' of: 'Vertel eens, wat maakt dat het goed gaat?'
> - 'Kinderen grootbrengen kent zoveel dagelijkse taken. Hoe lukt het u om ondanks uw huidige gezondheidstoestand praktische zorg te verlenen?' Vraag naar: brengen en halen van kinderen naar school/kinderdagverblijf, boodschappen doen en eten koken, huishouden.
> - 'Hoe lukt het u om ondanks uw huidige klachten voldoende tijd en aandacht aan uw kinderen en hun bezigheden te besteden?' Vraag naar hobby's, huiswerk, sporten, zwemles, speelafspraken.
> - 'Wat merken de kinderen van uw psychische klachten of verslaving? Waarom denkt u dat?'
> - 'Maakt u zich weleens zorgen over uw kinderen?'
> - 'Is uw huis een veilige plek voor uw kinderen? Waarom denkt u dat?' Vraag naar: toezicht, veiligheidsmaatregelen zoals traphekjes, de aanwezigheid van onbekenden, bewaarplaats voor medicatie, maar ook: afwezigheid van geweld en angstige situaties.
> - 'Op wie kunt u een beroep doen als u hulp nodig hebt? Komt het ook voor dat u hulp vraagt?'
> - 'Wat merken de kinderen van die terugkerende wens/gedachten niet meer te willen leven?'
> - Bij aanvallen van paniek of woede/controleverlies: 'Het laatste wat je als ouder wilt, is zelf een bron van angst worden voor je kind, want dat heeft effect op de relatie met je kind. Wat zijn uw ervaringen daarmee?' en: 'Wat zou u op zo'n moment kunnen doen? Wie zou u kunnen inschakelen, zodat uw kind er geen of zo min mogelijk last van ondervindt (zorgplan)?'

- 'Is het nodig een noodplan op te stellen voor momenten van crisis?'
- 'Zijn er momenten van controleverlies bij heftige emoties als angst, onzekerheid, irritatie of boosheid?'

Vragen specifiek over het ouderschap (dr. Peter van der Ende):
- 'Hoe ervaart u uw ouderschap?'
- 'Hoe geeft u het ouderschap vorm in combinatie met de psychische problemen?'

3.13.3 Uit de praktijk

Het interview met klinisch psycholoog/psychotherapeut Patricia van den Dungen (▶ par. 3.13.1) maakt duidelijk dat er binnen de hulpverlenerspraktijk randvoorwaardelijke belemmeringen kunnen bestaan, zoals een gebrek aan tijd, om de Kindcheck uit te voeren. Binnen de volwassenenhulpverlening was het lange tijd geen gemeengoed naar de kinderen te kijken of te vragen. Hoe verloopt de implementatie van de Kindcheck binnen de GGZ? We vragen het de grondlegger Hester Diderich.

> **Interview Hester Diderich: 'De vraag die nu speelt: de Kindcheck ... En dan?'**
> "Ik dacht destijds dat wij in Den Haag het enige ziekenhuis waren waar nog niet zoiets als een Kindcheck werd afgenomen. Maar toen ik andere ziekenhuizen belde, bleek dat niemand het deed. Ik vond de Kindcheck zelf zo'n eenvoudig idee, het uitgangspunt is eigenlijk zo simpel. Maar de implementatie binnen de GGZ is allesbehalve simpel. Ik werk daar op dit moment twee jaar aan en ga er nog zeker een jaar mee door. Ik startte mijn project met het bellen van nagenoeg alle GGZ-instellingen in Nederland. Hoewel men tijdens mijn eerste telefoontje nog kon zeggen dat de Kindcheck onbekend was, kan dat niet meer nu de Kindcheck gekoppeld is aan de meldcode. Maar daarmee zijn we er nog niet. De GGZ in zijn geheel is groot; er is veel aan de hand. Er zijn zaken die de implementatie lastig maken. Een van de belangrijkste voorwaarden voor een geslaagde implementatie is een geschoolde aandachtsfunctionaris met tijd, geld en mandaat. En die is er vaak niet. Met een aandachtsfunctionaris die deze taak erbij doet omdat hij het onderwerp een warm hart toedraagt, kom je er niet in een instelling met achthonderd werknemers. Het is niet moeilijk de Kindcheck te vermelden in de beleidsstukken over de meldcode. Maar we moeten ernaartoe dat iedereen de Kindcheck uitvoert en men gewoontegetrouw onderling overleg pleegt. Dat blijft toekomstmuziek als er niemand is aangesteld met mandaat. Zo'n persoon moet ook de bijscholing voor de collega's monitoren; een tweede voorwaarde voor een succesvolle implementatie.
> Een andere voorwaarde is dat het computersysteem zodanig wordt aangepast dat de Kindcheck een vaste plaats krijgt in het cliëntendossier. Dit stukje informatie moet makkelijk terug te vinden zijn en op verschillende momenten worden ingevuld, bijvoorbeeld tijdens een verslechtering, tussentijdse besprekingen of een wisseling van behandelaar. Tot zover de praktische issues. Daarnaast speelt er binnen de GGZ de kwestie die ik het beste kan samenvatten met de vraag: 'De Kindcheck ... en dan?'

Het laatste wat behandelaars willen is dat de thuissituatie verslechtert na een melding. Zij vragen zich af of de hulp die wordt ingezet passend zal zijn. Die zorg is niet onterecht. Er is kennis in het lokale veld nodig over ernstige psychische problematiek en alles wat daaruit voortvloeit: een zwak sociaal netwerk, instabiele gezinssituaties, kinderen met problemen vanuit een 'nature-nurture'-belasting. Die kennis is er niet altijd en dan kan een situatie escaleren. Een cliënt wordt bijvoorbeeld overvraagd; men wil op eigen kracht gaan bouwen die er soms simpelweg niet is. Daarom is een goede samenwerking tussen de GGZ en Veilig Thuis essentieel in mijn ogen. En soms zal die samenwerking structureel noodzakelijk blijven voor gezinnen waar ouderschapsbegeleiding een levenslang traject wordt tot de kinderen oud genoeg zijn om zelfstandig te gaan wonen. Waar ik ook tegenaan loop, is onwetendheid en een gebrek aan praktijkervaring bij gemeenten. Dan wil men bijvoorbeeld per se iets uitzetten in het lokale veld, zonder op de hoogte te zijn van het afwegingskader. Soms is het prijskaartje daarbij van belang; uitzetten naar het lokale veld kost simpelweg minder dan een onderzoek door Veilig Thuis. Men heeft geen verkeerde bedoelingen, maar is onbewust onbekwaam. Beleid en praktijk staan vaak ver van elkaar. Het is belangrijk dat beleidsmakers beseffen hoe weinig tijd behandelaars hebben. Soms ontbreekt het behandelaars zelfs aan tijd om eens grondig na te denken over de meldcode. Tijdens een congres sprak ik laatst een psychiater over de Kindcheck. Tijdens ons gesprek nam hij afscheid van zijn angstige houding toen hij zichzelf realiseerde dat hij geen naderend conflict hoeft te vrezen als hij alle stappen van de meldcode en de werkwijze van Veilig Thuis vooraf met zijn cliënt bespreekt. Hij had nooit de tijd genomen of gekregen om zijn gedachten hierover te laten gaan.

Er zijn nog veel uitdagingen. Met de aanpassing van de meldcode zal het aantal meldingen vanuit de GGZ oplopen. Wat zullen de gevolgen zijn? Een overbelasting van het lokale veld, een verstopping van Veilig Thuis, ontoereikende zorg als gevolg van te weinig kennis over psychische problematiek? Het is allemaal denkbaar, maar toch ben ik hoopvol. We hebben te maken met grote logge organisaties en sociale wijkteams die langzaamaan beter gaan functioneren. Tegelijkertijd spelen er allemaal nieuwe ontwikkelingen zoals de transitie jeugdzorg en de Kindcheck. Dit vraagt dat men niet langer vooral binnen het eigen cirkeltje verblijft, maar dat men met elkaar om de tafel gaat zitten. Zo'n ontwikkeling kost tijd. En geld. Gemeenten moeten de Veilig Thuis-organisaties de kans en dus ook het geld geven om die gesprekken te kunnen voeren. Ze moeten Veilig Thuis in staat stellen aan de verwachtingen te voldoen die de GGZ van ze heeft. En gemeenten moeten meer realiteitszin krijgen als het gaat over de ernst van de problematiek die voor een deel van de GGZ-cliënten geldt en waarover nu te makkelijk wordt gezegd: 'Dat lost het wijkteam wel op'.

Maar we moeten niet vergeten dat we tien jaar geleden nog niks deden. Er zijn al veel stappen gezet en we doen het al heel goed in Nederland. Het zou het preventiewerk makkelijker maken als we een stukje verleden terughalen in de vorm van geoormerkt geld. Vroeger bestemde de verzekeraar een deel van de financiën voor preventie-doeleinden. Mijn idee is om dat geld weer terug te geven zodra een instelling of vrijgevestigde praktijk van het LVAK een keurmerk heeft gekregen en na inspectie gebleken is dat het beleid in de praktijk wordt toegepast. Psychisch zieke of verslaafde ouders zet je niet in een opvoedcursus bij het CJG. Die voelen zich daar niet thuis. Zo'n opvoedcursus moet de GGZ zelf aanbieden en dat kan met het geoormerkte preventiegeld. Dat geld kan volledig besteed worden aan meldcode gerelateerde problematiek. De zorgverzekeraar schiet er zelf ook wat mee op: het voorkomen van klachten bij de kinderen. En is dat niet het doel wat we allemaal willen nastreven?"

Tips van professionals voor professionals over het uitvoeren van de Kindcheck

- Volg de Kindcheck bij de anamnese.
- Leg uit dat je verplicht bent naar de kinderen te vragen of geef aan dat gebleken is dat veel ouders ondersteuning wensen bij het uitvoeren van het ouderschap.
- Geef duidelijkheid over wat je met de antwoorden doet.
- Leer van collega's: hoe pakken zij dit gesprek aan? Loop eens met elkaar mee.
- Besef dat mensen het over het algemeen fijn vinden om over hun kinderen te praten.
- Besef dat het ouderschap een kwetsbaar onderwerp is.
- Zorg dat je de juiste instanties of collega's kent die de ouder, kind of het gezin (opvoedkundige) of (preventieve) hulp kan bieden.
- Formuleer je vragen zorgvuldig en oordeelvrij.
- Maak gebruik van de adviesfunctie van Veilig Thuis, ook voor advies over de gespreksvoering.
- Overleg met collega's, zodat je niet alleen op je eigen oordeel afgaat.
- Neem de LIRIK af als de gezondheidssituatie verslechtert of als er stressvolle omstandigheden gaan spelen.

Tips van kinderen voor professionals (Kinderombudsman 2018)

- Wees alert op signalen en wacht niet te lang met actie ondernemen.
- Heb oog voor ons en onze behoeften, ook al ben je niet onze hulpverlener.
- Ga altijd met ons in gesprek.
- Probeer ons te ontlasten in de zorg voor onze ouder, maar neem ons serieus als ervaringsdeskundige.
- Zie ons als een gewoon kind in een moeilijke situatie.

3.14 Vroeghulp voor de kinderen van psychisch zieke ouders (KOPP)

Als de Kindcheck tot een gesprek heeft geleid, dan is het goed mogelijk dat de ouder aangeeft zich zorgen om een van de kinderen te maken omdat het stiller of juist drukker is dan anders of een ontwikkelingssprong achterwaarts heeft gemaakt (het is bijvoorbeeld weer gaan bedplassen). Maar het is ook denkbaar dat de ouder aangeeft zichzelf

Tabel 3.1 Risicofactoren

vanuit	risicofactoren
de ouder	ernstige en chronische ouderlijke stoornis
de gezinssituatie	afwezigheid gezonde ouder
	beperkte draagkracht van gezonde ouder
	slechte relatie tussen de ouders
	disfunctionele ouder-kindinteractie
het kind	jonge leeftijd als de ouder ziek wordt

Tabel 3.2 Beschermende factoren

vanuit	beschermende factoren
de ouder	goede relatie met het kind
	bieden van goede (emotionele) ondersteuning door gezonde ouder
de gezinssituatie	sociale steun
	aanwezigheid van een sociaal netwerk
het kind	heldere kijk op zichzelf
	heldere kijk op de ouderlijke problematiek

niet capabel genoeg te vinden om met het kind te praten over de psychische aandoening waaraan het lijdt. Soms voelt een ouder zich niet opgewassen tegen vragen van het kind, zoals 'Kan ik het ook krijgen?', 'Hoe komt het eigenlijk dat je dan weer vrolijk en dan weer verdrietig bent?' en 'Gaat het bij jou ooit nog over?' Het preventieve aanbod bij de meeste GGZ-instellingen is breed: daarin is preventieve hulp te vinden voor ouder en kinderen van alle leeftijden. Laten we deze laatste doelgroep als eerste bespreken, met als kanttekening dat hulp aan de ouders tevens hulp aan de kinderen is en vice versa.

Net zo min als alle GGZ-cliënten opvoedkundig moeten worden begeleid, hebben niet alle kinderen van psychisch zieke of verslaafde ouders (preventieve) formele hulp nodig. De vraag is altijd: 'Heeft dit kind op dit moment formele steun nodig?' Het antwoord kan ontkennend zijn of voor het oudste kind uit het gezin totaal anders luiden dan voor het jongste kind. Waar het om gaat, is dat men zich samen met de ouder aan de vraag waagt en dat het antwoord weldoordacht is. Erkenning en herkenning vinden bij leeftijdsgenoten en werken aan beschermende factoren kan een kind in een zogeheten KOPP-groep. Deze zijn er al voor kinderen vanaf vier jaar. Hoewel alle kinderen van ouders met psychische problemen welkom zijn in KOPP-groepen, loont het de moeite een risicoscreening te doen om na te gaan of dit kind op dit moment hulp of lotgenotencontact nodig heeft. Die risicoscreening kan op basis van de aanwezige risicofactoren en beschermende factoren die op dat moment van toepassing zijn (voor een overzicht van de in de literatuur meest genoemde beïnvloedende factoren zie tab. 3.1 en 3.2).

Andere mogelijkheden die de hulpverlener zelf tot zijn beschikking heeft om het kind (in)direct zelf te helpen:
- De ouder vertellen hoe belangrijk een vertrouwenspersoon voor het kind kan zijn. Adviseer de ouder samen met het kind een vertrouwenspersoon te zoeken bij wie het kind gevoelens van verdriet, boosheid en angst kan uiten. Geef aan hoe belangrijk het is dat de ouder uitspreekt dat het hiervoor toestemming geeft aan het kind, zodat er bij het kind geen loyaliteitsconflict ontstaat. Een ontwikkeling die hierbij aansluit is de JIM-aanpak, waarbij JIM staat voor Jouw Ingebrachte Mentor, vaak een vertrouweling die het kind aanwijst. Om als hulpverlener te leren samenwerken met deze, door een kind ingebrachte, informele steungever zijn er trainingen ontwikkeld.
- De ouder helpen na te denken over mogelijkheden het netwerk uit te breiden, via formele (▶par. 3.15.1) of informele weg. Misschien zijn er mensen uit de omgeving die de ouder af en toe willen ontzien in de oudertaak en het kind kunnen helpen te ontspannen, helpen bij het huiswerk of om weer even kind te kunnen zijn.
- Adviseer de ouder samen met het kind een psycho-educatief kinderboek te lezen dat past bij de leeftijd van het kind. Er zijn veel boeken over uiteenlopende psychische aandoeningen die het kind kunnen helpen te begrijpen dat de ouder ziek is en dat de symptomen die daarbij horen, niets met zijn of haar gedrag te maken hebben (dat werkt beschermend). Maak desnoods een selectie en leen deze boeken zelf uit.
- Psycho-educatief leesmateriaal om uit te lenen of samen met de cliënt door te nemen is ontwikkeld door het Trimbos Instituut in de kipizivero-reeks. De ouder kan met het kind lezen over de psychische aandoening en de vragen doornemen die erbij staan.
- 'Heeft u de kinderen weleens uitgelegd dat het niet aan hen ligt dat u zich de laatste tijd vaak ... voelt?' Deze vraag is belangrijk omdat kinderen vaak denken dat een symptoom als geprikkeldheid, somberheid of veel huilen 'aan hen ligt'.

3.15 Vroeghulp binnen het gezin: de gezonde partner van een ouder met psychische problemen

Cruciaal voor een gezin waar psychopathologie van een ouder zijn schaduw werpt op het alledaagse leven, is een gezonde, betrokken ouder. De aanwezigheid van een gezonde, emotioneel beschikbare partner en ouder werkt beschermend voor het kind. Voor het kind kan het zelfs het verschil betekenen tussen thuis kunnen blijven wonen of uit huis geplaatst moeten worden. Maar laten we reëel zijn; ook de meest draagkrachtige ouder beschikt niet over een onuitputtelijke bron van energie, mogelijkheden of beschikbare hulpbronnen. Aandacht hebben voor de draagkracht en vragen of problemen van de gezonde partner hoort ook bij het (preventief) ondersteunen van een gezin met een psychisch zieke of verslaafde ouder. Altijd de sterkste moeten zijn en vanwege de sterkste schouders de zwaarste lasten moeten dragen van het opvoeden en het ouderschap is geen benijdenswaardige (ouder)rol.

3.15.1 Het netwerk

Eigen Kracht-conferenties

Een hulpverlener kan de ouder toeleiden naar een vorm van (preventieve) hulp als de problemen binnen het gezin nog relatief klein of hanteerbaar zijn. Om hulp uit de bestaande contacten uit de omgeving te mobiliseren zijn er de 'Eigen Kracht-conferenties' die bij de hulpvragende partij thuis kan worden aangevraagd. Het doel is om de regie zoveel als mogelijk in eigen hand te houden.

Stichting Meeleefgezin

Om structureel hulp te krijgen van een ander gezin is er Stichting Meeleefgezin. Hier bieden gezinnen zich vrijwillig aan om de zorg voor een kind van 0 tot 5 jaar een dag(deel) per week en een weekend in de maand van een ouder met psychische problemen over te nemen. Dit gebeurt op basis van gelijkwaardigheid.

(Weekend)Pleegzorg

Als de mogelijkheden er zijn, kan netwerkpleegzorg de ouder ook ontlasten. De kinderen kunnen dan op regelmatige basis bij een familielid gaan logeren. Bij Pleegzorg kan men via de gemeente (het wijkteam) weekendpleegzorg aanvragen. Deze zorg is op vrijwillige basis. Er is dan ook regelmatig contact tussen de ouder(s) en de weekendpleegouder(s). Weekendpleegzorg is er voor kinderen tot achttien jaar, maar de meeste kinderen die er gebruik van maken, hebben de basisschoolleeftijd. De ouder kan in de tijd dat het kind afwezig is tot rust komen en het kind wordt een vertrouwde logé bij een goed functionerend gezin waar het een band mee opbouwt. In sommige gemeenten zijn er logeerhuizen waar men op regelmatige basis gebruik van kan maken.

3.15.2 In de praktijk: interventies voor ouders met psychische problemen

Zelfstudie

Voor ouders die in staat zijn thuis zelf aan de slag te gaan of die daarbij begeleid kunnen worden, is er het in 2015 uitgebrachte 'Werkboek voor ouders met psychiatrische en/of verslavingsproblemen en hun kinderen – verbeteren van de ouderrol' van (kinder en jeugd) psychiater Lies Wenselaar. In dit praktische werkboek draait alles om het vormgeven van de ouderrol. Er hoort een handleiding voor hulpverleners bij: 'Integrale hulpverlening aan ouders met psychiatrische en/of verslavingsproblemen en hun kinderen'. Ook aan de kinderen is gedacht; zij hebben hun eigen werkboek. Om dit te gebruiken, moeten ze wel kunnen lezen. Er wordt geen melding gemaakt van een leeftijd, die zou vanaf acht jaar geschat kunnen worden.

Ouder-baby-interventie voor depressieve ouder

Met deze (geïndiceerde) preventieve interventie wil men de sensitieve responsiviteit van de depressieve ouder naar de baby verhogen, de hechting tussen ouder en kind alsook de sociale en emotionele ontwikkeling van het kind verbeteren door middel van acht tot tien huisbezoeken. Het uiteindelijke doel is te voorkomen dat het kind later psychosociale problemen ontwikkelt. Volgens de eerste aanwijzingen is de interventie effectief.

Platform Villa Balans

Platform Villa Balans is bestemd voor partners van mensen met psychische klachten. Er is onder andere een online community.

3.15.3 Uit de praktijk – Ouders begeleid ondersteunen in hun ouderschap

Klinisch psycholoog dr. Peter van der Ende (senioronderzoeker lectoraat Rehabilitatie, hogeschooldocent Academie voor Sociale Studies – Hanzehogeschool Groningen) ontwikkelde een methodiek om ouders met psychische problemen te ondersteunen in hun ouderschap. Kan iedereen deze methodiek gebruiken? En hoe kijkt hij naar ouderschap?

> **Interview Peter van der Ende: 'Psychisch zieke ouders verdienen ondersteuning'**
> "Ouderschap als thema binnen de psychiatrie leeft, maar het ontwikkelt zich langzaam. Aan het einde van de vorige eeuw kwamen de kinderen van ouders met psychische problemen (KOPP) in beeld binnen de geestelijke gezondheidszorg. In contact met Lentis (ggz-Groningen) rees een aantal jaar later bij ons de vraag waar de ouders behoefte aan hadden en wat wij voor hen konden doen. Ouderschap werd destijds binnen de hulpverlening niet benoemd en dat is enigszins veranderd, constateer ik na vijftien jaar. Maar de interesse bij hulpverleners voor ouderschap bij cliënten is er wel. Toen er in 2006 een congres rondom ouderschap bij psychische aandoeningen werd georganiseerd was het algemene gevoel: 'hier gebeurt iets'. Onlangs ervoer ik een vergelijkbare sfeer op een congres. Tegelijkertijd spelen er taboes rondom ouderschap; men ervaart een drempel om ermee bezig te zijn en erover te praten. Het is een kwetsbaar onderwerp. Men is kopschuw, zou je kunnen zeggen. Maar werken aan ouderschap kan een vliegwiel zijn tot herstel van mensen. Als je ouders ondersteunt in hun ouderschap gaan ze zelf ook beter functioneren. Ouders met psychische problematiek ontlenen hun identiteit voor een deel aan hun ouderschap. Ze hebben vaak geen carrière om hun identiteit aan op te hangen. Het overgrote deel van deze ouders wil zelf voor de kinderen zorgen, stuur daar dan ook op aan. Een mogelijke uithuisplaatsing is een dreigend verlies bovenop veel andere verliezen die geleden zijn als gevolg van de psychische problemen. Laten we voorzichtig zijn psychiatrie en kindermishandeling te koppelen. Er is een enigszins verhoogde kans dat deze ouders gaan mishandelen, maar de verhouding is verre van 1:1.

Nadat de Kindcheck was geïntroduceerd, merkte ik dat meer hulpverleners de vraag kunnen beantwoorden of hun cliënten kinderen hebben en hoeveel. Een collega vertelde me eens dat hij vond dat het vertrouwen verdwijnt als je met ouders over bedreiging van kinderen praat; hij roerde het thema daarom niet aan. En van een cursist hoorde ik dat zij uit een gevoel van solidariteit met een cliënt de dreiging in het gezin niet besproken heeft, ondanks de aanwezigheid van duidelijke signalen. Nu moet elke hulpverlener de kinderen ter sprake brengen en dat is een goede ontwikkeling. Maar het moment waarop je dat doet, vind ik belangrijk. En de manier waarop; het moet subtiel gebeuren. De ouderrol bespreken is niet moeilijk, je hoeft maar enkele goede beginvragen te stellen en er ontwikkelt zich een goed gesprek over ouderschap. Maar of zo'n gesprek tijdens de intake moet plaatsvinden? Er is dan nog geen vertrouwensband opgebouwd. Dan zou je het wat mij betreft beter tijdens, bijvoorbeeld, het derde contactmoment kunnen bespreken. De Kindcheck is wat negatief gekleurd: je gaat kindermishandeling na. Mijn insteek is dat je het ouderschap bespreken moet, omdat ouders met psychische klachten er baat bij hebben om in een vroeg stadium ondersteuning te krijgen. En ze hebben het ook nodig. Uit mijn onderzoek bleek dat alle respondenten met psychische problemen ook problemen ervoeren op het gebied van ouderschap.

Wat houdt ouderschap in? Het is een complex thema. Dat laat zich zien in de vragenlijst Ouderschapsevaluatie die ik vertaald heb.[1] Ouderschap wordt hier in tien items uiteengezet en elk item heeft zes subitems. We onderscheiden emotie en genegenheid, spel en vermaak, empathie en begrip, controle, discipline en grenzen, omgaan met spanningen, acceptatie van zichzelf als ouder, leren en kennis. Aan het origineel heb ik twee items toegevoegd, namelijk het organiseren en begeleiden van activiteiten en de balans tussen ouderschap en eigen wensen. Een veelvoud aan factoren; dat is voor mij het ouderschap.

Vanuit de Individuele Rehabilitatie Benadering is de methodiek 'Ouderschap met succes en tevredenheid' ontwikkeld. De methodiek is opgebouwd rondom drie werkboeken waar een getrainde hulpverlener samen met de ouder een jaar lang wekelijks gebruik van maken. Het kan worden ingezet voor ouders die geheel of gedeeltelijk de zorg voor de kinderen hebben of het ouderschap via een bezoekregeling vorm moeten geven. De hulpverlener kan door onze methodiek de contacten meer inhoud geven. Ook kan het tijd opleveren. Want waar contactmomenten met incidenten gevuld kunnen worden, ligt de focus nu duidelijk bij het ouderschap en het is belangrijk die lijn vast te houden. Empowerment en eigen regie staan centraal. Je gaat vaststellen welk doel de ouder wil bereiken, vervolgens werken aan het verkrijgen en het behouden wat iemand heeft verworven. Ouders en kinderen krijgen meer contact, de relatie wordt intensiever en dat draagt eraan bij dat ze zich beter gaan voelen. Het is moeilijk aan te tonen dat de ouders het ook echt beter doen na een jaar werken met de methodiek. Ouders voelen zich meer tevreden,

---

1 Parentingevaluation, TOPSE (Tool to measure Parenting Self-Efficacy) – Kendall/Bloomfield.

maar die uitkomst was niet significant. Hun kwaliteit van leven was wel significant verbeterd. Volgens de hulpverlener is er bij de ouder na de methodiek aantoonbaar meer empathie.
Er is nog een wereld te winnen; dit soort onderzoek staat mondiaal gezien nog in de kinderschoenen. In Scandinavische landen is men op papier al wat verder, maar of dat in de praktijk ook zo is? In Groningen houden wij ons er in ieder geval intensief mee bezig, maar dat geldt dan nog niet per definitie voor de rest van het land. Onze methodiek wordt momenteel in vijf instellingen gebruikt. Wat ik wil benadrukken: deze ouders verdienen ondersteuning."

3.16 Mishandelende ouders

Het zo vroeg mogelijk stoppen van ouderlijk mis-handelen of kindermishandeling is, zoals eerder gesteld, ook een vorm van preventief ingrijpen. Kindermishandeling kent oorzaken en gevolgen en beide zullen moeten worden aangepakt om een keer te brengen in de situatie waarin ouders en kinderen zich bevinden. Eerder zagen we al hoe complex kindermishandeling is, juist als het gaat om die wirwar van beïnvloedende factoren en gevolgen. Hoe kan er een einde gemaakt worden aan die complexe situatie? Dat lijkt in de praktijk geen gemakkelijke opgave te zijn. Dat het toenmalige AMK constateerde dat 40 % van de meldingen hermeldingen betrof, was reden voor een onderzoek naar de vraag welke factoren bij hermeldingen een rol spelen. De meeste voorspellers blijken gerelateerd te zijn aan ouder- of gezinsfactoren: psychopathologie, (licht) verstandelijke beperking, een kind met problemen en de gezinssamenstelling zoals eenoudergezin of samengesteld gezin (Polak et al. 2013).

In 2014 bracht het Verwey-Jonker Instituut naar buiten dat hulpverlening na huiselijk geweld en kindermishandeling niet resulteert in een blijvende verbetering van de veiligheid in de thuissituatie. Het geweld nam wel af, maar in geen enkel gezin was het daadwerkelijk gestopt (Tierolf et al. 2014). Interventies hebben vooral significante effecten op het verminderen van bepaalde risicofactoren die ten grondslag liggen aan kindermishandeling, alleen bij VoorZorg (hoogrisicomoeders) vond men een significante afname van het aantal meldingen (Put et al. 2017). Uit de meta-analyse van deze onderzoekers werd duidelijk dat de erkende interventies zich op een deel van de problematiek richten. Dit sluit aan bij diverse onderzoeksresultaten die duidelijk maken dat het geweld (stoppen) in het hulpverleningstraject ondergesneeuwd raakt door de aandacht voor schulden-, opvoed- en psychische problematiek en dat professionals niet vragen of de veiligheid in het gezin hersteld of gewaarborgd is (Tierolf et al. 2014; Dijkstra et al. 2017). Laatstgenoemde onderzoekers vonden drie patronen in hun praktijkgericht onderzoek:
1. het niet benoemen en analyseren van herhaald geweld en herhaalde hulpverlening;
2. het niet erkennen en benoemen van een vastgelopen traject;
3. weinig samenhang tussen professionals en dientengevolge ook gebrekkige focus op veiligheid.

Als het stoppen van (herhaald) geweld niet centraal staat in een hulpverleningstraject, hoe kan de veiligheid dan gewaarborgd worden voor de kinderen en andere gezinsleden? En hoe kan geweld of verwaarlozing aangepakt worden en stoppen als het niet benoemd wordt? Steketee en collega's spreken over een collectieve vermijding bij professionals: geweld dat aanwezig is, is als gespreksonderwerp afwezig (Steketee et al. 2017). De moed ontbreekt om gedrag te benoemen, veiligheidsvergrotende normen te stellen en de geweldpleger aan te spreken op zijn of haar gedrag. Door angst, onkunde, gebrek aan kennis of onwennigheid wordt er geen goede probleemdefiniëring gemaakt en sluit de hulp onvoldoende aan. Hiermee schetsen de auteurs een terughoudendheid en handelingsverlegenheid die beroepskrachten ook ervaren in het aangaan van een oudergesprek als onderdeel van de meldcode. Met als belangrijk verschil dat de vrees niet goed genoeg te hebben gesignaleerd of ten onrechte zorgen te uiten over de veiligheid van een kind, hier niet aan de orde is; dat stadium is al gepasseerd.

> **Soorten geweld**
>
> De auteurs stellen dat geweld aangepakt moet worden om het te laten stoppen en dat het daarbij belangrijk is na te gaan welk patroon van geweld eraan ten grondslag ligt:
> 1. Situationeel (partner)geweld als gevolg van stressvolle omstandigheden of passend bij alcoholmisbruik of psychische problemen. Er is meestal geen sprake van geweld in de eigen jeugd.
> 2. Dwangmatig controlerend (partner)geweld waar vooral de man controleert, intimideert en angst zaait. De kans op seksueel geweld naar de vrouw lijkt groter. De kans op kindermishandeling is hier groter.
> 3. Disciplinering en harde opvoeding: ouders zijn van mening dat geweld in de opvoeding gebruikt mag worden en dat kinderen het verdien(d)en gestraft te worden.
> 4. Geweld na scheiding dat voortduurt of ontstaat nadat de liefde voorbij is en een breuk zich aankondigt.

Een open vizier voor de ontstaansgeschiedenis van kindermishandeling binnen een gezin blijft belangrijk, elk gezin en elk proces is tenslotte anders. Een gezin dat nooit een (groter) gezin wilde zijn omdat een (extra) kind ongewenst was en bleef, kampt met andere problematiek dan ouders die geen (verborgen) hulpvraag hebben omdat zij geweld en discipline ren als synoniemen zien. In het laatste geval is er op zijn minst psycho-educatie nodig om ouders duidelijk te maken welke schade zij kunnen aanrichten bij hun kinderen, in de relatie met hun kinderen en bij de eventuele daaropvolgende generatie. Dit dient ook te gebeuren als er partnergeweld plaatsvindt, omdat ouders niet altijd beseffen dat partnergeweld het gevoel van veiligheid van kinderen aantast.

Uit onderzoek van het Verwey-Jonker Instituut naar vaderschap binnen een gewelddadig gezinsverband (2012) bleek dat de meesten van de 26 geïnterviewde gewelddadige vaders niet beseffen dat partnergeweld schadelijk is voor de kinderen, dat zij de aanleiding en verantwoordelijkheid voor het geweld doorgaans buiten zichzelf leggen, dat het ontbreekt aan reflectie op het eigen handelen en dat zij zichzelf centraal stellen en weinig empathisch vanuit de positie van het kind redeneren (Lünnemann en Pels 2012). Dit beeld sluit aan bij eerdere conclusies dat veroordeelde vaders het agressieprobleem zelf niet zien en de schuld zoeken bij de ander, waardoor er geen motivatie is om hulp te zoeken (Paymar 2000).

De onderzoekers van het Verwey-Jonker Instituut stellen echter dat deze mannen op hun rol als vader wel te motiveren zijn omdat ze de relatie met hun kinderen willen behouden (Lünnemann en Pels 2012). Vaderschap kan op die manier de motor zijn tot zelfverandering. Tegelijk benoemen ze in het onderzoeksverslag dat het een lange weg van vallen en opstaan kan zijn en dat niet iedere man een vaderrol kan vervullen, omdat sommige vaders geen duurzame veiligheid kunnen bieden. Benadrukt wordt dat vaderschap binnen de hulpverlening, zoals Jeugdzorg of maatschappelijk werk, weinig aandacht krijgt.

Dit geldt ook voor de ouder-kind relatie. Volgens Schuengel en collega's (2010) is voor de jeugdbeschermer de vraag van belang of de ouder-kindrelatie aandacht behoeft. Hiermee begeeft men zich op het terrein van de gehechtheidsrelaties tussen ouder en kind. Sinds Bowlby in de jaren tachtig van de vorige eeuw zijn gehechtheidstheorie aan de wereld kenbaar maakte, heeft deze kennis binnen veel terreinen in de zorg een voet tussen de deur gekregen. Dat de ouder-kindrelatie of op zijn minst de beleving daarvan door de mishandelende ouder, onderwerp van gesprek of interventie mag zijn, werd duidelijk bij het bespreken van ▸ par. 1.3. Een ander thema dat in dit verband aandacht vraagt, is terugvalpreventie, een vorm van preventie die bijvoorbeeld na een behandeling voor depressie of verslaving een plek heeft binnen het zorgtraject. Een programma voor terugvalpreventie mag bij kindermishandeling niet ontbreken, zeker niet bij aanwezigheid van de eerder genoemde voorspellende ouder- en gezinsfactoren, ongeacht voor welk programma of welke werkwijze er gekozen is om de veiligheid voor de kinderen op korte termijn te herstellen.

3.16.1 In de praktijk: interventies om kindermishandeling te stoppen

Families First

Om mishandeling te laten stoppen is er 'Families First', intensieve crisishulp van vier tot zes weken om de veiligheid te vergroten en uithuisplaatsing te voorkomen. Volgens de databank Effectieve Jeugdinterventies huiselijk geweld en seksueel geweld is deze interventie 'effectief volgens eerste aanwijzingen'.

Niet meer door het lint

Dit is een behandelgroep waarin deelnemers geleerd wordt meer grip te krijgen op hun woede. De groepssamenstelling wisselt en de deelnemers leren van de deelnemers die al wat langere tijd in de groep functioneren. Het programma voor acht tot tien mannen (of vrouwen) heeft als doel agressief gedrag te verminderen en het probleemoplossend vermogen te versterken. De interventie is 'goed onderbouwd' volgens de databank Effectieve Jeugdinterventies huiselijk geweld en seksueel geweld.

Caring Dads

Deze van oorsprong Canadese interventie is bestemd voor vaders die pleger zijn (geweest) van partner- of kindermishandeling. In zeventien groepsbijeenkomsten richt men zich op de rol en verantwoordelijkheid als vader en opvoeder van de deelnemers. Deelnemers geven aan meer aan de behoeften van de kinderen te denken en ernaar te handelen. Trainers zien duidelijk veranderingen in houding en gedrag. De interventie is in de databank Effectieve Jeugdinterventies huiselijk geweld en seksueel geweld opgenomen als zijnde 'goed onderbouwd'.

Vroeger en verder

Goede aanwijzingen voor effectiviteit zijn er volgens de databank Effectieve Jeugdinterventies huiselijk geweld en seksueel geweld voor de interventie 'Vroeger en verder', bedoeld voor volwassenen die in hun jeugd of relatie te maken kregen met (seksueel) geweld. De cursisten geven aan na de twintig wekelijkse groepsbijeenkomsten de erkenning en herkenning bij elkaar te waarderen en na afloop weer de regie te kunnen nemen van het eigen leven.

Video feedback to promotive positive parenting (VIPP)

Meerdere onderzoeksresultaten geven aanleiding tot het predikaat 'effectief volgens sterke aanwijzingen' in de databank van het NJI. Zowel op ouder- als op kindniveau worden de beoogde doelen bereikt. Bij ouders wordt onder andere de sensitiviteit vergroot en zij leren op een positieve manier grenzen te stellen. De interventie kan voor mishandelende ouders worden ingezet binnen een bredere benadering.

Veilig Sterk en Verder (VSV)

VSV is een interventie in het kader van tertiaire preventie, waarbij getracht wordt de veiligheid in het gezin aantoonbaar te herstellen voor kinderen die stelselmatig of levensbedreigend werden mishandeld. Er zijn drie behandelfasen waarin dader- en traumabehandeling wordt ingezet. Psychopathologie bij ouders en verstoorde interactiepatronen tussen ouder en kind worden aangepakt om recidive te voorkomen.

3.16.2 In de praktijk: beschikbaarheid van interventies

De Rapportage quickscan meldcode maakt duidelijk dat 30 % van de respondenten, werkzaam in de sectoren waar de meldcode verplicht is, aangeeft dat hulp niet altijd beschikbaar is als in stap vijf van de meldcode de afweging gemaakt moet worden om hulp te verlenen of te organiseren of te melden (Ministerie van VWS 2015). Enkele redenen die hiervoor genoemd worden zijn drempels naar de toegang tot de GGZ, zorg die niet is ingekocht door een gemeente en wachtlijsten en lange besluitvormingsprocedure binnen het sociaal wijkteam.

3.16.3 Vroeghulp voor de pedoseksueel of pedofiel

Waar kan een misbruik plegende ouder terecht die een hulpvraag heeft? Is er ergens ruimte voor het vroegformuleren van vragen of nood als mensen worstelen met pedofiele gevoelens? Dat kan sinds 2012 in Nederland bij Stop it Now!, onderdeel van expertisecentrum Online Kindermisbruik. Zij bieden anoniem en gratis telefonische hulp aan jongeren en volwassenen die worstelen met pedofiele gevoelens. De doelstelling is om seksueel misbruik bij kinderen te voorkomen. Er wordt ieder jaar een stijging geconstateerd in het aantal (herhaal)contacten. In 2017 bijvoorbeeld vroegen 585 mensen via telefoon of e-mail om hulp. Hulpvragen komen vooral van mannen die worstelen met pedofiele gevoelens of die in aanraking gekomen zijn met de politie wegens het bezit van kinderporno. Hulpverleners weten de organisatie steeds beter te vinden, maar nog altijd zijn er veel beroepsgroepen die onbekend zijn met de telefonische hulplijn.

Stop it Now! is in 1992 gestart in de Verenigde Staten. Daar richt deze organisatie zich echter met interventies voor primaire en secundaire preventie op meerdere doelgroepen. Zij streven onder andere na om het grote publiek te informeren en weerbaar en verantwoordelijk te maken.

3.16.4 I want to Stop it Now! – ontbrekende vroeghulp voor mis-handelende ouders

Het initiatief Stop it Now! roept de vraag op of een dergelijke anonieme telefonische hulplijn niet ook heel wenselijk is voor ouders die hun kind mis-handelen of mishandelen en daar op een laagdrempelige manier hulp voor willen vragen.

3.16.5 Risico-ouders: probleemouders?

Dit hoofdstuk ging over (interventies voor) ouders in alle stadia van kwetsbaarheid. We zagen hoe moeilijk het in de praktijk is geweld een halt toe te roepen. Waarom is dat het geval? Welke factoren hebben invloed op het voortduren van het ouderlijke geweld of de onveilige situatie? De vraag of geweld een belonend en zelfs verslavend effect heeft op de hersenen van de pleger blijft na enige research en het bevragen van neurowetenschappers in dit boek helaas onbeantwoord. We moeten het doen met de praktijkervaringen en onderzoeken die uitwijzen dat een spiraal van (huiselijk) geweld niet makkelijk stopt; een weinig bemoedigende constatering die Baartman in 1989 ook al noteerde. Geweld dat waarschijnlijk jarenlang heeft kunnen voortduren voordat er werd geïntervenieerd. Dat bevestigt alleen maar meer de noodzaak om ouders in een eerder stadium te helpen. En het vraagt om meer kwalitatief onderzoek zodat we een beter zicht krijgen op het waarom achter het voortduren van een voor ouder en kind onwenselijke situatie. We eindigen met een citaat van Alice van der Pas dat de kern van dit hoofdstuk kort maar krachtig weergeeft (Pas 2014).

Citaat Alice van der Pas

> Ouders voor wie een kind grootbrengen moeilijk is, een opgave, misschien niet haalbaar, zullen er altijd zijn. 'Risico-ouders' dus? Ja! – Maar 'probleemouders'? – Alléén wanneer we die vaders en moeders laten aanmodderen.

De kinderen

4.1 Secundaire preventie gericht op kinderen: van verhullen naar onthullen – 92
4.1.1 Culturele belemmeringen bij onthullen – 94
4.1.2 In de praktijk: secundaire preventie – 95

4.2 Vroeghulp aan het mishandelde kind – 96
4.2.1 In de praktijk: interventies – 97
4.2.2 In de praktijk: hoeveel mishandelde kinderen ontvangen zelf hulpverlening? – 98
4.2.3 Uit de praktijk: systeemgericht werken – 99
4.2.4 In de praktijk: vroeghulp voor kinderen in opvangcentra – 100
4.2.5 In de praktijk: hulp voor kinderen in pleeggezinnen – 101
4.2.6 Conclusie – 102

© Bohn Stafleu van Loghum is een imprint van Springer Media B.V., onderdeel van Springer Nature 2019
S. van Gameren, *Preventie van kindermishandeling*, https://doi.org/10.1007/978-90-368-1876-6_4

> In dit hoofdstuk staan twee vormen van preventieve steun aan kinderen centraal:
> - het mishandelde kind helpen door het de kans te geven te onthullen;
> - vroeghulp bieden zodat voorkomen wordt dat problemen verergeren of chronisch worden.

4.1 Secundaire preventie gericht op kinderen: van verhullen naar onthullen

> **Ook Freud werd niet geloofd**
> In zekere zin kende Freud aan het eind van de 19e eeuw, toen hij het seksueel misbruik van zijn patiënten – veelal dochters van mannen van stand – onthulde, dezelfde problemen als seksueel misbruikte kinderen toen en heden ten dage. Hij werd niet geloofd, niet serieus genomen door de mensen die belangrijk voor hem waren, die hem konden maken en breken. Hij deed hetzelfde als wat seksueel misbruikte kinderen meestal doen als ze niet geloofd worden: zijn onthulling herroepen. Maar een onthulling van seksueel misbruik duidt er meestal op dat er seksueel misbruik heeft plaatsgehad, zelfs als deze onthulling wordt herroepen. (Overgenomen uit Hoefnagels, blz. 87, 2001).

Het onthullen van wat voorheen verborgen was, wordt ook wel disclosure genoemd: een mededeling – in dit geval van een kind – aan een andere persoon over een vorm van mishandeling. De reactie van degene die de onthulling aanhoort, is voor het kind cruciaal. Het zal bepalen of het kind doorgaat met vertellen en het kan gevolgen hebben voor de mogelijkheid die het kind openhoudt om in de toekomst anderen in vertrouwen te nemen.

Terwijl kind- of oudersignalen nog weleens moeilijk of op meerdere manieren te interpreteren zijn, geldt dat niet of minder voor een onthulling van een kind. Toch kunnen volwassenen ook hierbij het idee hebben dat het kind de waarheid niet spreekt omdat het kind-eigen is om dingen te verzinnen of de waarheid te verdraaien. Hoe vaak heeft een ouder dat niet bij het eigen kind meegemaakt: kleine leugentjes die verteld worden, glasharde ontkenningen die werden gedaan waarbij je al in de ogen zag dat het niet klopte. Hoe aannemelijk is de mogelijkheid dat een kind dat een ervaring met mishandeling of misbruik deelt, verzinsels onthult?

Helaas kan die vraag alleen op basis van literatuur of klinische praktijkervaringen over het onthullen van seksueel misbruik beantwoord worden. Hoefnagels (2001) concludeert dat het veilig is te veronderstellen dat het percentage onthullingen van misbruik dat niet op waarheid berust ten hoogste 7,5 % bedraagt en dat een percentage van 1 % of enkele procenten niet onwaarschijnlijk is. Die informatie is relevant voor omstanders, professioneel en niet-professioneel, zeker voor degenen die behoren tot de groep van 60 % die volgens dezelfde onderzoeker geneigd is een kind niet te geloven als het vertelt dat het thuis mishandeld of misbruikt wordt. Kinderen liegen hier niet snel over, mag de conclusie luiden. En dat geldt ook als een onthulling later wordt ingetrokken, iets wat een kind soms om uiteenlopende redenen doet.

Voor de toehoorder, de disclosee, geldt dat het kind zelden als volgt samenvattend zal concluderen: 'Ik word mishandeld.' Die conclusie zal de toehoorder in de meeste gevallen zelf moeten trekken. De kans is groot dat het kind, aftastend of het de luisteraar kan vertrouwen en voortdurend diens reactie peilend, een begin maakt met een verborgen onthulling. Een onduidelijke verontrustende opmerking vraagt om verduidelijking door een open vraag van de luisteraar: 'Wat bedoel je daar precies mee?' of 'Kun je me daar iets meer over vertellen?' Die disclosee kan evengoed een leeftijdsgenootje zijn, een vriendje van het onthullende kind. Ouders die hun kinderen leren dat leuke geheimen bewaard mogen worden, maar dat niet-leuke geheimen met hen gedeeld moeten worden, kunnen ervaren dat hun kind hiernaar handelt en hen confronteert met verontrustende berichten over een ander kind. In een dergelijk geval is het raadzaam Veilig Thuis te bellen voor advies of een melding.

Hoefnagels (2001) onderzocht welke factoren een rol spelen bij het doen van een onthulling over mishandeling door een kind. Dit bleek een onontgonnen terrein; veel wetenschappelijk onderzoek daarover was specifiek gericht op het onthullen van seksueel misbruik, en veel beschikbare kennis, afkomstig uit klinisch-wetenschappelijk literatuur, gaat over het tegenovergestelde: redenen waarom kinderen niet onthullen. De redenen om te blijven zwijgen lopen uiteen van intimidatie door de pleger, angst voor gezinsbedreigende of persoonlijke gevolgen, zich identificeren met de pleger en daarmee de schuld van het misbruik (deels) op zich nemen en zich ervoor gaan schamen (dat geldt ook voor fysieke en psychische mishandeling), zich medeverantwoordelijk voelen door het niet eerder onthullen tot de materiële en psychologische afhankelijkheid ten opzichte van de ouder.

Uit het volgende citaat blijkt dat schaamte een rol kan spelen, maar ook dat sommige kinderen de inschatting maken of het iets op kan leveren als het geheim aan anderen wordt verteld:

Citaat Cock Fuchs, schreef als ervaringsdeskundige een autobiografie (2011). In zijn werkende leven was hij directeur binnen de jeugdhulpverlening

» Een kind dat psychisch wordt mishandeld, is eenzaam en machteloos. Hij zal verharden en zo veel mogelijk proberen zijn ellende te negeren en erover te zwijgen. Zo droeg ik het loodzware geheim van de terreur achter onze voordeur. Uit schaamte praatte ik er nooit over. Wat zou het voor zin hebben gehad als ik erover had gepraat? Het was zoals het was en niemand kon daar blijkbaar iets aan veranderen.

Hoefnagels ontdekte dat er bij kinderen verschillen bestaan in intenties over onthullen, zelfs nog voordat er sprake is van kindermishandeling. Kinderen die daadwerkelijk mishandeling meemaken, worden verondersteld intern een risicotaxatie te maken met als leidende vraag: 'Hoe gaan anderen reageren?' De heersende sociale norm die bestaat over onthullen, speelt bij het beantwoorden van die vraag een belangrijke rol. Die norm kan met een klassikaal programma worden beïnvloed. Er zijn weerbaarheidsprogramma's ontwikkeld, waarin onder andere aandacht wordt besteed aan het vertrouwen op het eigen (niet pluis-)gevoel van kinderen. De onderbouwing hiervoor is dat plegers van seksueel misbruik kinderen willen laten geloven dat het normaal is wat er gebeurt en dat plegers van fysieke mishandeling kinderen het gevoel willen geven dat ze het geweld verdiend hebben. Onderzoekers noemen dat aantasting van het normbesef van kinderen.

Naast de individuele norm bestaat er ook zoiets als een sociale norm, iets wat bijvoorbeeld in een klas heerst. De sociale norm wordt verondersteld een rol te spelen bij het onthullen van een vorm van mishandeling. Als de sociale norm luidt dat het goed is om te onthullen wat fout is, dan zal het mishandelde kind dat naar verwachting laten meewegen in zijn of haar risicotaxatie. Dat kinderen na zo'n programma vaker misbruik onthullen, ziet Hoefnagels als een mogelijk gevolg van het stimulerende karakter dat een dergelijke interventie heeft, waardoor, in het verlengde daarvan, de sociale norm in de klas wijzigt. Zo bezien zou je kunnen stellen dat alle deelnemende kinderen van deze informatie en normwijziging profiteren omdat er voor ieder van hen, ook de kinderen die niet mishandeld worden, een preventieve werking uitgaat.

Hermanns (2008) stelt dat informatie en trainingen aan kinderen gebaseerd moeten worden op het herkennen van mishandeling, het leren reageren op mishandeling en verkrijgen van ondersteuning na een onthulling.

Een van de conclusies uit het proefschift over het herkennen van seksueel misbruik van Bosschaart (2018) luidt dat het verhaal van kinderen essentieel is. Ze pleit ervoor dat instrumenten en technieken om met kinderen over mogelijk misbruik te praten zullen verbeteren omdat een onthulling veelal het enige bewijs voor seksueel misbruik zal zijn.

4.1.1 Culturele belemmeringen bij onthullen

Als er na een risicotaxatie een hoog risico wordt berekend, staat dat gelijk aan een hoge drempel om te gaan onthullen. Voor sommige kinderen is die drempel torenhoog. Van Dijke en Terpstra (2010) benoemen in het boek *De dochters van Zahir* dat er binnen een eercultuur nauwelijks of geen ruimte bestaat om hulp te vragen. Een kind dat om hulp vraagt, erkent dat er problemen zijn in de gezinssituatie. Door de vuile was buiten te hangen, komt de familie-eer onder druk te staan.

Nu zal geen enkele familie openbare vuile was waarderen, getuige dit oer-hollandse spreekwoord, maar een zogenaamde 'wij-cultuur' ervaart het volgens deskundigen als een schande van een ongekend grote (sociale) omvang, waarbij men het risico loopt op uitsluiting. Ook de drempel naar de hulpverlening is voor deze groep kinderen zeer hoog. Niet zelden hadden de jonge vrouwen die bij crisisopvang en behandelcentrum Zahir veiligheid zochten, meegemaakt dat ze ongenadig werden afgestraft nadat een instelling of de politie contact had gezocht met de ouders wegens sterke vermoedens van kindermishandeling. De vermoedens waren naar verluid veelal terecht. De auteurs maken melding van het gegeven dat er bij de opgenomen meisjes (gemiddelde leeftijd 16–17 jaar) buiten het eergerelateerde geweld of de dreiging daarvan, in alle gevallen sprake was van een geschiedenis van langdurig en heftig huiselijk geweld.

Van der Zee (2010) geeft aan dat het voor dochters uit traditionele migrantengezinnen heel moeilijk is een mannelijk familielid als incestpleger aan te wijzen vanwege de machtspositie die mannen in families innemen. Het wordt niet geaccepteerd als meisjes tegen iemand ingaan die in de hiërarchie boven hen staat. Als zij dat toch doen, overtreden ze een belangrijke ongeschreven wet en, zo blijkt uit de verhalen, lopen ze reëel gevaar. Voor de weggelopen meisjes, in het boek omschreven als de dochters van Zahir, geldt dat ze pas na het opbouwen van een vertrouwensband met een hulpverlener durven te praten over hun ervaringen met incest. Dit kwam vaak als laatste vorm van kindermishandeling naar buiten.

Auteur Acherrat vertelt in het boek verrast geweest te zijn om te bemerken dat incest zo vaak werd gerapporteerd. 45 van de 86 opgenomen meisjes hadden binnen de veilige muren van de instelling verteld dat ze binnen het gezin (broer of (stief)vader) of de familie (neef of oom) waren misbruikt. Acherrat geeft verder aan dat het weglopen naar Zahir niet het eerste signaal naar de buitenwereld was, waardoor zij hadden kunnen merken dat er problemen speelden. Al eerder waren de meisjes weggelopen van huis, in beeld bij de hulpverlening of hadden ze problemen op school. Maar deze signalen werden door de buitenwereld niet of ineffectief opgepakt.

4.1.2 In de praktijk: secundaire preventie

Kindertelefoon

Om anoniem te onthullen en iemand niet in de ogen te hoeven kijken, kan een kind contact zoeken met de Kindertelefoon. Hoe vaak wordt de Kindertelefoon jaarlijks eigenlijk gebeld met een onthulling over een vorm van kindermishandeling? In het jaarverslag 2016 wordt melding gedaan van het onthullen van mishandeling in vijf procent van de contacten. Het ging om 11.486 geregistreerde contacten, waarbij kinderen de voorkeur blijken te geven aan bellen boven chatten (62 %).

Lesprogramma's

Lesprogramma's over kindermishandeling voor scholen zijn schaars. Het Klokhuis heeft een website en lespakket voor kinderen uit groep 7 en 8 gemaakt dat bestaat uit vier thema's: (1) verwaarlozing, (2) geweld (3) wat kun je doen? en (4) wat heb je eraan? Onderzoek van de Kinderombudsman (2017) laat zien dat vier van de 144 gemeenten het lespakket inkochten.

STUK

STUK is een theaterprogramma over kindermishandeling, gemaakt voor en door jongeren. Het kan worden opgevoerd op scholen en theaters. Na de voorstelling wordt er een plenair gesprek aangegaan met het publiek. Het doel is informatie te verstrekken en het onderwerp uit de taboesfeer te halen.

Lessenserie Recht om kind te zijn

Als extra onderdeel van het Safe You Safe Me+-pakket, bedoeld om scholen te helpen de meldcode in te voeren en te gebruiken, kan men een lessenserie 'Recht om kind te zijn' aanschaffen voor leerlingen. Er is geen effectonderzoek gedaan, wel staat het als goed onderbouwd in de databank van het NJI. Uit onderzoek naar gebruik en waardering bleek dat de meeste scholen het pakket uit tijdgebrek niet gebruiken. Er is geen sprake van een schoolbrede aanpak, zo meldt VeiligheidNL in een mail. Dat blijkt ook uit het onderzoek van de Kinderombudsman (2017); geen enkele gemeente heeft dit programma ingekocht. Het onderzoek toont dat een ruime meerderheid van de aan het onderzoek deelnemende gemeenten wel sturen op deskundigheidsbevordering in het signaleren van kindermishandeling binnen het onderwijs.

4.2 Vroeghulp aan het mishandelde kind

Bij secundaire en tertiaire preventie beoogt men erger te voorkomen, bijvoorbeeld door te willen voorkomen dat bestaande klachten verergeren of chronisch worden. Vroeghulp is ook belangrijk voor preventie van intergenerationeel geweld omdat we weten dat kinderen die mishandeld zijn, een verhoogd risico lopen zelf geweld tegen een partner of eigen kinderen te gaan gebruiken (WHO 2006).

Mishandelde kinderen hebben het nodig dat de mishandeling stopt en dat de situatie veilig wordt en blijft, maar ook dat er gekeken wordt of de gevolgen van de mishandeling voor het kind aandacht en zorg vragen. Die zorg moet vervolgens snel geboden kunnen worden. Volgens artikel 39 van het Internationaal Verdrag inzake de Rechten van het Kind hebben slachtoffers van geweld recht op (specialistische) zorg. Gemeenten moeten die specialistische hulp beschikbaar stellen aan elk kind dat het nodig heeft. Maar allereerst moet het kind de mogelijkheid van zorg aangereikt krijgen. Omdat het kind zelden zelf om hulp zal vragen, is het ook hier afhankelijk van steungevers, in dit geval uit het formele circuit.

Hulpverlening aan kinderen kan om meerdere redenen van belang zijn. Een belangrijke reden is dat onderzoek ondubbelzinnig aantoont dat de kinderen het nodig hebben en dat kinderen niet vanzelf herstellen als de mishandeling is gestopt of als de ouders hulp krijgen (Lamers-Winkelman en Visser 2010). Deze auteurs spreken van een ongepast en ongefundeerd 'magisch geloof' in het herstel van kinderen als ouders anders leren opvoeden of de mishandeling wordt gestopt. Kinderen die langdurig te kampen hebben gehad met angst en stress als gevolg van fysieke of emotionele mishandeling hebben meer aan beroepskrachten met een realistische manier van benaderen en handelen.

Niet alleen kinderen die fysiek geweld aanschouwden of ondergingen kunnen traumatische ervaringen hebben opgedaan, ook voor kinderen uit een verwaarlozende omgeving is dit risico reëel omdat het kind onvoldoende beschermd wordt tegen schrikaanjagende ervaringen, waardoor ook verwaarlozing hand in hand gaat met traumatisering (Putte et al. 2013). In de hulpverlening aan deze kinderen zal traumaverwerking een plaats moeten krijgen. Dat geldt ook als de kinderen uit huis zijn geplaatst.

Bij de behandeling van psychotrauma bij kinderen zijn de volgende onderdelen van cognitieve gedragstherapie werkzaam volgens onderzoek van Foa en collega's (Foa et al. 2009):
- ambulante hulpverlening;
- traumagericht;

- exposure-technieken;
- stressmanagement en ontspanningstechnieken;
- cognitieve herstructurering van het traumaverhaal;
- het betrekken van de ouders bij de behandeling.

Tegelijk verdient de relatie tussen ouder en kind aandacht. Uit onderzoek blijkt dat er bij mishandelde kinderen vaker sprake is van een onveilige of gedesorganiseerde gehechtheidsrelatie in vergelijking met niet-mishandelde kinderen (Schuengel et al. 2010). Kinderen reageren in situaties waarbij veilig gehechte kinderen zich gemakkelijk laten troosten door de ouder, ambivalent of vermijdend naar hun ouder. Het kind met de gedesorganiseerde hechting laat vreemde en tegenstrijdige gedragingen zien waarmee het feitelijk de angst, twijfel en verwarring ten aanzien van de ouder openbaart. De auteurs beschrijven dit als volgt (blz. 135):

» Een kind dat mishandeld wordt, raakt verstrikt in "angst zonder oplossing" omdat de gehechtheidsfiguur naar wie het kind toe wil voor bescherming in tijden van stress en angst, tegelijk de bron van angst is.

De ouder zal moeten leren veiligheid te gaan bieden en sensitief te reageren op wat het kind nodig heeft. De verwachting is dan dat de reactie van het kind niet uit zal blijven, omdat hechting volgens de theorie van Bowlby een aangeboren neiging is en een hechtingsstijl geen vaststaand gegeven is.

4.2.1 In de praktijk: interventies

In de databank Effectieve Jeugdinterventies van het Nederlands Jeugdinstituut (NJI) valt op dat de meeste interventies voor kinderen gericht zijn op huiselijk geweld en een enkel programma op seksueel misbruik. Dat kindermishandeling zich op verschillende manieren binnen een gezin openbaart, is niet terug te zien in de inhoud van de interventies. Er zijn vooralsnog geen specifieke programma's voor kinderen die een van de andere vormen van kindermishandeling meemaakten, zoals verwaarlozing of psychische of lichamelijke mishandeling.

Horizonmethodiek

Deze kortdurende groepsbehandeling is bedoeld voor seksueel misbruikte kinderen tussen de 4 en 12 jaar, waarbij de niet-plegende ouder aan een parallelle ouderbegeleidingsgroep deelneemt. De methode is erop gericht het contact tussen ouder en kind te verbeteren en de traumatische ervaringen te verwerken. Beide partijen kunnen steun vinden bij lotgenoten en ervaren dat zij niet de enigen zijn. Het behandelprogramma is in de databank Effectieve Jeugdinterventies van het NJI als 'goed onderbouwd' opgenomen.

Parent Child Interaction Therapy (PCIT)

Er zijn ook programma's die niet specifiek zijn ontwikkeld voor mishandelde kinderen, maar wel voor hen kunnen worden ingezet. Een voorbeeld daarvan is PCIT. Ouders en kinderen met gedragsproblemen bevinden zich in een spelkamer, waarbij de ouder door middel van een oortje coaching ontvangt van de therapeut die meekijkt achter een one way screen. In drie fasen van het negen tot twintig weken durende programma worden de ouder(s) nieuwe vaardigheden aangereikt. Het NJI besloot dit programma 'effectief volgens eerste aanwijzingen' te noemen.

Na huiselijk geweld

Storm en Spetters Voor jonge kinderen (tussen de 4 en 7 jaar) die getuige waren van huiselijk geweld, zijn er zeven groepsbijeenkomsten. Ook de ouders volgen hun eigen programma. De interventie staat als 'goed onderbouwd' in de databank Effectieve Jeugdinterventies van het NJI.

Let op de kleintjes Voor kinderen tussen de 7 en 12 jaar die werden geconfronteerd met huiselijk geweld, is er de psycho-educatieve cursus 'Let op de kleintjes'. Moeder en kind(eren) volgen negen bijeenkomsten waarin beiden dezelfde thema's krijgen aangeboden, zoals omgaan met boosheid, schuldgevoel en veiligheid. Voor verschillende leeftijdsgroepen en doelgroepen (licht verstandelijk beperkte kinderen en moeders) is de inhoud op maat gesneden. Inmiddels is de cursus doorontwikkeld en zijn er meerdere varianten ontstaan, zoals 'En nu ik ...!' voor kinderen tussen de 7 en 11 jaar. Deze variant staat als 'goed onderbouwd' in de atabank van het NJI. Promotieonderzoek van Overbeek (2013) maakte echter duidelijk dat de kinderen die aan deze lotgenotengroep deelnamen, geen betere resultaten rapporteerden dan de kinderen uit de controlegroep waar niet werd gepraat over de traumatische gebeurtenissen die ze hadden meegemaakt en de gevoelens die dat had opgeroepen.

Heibel thuis Een groepsinterventie voor jongeren tussen de 12 en 16 jaar die huiselijk geweld meemaakten, bestaande uit vijf groepsbijeenkomsten en twee ouderbijeenkomsten. De interventie staat als 'goed onderbouwd' in de databank Effectieve Jeugdinterventies van het NJI.

Kindspoor Dit is de verzamelnaam voor een laagdrempelig ambulant hulpverleningsaanbod, waarin de stem en behoeften van kinderen na (huiselijk) geweld of vechtscheiding centraal staan. Ze zijn te vinden in enkele grote steden.

4.2.2 In de praktijk: hoeveel mishandelde kinderen ontvangen zelf hulpverlening?

Hulpverlening bieden aan kinderen die te maken kregen met een vorm van mishandeling wordt belangrijk geacht, maar is nog geen gemeengoed; driekwart van de kinderen krijgt geen enkele vorm van hulpverlening (Tierolf et al. 2014). Daar zijn een paar redenen voor. De eerste reden is dat slechts een klein percentage van alle mishandelde kinderen wordt opgemerkt of gemeld. En hoewel het een terugkerend thema is in overheidsprogramma's om de positie van mishandelde kinderen te willen versterken, meldt het NJI dat peilingen en signalen uit het veld uitwijzen dat het aanbod aan gerichte (behandel)programma's niet goed aansluit bij de omvang van het probleem en de aard van de vraag.

4.2.3 Uit de praktijk: systeemgericht werken

Het actieplan van kabinet Rutte III 'Geweld hoort nergens thuis' (2018) geeft aan de professionele omslag te ondersteunen om overal systeemgericht en multidisciplinair te gaan werken. Een voorbeeld is het Family Justice Center in West Brabant. In de (veiligheids) regio Kennemerland is aan het einde van het jaar 2015 een Multidisciplinair Centrum aanpak Kindermishandeling (MDCK) verrezen. De aanleiding om een dergelijk centrum op te zetten is de ervaring dat de aanpak – en (daardoor ook) de behandeling – van mishandelde kinderen en hun ouders vaak tekortschiet. Dankzij een subsidie van ZonMw voor Academische Werkplaatsen Kindermishandeling kon projectleider Janet van Bavel investeren in een andere manier van samenwerken en scholing rondom kindermishandeling. Van onderzoek, diagnose, het plan van aanpak tot de behandeling; alle stadia van hulpverlening worden in één gebouw uitgevoerd door gespecialiseerde teams van beroepskrachten uit de medische zorg, jeugd- en volwassenzorg en de justitiële sector. Om meer te kunnen zeggen over de effectiviteit en de doelmatigheid van de aanpak voert het Verwey-Jonker Instituut een longitudinaal onderzoek uit dat in 2020 afgerond moet zijn.

We vragen Janet van Bavel, projectleider Kinder- en Jeugdtraumacentrum, projectleider Academische Werkplaatsen Transformatie Jeugd (AWTJ) en aanpak Kindermishandeling (AWK) naar de werkwijze van het centrum in de hulp aan ouders, maar vooral ook aan kinderen.

> **Interview Janet van Bavel: 'Een kind hoort bij de ouder, maar zijn of haar veiligheid staat centraal'**
> "Kindermishandeling is een probleem van de hele samenleving. Ik zou het liefst willen dat mensen zich in een vroeg stadium voor hulp melden. Maar daar ligt een taboe op, er wordt veel te laat over dergelijke problemen gesproken. Ik moet denken aan een campagne uit België waar goed op werd gereageerd en waarbij de slogan was: 'Laat je niet melden, meld jezelf'. Er zijn veel factoren die aan kindermishandeling ten grondslag liggen. Over het algemeen zie je dat naarmate er meer problemen spelen, denk aan armoede of psychische problematiek bij de ouder, het risico op kindermishandeling groter wordt.
> Een casus komt bij ons kernteam van het Multidisciplinair Centrum Kindermishandeling (MDCK) terecht als na de triage van Veilig Thuis blijkt dat er in een gezin sprake is van acute of structurele onveiligheid voor het kind. We bespreken gemiddeld

twee kinderen, of beter gezegd twee systemen, per dag en de casuïstiek die wordt doorverwezen is vaak heftig; er is in zo'n gezin vaak veel aan de hand. We zien met regelmaat hermeldingen van huiselijk geweld en/of kindermishandeling bij Veilig Thuis. Dat gegeven is voor Veilig Thuis vaak een reden om het gezin naar ons door te verwijzen. We proberen zoveel mogelijk samen te werken met ouders en vaak lukt dat ook. Je kunt echter ook te maken krijgen met ouders bij wie je geen ingang tot samenwerken kunt vinden of met kleine kinderen met patroonletsel terwijl de ouders betrokkenheid ontkennen. De kracht van ons intersectorale team schuilt in het samen kunnen kijken naar deze zaken, ieder vanuit zijn eigen professie.

Bij het MDCK werken we systeemgericht. We streven naar duurzame veiligheid. Een kind hoort bij de ouder thuis, maar zijn of haar veiligheid staat centraal. Om dat te bereiken moet er soms een kind uit huis worden geplaatst, wordt er met de arts afgesproken dat het langer in het ziekenhuis verblijft of verlaat een ouder (tijdelijk) het huis. Ik ben voorstander van het aangaan van een 'partnership' met de ouder(s). Het uitgangspunt is altijd dat de meeste ouders van hun kinderen houden en het beste voor ze willen. Onze boodschap is: 'We zijn niet tegen jullie, we willen jullie helpen om dit patroon te doorbreken.' Zo kunnen we met sommige ouders veiligheidsafspraken maken. Dan wordt bijvoorbeeld afgesproken dat een ouder, die een alcoholprobleem heeft en agressief kan reageren als zij of hij te veel gedronken heeft, elders logeert of dat de kinderen tijdens onze onderzoeksfase bij oma worden ondergebracht.

Als de veiligheid geborgd is, kan er behandeld worden. Onze aanpak is 'abuse-focused'. Een verslaafde mishandelende vader laten behandelen door een verslavingsarts zonder kindermishandeling bespreekbaar te maken, heeft geen zin. Alles moet erop gericht zijn de mishandeling te stoppen.

Op het MDCK vindt ook traumascreening plaats. Langduriger behandeling daarna vindt plaats op het Kinder- en Jeugdtraumacentrum (KJTC), dat ook kernpartner in het MDCK is. Voor getraumatiseerde kinderen zijn twee behandelingen leidend: EMDR en trauma-focused cognitieve gedragstherapie. Daarnaast zetten we ondersteunende vormen van therapie in, zoals beeldende therapie, schrijftherapie of psychomotore lichaamsgerichte therapie omdat trauma nou eenmaal altijd in je lijf gaat zitten. Voor kinderen die getuige zijn geweest van huiselijk geweld is er een speciaal programma met een parallelle oudergroep. Het programma start met de ouders; zij moeten sensitief gemaakt worden voor signalen van het kind. Daarna begint de jongerengroep en vervolgens is er de ouder-kind interactietherapie. Of kinderen te horen moeten krijgen dat ze de mishandeling niet aan zichzelf te wijten hebben? Dat hoort natuurlijk bij de psycho-educatieve kant van de behandeling. Bij ons krijgen ze die boodschap zeker mee."

4.2.4 In de praktijk: vroeghulp voor kinderen in opvangcentra

Kinderen van wie de ouder, veelal de moeder, als gevolg van huiselijk geweld het huis ontvlucht is, hebben hun vertrouwde omgeving en hun mishandelende (stief)ouder moeten verlaten om veiligheid te vinden. Deze kinderen hebben vaak veel meegemaakt.

Toch kwam er pas sinds 2006 gerichte aandacht voor deze kinderen door onderzoek en het ontwikkelen van interventies. Tot die tijd werd de hulp vooral gericht op de ouder die zich bij het opvangcentrum gemeld had. Maar de aandacht voor kinderen is nog niet wat het moet zijn voor de duizenden kinderen die jaarlijks in opvangcentra verblijven, zo valt te lezen in de 'Eindrapportage Lenferink over kinderen in de maatschappelijke en vrouwenopvang' (Lenferink 2018).

Veerkracht

De burgemeester van Leiden verhaalt over het programma 'Veerkracht', bestemd voor kinderen in de vrouwenopvang. Een programma dat effectief blijkt, positief wordt beoordeeld door beroepskrachten, moeders en hun kinderen, maar waar financiële middelen voor ontbreken om het structureel in te zetten. 'Veerkracht MO' is een variant die is ontwikkeld voor kinderen die tijdelijk in de maatschappelijke opvang verblijven. Toch worden dergelijke instrumenten vaak niet ingezet, want onderzoek door bureau van Montfoort (2015) wijst uit dat de meeste centra in de praktijk niet toekomen aan het in kaart brengen van de veiligheid en ontwikkeling van de kinderen of aan het maken van een begeleidingsplan.

Lenferink doet in zijn eindrapportage diverse aanbevelingen. Gemeenten adviseert hij onder andere om de gewenste hulp aan kinderen vast te leggen in het lokale en regionale beleid en met instellingen af te spreken dat methodieken zoals Veerkracht worden geïmplementeerd en uitgevoerd door deskundigen. De sector wordt geadviseerd een normenkader te ontwikkelen met basiseisen, waaronder de eis dat kinderen gezien worden als zelfstandige individuen met recht op begeleiding en zorg.

Tijd voor Toontje

Naast Veerkracht is er 'Tijd voor Toontje', een steunend en stabiliserend programma voor moeders en hun kinderen die in de vrouwenopvang verblijven. Het doel is de veerkracht te versterken. Het programma wil ruimte scheppen voor gevoelens en gedachten, handvatten bieden om te leren omgaan met de negatieve gevolgen van het huiselijk geweld, zicht te geven op manieren om veilig boos te zijn en grenzen te stellen alsook positieve interacties tussen moeder en kind te bevorderen. De naam van het programma is ontleend aan schildpadpop Toontje die tijdens de bijeenkomsten voor de kinderen een belangrijke rol speelt. Het programma is als 'goed onderbouwd' opgenomen in de databank Effectieve Jeugdinterventies van het NJI.

4.2.5 In de praktijk: hulp voor kinderen in pleeggezinnen

Kinderen die langdurig of permanent uit huis geplaatst worden omdat de veiligheid thuis niet gegarandeerd kan worden, komen meestal niet direct in een gezin waar ze langere tijd kunnen blijven. Als een kind per direct het ouderlijk huis moet verlaten, wordt er gezorgd voor een crisisplaatsing waar het kind enkele dagen verblijft. Daarna wordt er een vast adres gezocht. Omdat 31 % van de plaatsingen voortijdig stopt, hebben veel pleegkinderen in de praktijk diverse plaatsingen gehad tot er een gezin is gevonden dat langere tijd voor hen wil en kan zorgen. Dit gegeven en een geschiedenis van geweld of verwaarlozing heeft bij een mishandeld kind zijn sporen achtergelaten en dat kan betekenen dat het kind moeite heeft met het uiten van emoties en het omgaan met spanningen. Ook het leren vertrouwen op, in dit geval onbekende, volwassenen kan voor het kind een uitdaging zijn.

PIPA

Om pleegouders te helpen samen met het pleegkind een goede start te kunnen maken door een relatie met elkaar op te bouwen is er de preventieve interventie voor pleeg- en adoptieouders bij jonge kinderen met een problematische gehechtheid (PIPA). Hoewel de interventie bedoeld bestemd is voor pleegkinderen van 0 tot 4 jaar, schrijven de ontwikkelaars in het werkboek dat de praktijk heeft uitgewezen dat kinderen tot 11 jaar ook gebruik kunnen maken van de interventie. Het gaat om zeven tweewekelijkse sessies die door een hulpverlener worden begeleid.

Uit onderzoek bleek dat pleegouders die PIPA hebben gevolgd, een betere relatie hadden met hun pleegkind dan pleegouders die de reguliere begeleiding vanuit de pleegzorginstelling hadden ontvangen. Deze conclusie is getrokken omdat de deelnemende pleegouders hoger scoorden op sensitiviteit en structurering en de pleegkinderen op sensitiviteit, structurering en non-intrusiveness. Omdat de onderzoeksgroep klein was, is PIPA vooralsnog door de Erkenningscommissie Interventies van het NJI erkend als 'theoretisch goed onderbouwd'.

4.2.6 Conclusie

Waar Nederland vroeger nog de Jongeren Advies Centra (JAC) had, is er nu buiten de Kindertelefoon geen instantie waar mishandelde kinderen zich zelf bekend kunnen maken. De school is een plaats waar kinderen veel uren doorbrengen en waar mishandelde kinderen idealiter voldoende veiligheid en vertrouwen ervaren om een onthulling te doen. Lesprogramma's over kinderrechten of kindermishandeling zijn hier nog geen gemeengoed. Mochten ze dat in de toekomst wel worden, dan moeten docenten goed voorbereid worden op de gevolgen die een (nieuwe) sociale norm in een klas kan hebben. Ook vroeghulp voor mishandelde kinderen is nog niet in elke gemeente per direct beschikbaar. Hoe belangrijk beide vormen van preventie kunnen zijn voor een mishandeld kind, wordt duidelijk in het volgende interview.

> **Interview ervaringsdeskundige Erik van Amersfoort: 'Als antwoord trok ik mijn T-shirt uit. Ik kon er geen woorden aan geven'**
> "Mijn naam is Erik, ik ben 39 jaar en heb in mijn jeugd met drie vormen van kindermishandeling te maken gehad: lichamelijke mishandeling, emotionele verwaarlozing en seksueel misbruik door mijn moeder. Ik groeide samen met mijn vier jaar oudere broer op bij mijn moeder, die van een bijstandsuitkering leefde. Mijn ouders scheidden toen ik een jaar oud was. Mijn vader heb ik vanaf mijn derde tot mijn vijftiende jaar niet meer gezien. De bezoekregeling die na de scheiding gold, is door de kinderrechter ingetrokken omdat mijn moeder hem beschuldigde van seksueel misbruik bij mijn

broer en mij. Of dat is gebeurd, weet ik niet. Ik heb er zelf geen herinneringen aan. Mijn broer zegt van niet, hoewel hij in opdracht van mijn moeder haar verhaal wel aan de politie heeft bevestigd. De zaak is uiteindelijk geseponeerd wegens gebrek aan bewijs. We leefden vrij geïsoleerd. Mijn moeder had met haar ouders, broer en zus nauwelijks contact; zij hield dat af. En de ouders van mijn vader zagen we na de scheiding ook niet meer. Ze had wel een paar vriendinnen waarvan er twee ook de nodige problemen hadden in hun eigen gezin. Relaties had ze niet vaak en als ze een relatie had, duurde het niet lang. Vriendjes kwamen zelden mee naar huis en ik kwam nauwelijks bij hen over de vloer. Als ik ergens speelde, was het altijd kort. Het mocht niet en vanaf het moment dat ik huiswerk kreeg, werd leren belangrijker gevonden dan spelen. Dat wierp wel zijn vruchten af, ik kon goed leren en kreeg uiteindelijk HAVO/VWO-advies. Ik zat op voetbal en dat vond ik heerlijk. Vanaf mijn twaalfde kreeg ik een vriend waar ik vast mee optrok en met wie ik naar de middelbare school fietste. Ik heb geen kind kunnen zijn. Mijn moeder bepaalde van A tot Z wat ik moest doen en zeggen. Als ik niet luisterde, werd ze boos. Dan kleineerde ze me. Het fysieke geweld beperkte zich toen we jonger waren tot knijpen en slaan. Maar vanaf mijn achtste of negende jaar kwam er bij het slaan een riem of stok aan te pas. Als kind besef je het niet, maar nu denk ik dat ik blij mag zijn dat ik het heb overleefd. Er waren momenten dat het geweld echt extreem was. Toen de stok net gebruikt werd, kreeg ik er een paar flinke tikken mee, maar na verloop van tijd kon het wel tien minuten duren voordat het ophield. Mijn broer en ik hadden lange tijd nauwelijks steun aan elkaar, daar zorgde mijn moeder wel voor. Tijdens het geweld moest de ander toekijken en erna hield ze ons gescheiden. Als de één slaag had gehad, nam ze de ander urenlang mee in de auto. Alleen met het avondeten hadden we wat aan elkaar. Eten was altijd drama omdat de regel was dat alle pannen leeg moesten. Alles wat mijn moeder gekookt had, moest op. Dat was onze taak. Als het te lang duurde, ging mijn moeder in de huiskamer televisie kijken en dan hielpen we elkaar met het leegmaken van de pannen. Dat kon ze niet zien vanaf haar plek voor de tv.
Naarmate we ouder werden, nam het geweld toe. Of er aanleidingen waren? Dat is een moeilijk punt. Ik was juist voortdurend bezig om alles goed te doen voor haar. Maar een verkeerd cijfer of een bepaalde manier van kijken kon al genoeg zijn. Als we ergens heen gingen, werden we vooraf geïnstrueerd tegen wie we mochten praten en wat we moesten zeggen. Als dat niet naar haar zin was verlopen, wist ik bij vertrek al door haar manier van kijken hoe laat het was. Emoties tonen tijdens het geweld maakte het alleen erger. Dus ik huilde niet als ik geslagen werd. Je leert dat op een gegeven moment uit te schakelen. Als ik later alleen op mijn kamer was, kwam het verdriet er wel uit. Er was altijd en overal een sluimerende angst voor wat er zou kunnen gaan gebeuren. Voor spontaniteit was geen ruimte. In mijn hoofd was ik voortdurend bezig met vragen als: 'Tegen wie mag ik praten? Wat mag ik doen? Wat heeft ze ook alweer gezegd? Doe ik het goed?' We hielden buitenshuis mijn moeder continu in de gaten om te peilen of we het goed deden. Haar blik zei altijd voldoende. Daardoor wisten mijn broer en ik na een uitje op de terugreis al wat ons thuis te wachten stond. De blik van mijn moeder heeft mijn jeugd bepaald.

Het verwarrende was dat haar blik die me overdag zo bang maakte, er in bed niet was. Dan keek ze rustig en bijna liefdevol uit haar ogen. Ze was dan een heel ander persoon. Tijdens het seksueel misbruik zat ze aan me, maar zei niks. Het waakzame wat ik altijd over me had omdat haar stemming zomaar kon omslaan was tijdens de misbruiksituaties niet nodig. Dat gaf bijna een soort van rust. Ook dat vond ik verwarrend, samen met het feit dat ik lichamelijk reageerde op de aanrakingen en daarbij ook klaarkwam. En dat gaf vervolgens weer schuld- en schaamtegevoelens. Het misbruik begon vanaf mijn achtste jaar en duurde tot en met mijn veertiende.

Ik kan me moeilijk voorstellen dat geen mens ooit iets heeft opgemerkt aan alles wat er thuis speelde want we kwamen wel op verjaardagen. Aan de andere kant; buiten de kwade momenten was mijn moeder een rustige vrouw. Alleen thuis had ze zo'n knop die kon worden ingedrukt en razendsnel tot boosheid kon leiden. In de ogen van de buitenwereld deed ze het als alleenstaande moeder goed: op school presteerden haar kinderen meer dan gemiddeld, deden aan sport, zagen er verzorgd uit en ondanks dat we het financieel niet breed hadden, gingen we in vakanties met de trein weg. Ze deed ook erg haar best om zich te presenteren als een ideale vrouw of moeder. In de omgeving was mijn vader juist de boeman. Daar heeft mijn moeder zich altijd achter kunnen verschuilen. Iedereen wist wat mijn vader had gedaan, mijn moeder had hem aangeklaagd. Zijn baan als conciërge op een school is hij daardoor kwijt geraakt, ook al geloofde het schoolbestuur niet dat hij schuldig was.

Voor de scheiding en voordat dit speelde, is mijn moeder een half jaar opgenomen geweest. Toen ik zes maanden oud was, is mijn moeder met mijn broer op visite gegaan en heeft ze mij alleen thuis gelaten. Mijn vader ontdekte dat ik alleen in bed lag en al een tijdje niet gevoed of verschoond was. Daarna werd mijn moeder opgenomen voor depressieve klachten. Wij gingen in dat half jaar van oma naar oma. Zes maanden later volgde er de aanklacht en een scheiding en is de hulpverlening voor mijn moeder gestopt. Mijn broer en ik werden juist de hulpverlening in gebracht voor het vermeende misbruik dat mijn vader met ons gepleegd zou hebben. In mijn jeugd heb ik vijf of zes verschillende Riaggs gezien. Zodra een hulpverlener mijn moeder zelf in beeld bracht en het haar te heet onder de voeten werd, verhuisde ze naar een andere Riagg.

Ik kan me niet herinneren dat ik in mijn jeugd op een normale manier een knuffel heb gehad of getroost ben. Het enige gevoel van liefde, respect of aandacht ervoer ik tijdens de misbruiksituaties die zij pleegde, maar dat was natuurlijk geen liefde. Over mijn vader sprak mijn moeder dagelijks in negatieve zin. Ik kreeg te horen dat hij een slechte man en een homofiel was en dat hij niks om ons gaf. Ook over zijn misbruik sprak ze vaak. We kregen dikwijls te horen dat we ondankbare kinderen waren die niet hadden mogen bestaan. Of ze zei: 'Jullie maken mijn leven kapot door jullie ondankbaarheid.' Ze dreigde vaak met zelfmoord en voegde er soms aan toe dat ze ons zou meenemen de dood in. Een keer schreeuwde ze dat ze er een eind aan zou maken en vertrok naar boven. Toen we na een half uur wachten in paniek naar haar slaapkamer renden, ontdekten we dat de deur dicht zat. We hebben op de deur geramd en uiteindelijk is mijn broer op een trap geklommen om door het raam te kijken. Hij zag mijn moeder op bed liggen met doosjes medicijnen naast haar. Toen wij beneden de telefoon pakten om het alarmnummer te bellen, pakte zij boven de telefoon. Ze had dus geen pillen genomen. Dit maakt duidelijk hoe goed ze in staat was ons bang te maken. In de auto reed ze ook vaak levensgevaarlijk dicht langs de bomen, waarbij ze zei: 'We gaan tegen een boom rijden.' Ik was heel afhankelijk van haar, de dankbaarheid is me ingepraat. Of ik echt van haar hield, weet ik niet. Zoiets als moederdag vierden we wel, dan gingen mijn broer en ik de tafel dekken voor het ontbijt.

Toen ik tien jaar was en mijn broer veertien kwam bij hem het besef dat het geweld niet klopte. Mijn broer kreeg het idee om een vriendin van mijn moeder op te zoeken die we vanuit de kerk kenden en die af en toe bij ons thuis kwam. Hij had een paar uurtjes gespijbeld van de middelbare school, zodat we na mijn schooldag naar haar toe konden gaan. We hadden geen afspraak gemaakt. Eenmaal binnen heeft mijn broer in tien minuten tijd het topje van de ijsberg verteld. We hadden niet veel tijd omdat we altijd direct uit school naar huis moesten. Hij vertelde haar dat we werden geslagen en heeft om hulp gevraagd. Toen we thuiskwamen had deze vrouw mijn moeder al gebeld. De gevolgen waren voor onze rekening. Het werd ons goed duidelijk gemaakt dat we het nooit meer in ons hoofd moesten halen om zoiets nog eens te doen. De vrouw heeft er niets meer mee gedaan en bleef bevriend met mijn moeder. Soms voel ik de neiging om deze vrouw nog eens te vragen waarom zij zo heeft gehandeld. Tot nu toe heb ik het niet gedaan. Ik heb als volwassene wel enkele van mijn leerkrachten gesproken en gevraagd of zij ooit iets vermoed hebben over mijn thuissituatie. Drie van hen zeiden van niet. Eén leraar gaf aan vermoedens te hebben gehad. Maar het was lastig om iets aan mij te merken. Ik was vrij rustig van aard, sprong er niet uit qua gedrag en leverde goede prestaties. Mijn leerkracht uit groep zes staat me nog bij. Hij deed leuke dingen met zijn leerlingen, was gezellig, speelde gitaar. Ik trok erg naar hem toe, zocht hem graag op. Hij vertelde later dat hij zich daardoor heeft afgevraagd hoe ik het thuis had, of ik misschien warmte tekort kwam. Maar het antwoord had hij zelf ingevuld; hij vermoedde dat ik zijn nabijheid zocht omdat ik zelf geen vaderfiguur had. Als hij het me had gevraagd en er echt de tijd voor had genomen, dan had ik wellicht wel wat losgelaten. Maar dat had tijd gevraagd.

Dat wil ik wel benadrukken. Voordat een kind gaat praten moet je als leerkracht een relatie opbouwen en het vertrouwen winnen van een leerling. En vervolgens niet bij het eerste signaal de ouders inlichten. Dat hoeft ook niet. Als mishandeling aan het licht komt, is het vaak al jaren aan de gang. Een paar weken extra maken dan ook echt niet meer uit. Direct er bovenop springen en actie ondernemen, werkt averechts. Uiteindelijk heeft het vijftien jaar geduurd voordat ik zelf iemand in vertrouwen durfde te nemen over de mishandelingen. Daar heb ik in totaal drie maanden over gedaan. Dat proces begon bij het JAC. Zij verleenden in die tijd hulp voor wat er met mijn vader was gebeurd. Zij waren in al die jaren de eerste hulpverlenende instantie die me apart hebben gesproken, zonder mijn moeder erbij. Natuurlijk was ze daar fel op tegen en kreeg ik vooraf instructies wat ik wel of niet mocht zeggen. Ik herinner het me nog goed. Die vrouw heeft me gezien. 'Of ik rust wilde,' vroeg ze. Ik antwoordde bevestigend. Ik wilde ook rust.

Toen mijn broer op zijn zestiende het huis uitging, ving ik alleen de klappen op. In die tijd maakte ik ook de overstap naar de middelbare school. Daar gingen mijn schoolprestaties lijden onder de thuissituatie. Het JAC regelde dat ik een jaar op een internaat mocht wonen in een andere plaats. Daar hadden we een woonsituatie met acht meiden en twee andere jongens. Om de twee weken ging iedere bewoner volgens de regels een weekend naar huis. Ik dus ook. Een vrouw op het internaat met wie ik een klik had, vroeg mij keer op keer na zo'n weekend hoe het was geweest. Mijn antwoord was altijd kort en hetzelfde: 'Goed'. Dat waren leugens, want het seksueel misbruik was na mijn verhuizing dan wel gestopt, maar het geweld ging gewoon door. Toen ze me opnieuw een keer op zondagavond vroeg hoe het weekend bij mijn moeder was geweest, gaf ik haar het bekende antwoord. Maar dit keer vroeg ze door. Dus ik vertelde iets meer; dat we naar de markt waren geweest. Toen zei ze dat ze het gevoel had dat ik altijd zei dat het goed was, terwijl het niet goed was. 'Dit is mijn moment,' dacht ik. Dat weekend was het flink misgegaan, maar ik kon er geen woorden aan geven. Als antwoord heb ik mijn T-shirt uitgetrokken. Dat was genoeg. Ik hoefde in het weekend niet meer naar huis, waarna mijn moeder uit beeld raakte. Dat is een bepalend moment geweest in mijn leven. Die vrouw heeft vertrouwd op haar onderbuikgevoel, denk ik.

Daarna ben ik geleidelijk wat meer gaan delen over mijn ervaringen met het fysieke geweld. Maar het bleef altijd het topje van de ijsberg. Van verwerken was geen sprake, laat staan van traumabehandeling. Ze hebben mijn vader een keer uitgenodigd voor een gesprek om te kijken of het misschien tot een hereniging kon komen. Hij gaf aan dat hij niet verbaasd was over hoe het bij ons thuis was verlopen, maar dat hij niets had kunnen doen omdat hij door de kinderrechter buitenspel was gezet. Maar het gesprek leidde niet tot nieuw contact. Mijn vader had vanaf mijn vierde jaar een nieuw gezin en dat was alles voor hem. Hij wilde met mij en mijn broer niets meer te maken hebben. Dat boek uit het verleden had hij gesloten.

Toen ik na een jaar volgens afspraak weg moest op het internaat kwam ik op mijn zestiende, achteraf op te jonge leeftijd, op mezelf te wonen. Ik was in die tijd vreselijk voor de hulpverlening. Ik wilde helemaal niet praten over de wezenlijke dingen, ik sprak liever over voetbal met mijn hulpverlener. Omdat ik nooit eerder vrijheid had ervaren, ging ik vaak stappen. Ik stortte me op meisjes en had verkeerde vrienden. Ik zocht voortdurend afleiding. Op school was ik meer af- dan aanwezig. Ik zat inmiddels op het vmbo, een school die bij het internaat hoorde. Over deze leerlingen werd gezegd: 'voor die internaatjongens moet je oppassen, dat zijn rotjongens, kinderen met gedragsproblemen.'

Zo veranderde langzaam mijn rol. Ik was bepaald geen makkelijke jongen meer. De directeur van de school wist niet veel van mijn verleden, maar hield me toch vaak de hand boven het hoofd. Een ander was allang van school getrapt. Ik heb veel aan hem te danken. Vanuit de nazorg van het internaat boden ze me zes maanden Frankrijk aan. Ik denk omdat ze wel goed het risico zagen dat ik door de invloed van verkeerde vrienden zou kunnen afglijden. Ik mocht op een boerderij bij een gastgezin wonen. Hoewel ik eerst niet wilde, was er gelukkig nog genoeg gezond verstand om te kunnen bedenken dat het pad waarop ik liep, niet tot goede dingen zou leiden. Voor het eerst van mijn leven kwam ik in een normaal gezin terecht. Die mensen hadden zelf geen kinderen. Ik leerde daar lessen die mijn broer in zijn gastgezin ook had geleerd. Ik ontdekte dat als de man uit het gezin ergens geïrriteerd over was, dat niet betekende dat ik bang hoefde te worden. Als de vrouw na het eten vroeg of ik nog wat wilde, en dat deed ze altijd, antwoordde ik uit gewoonte bevestigend. Maar hier hoefden de pannen niet leeg. Ik mocht gewoon 'nee' zeggen. Dat soort dingen ontdekte ik gaandeweg en acht kilo later. Maar omdat ik de jaren ervoor slecht voor mezelf gezorgd had, waren die extra kilo's niet eens zo erg.

Nadat ik bij het JAC door een hulpverlener voor het eerst was gezien, veranderde dus mijn hele leven. Het kan voor een hulpverlener moeilijk zijn om door een bepaalde houding heen te prikken. Als *iemand* goed kan pleasen, is het wel een kind met vroegkinderlijke trauma's. Je weet precies wat je moet zeggen of doen en wat iemand wil horen. Maar wat kan het belangrijk zijn om navraag te doen zoals bij mij is gebeurd: 'Gaat het echt goed, meen je wat je zegt?' Ik denk ook dat het belangrijk is om wat vaker de cliënt de regie te laten nemen. Je kunt als hulpverlener zeggen: 'Dit zou goed zijn' en 'Dat werkt' en iemand die goed kan pleasen gaat daar dan in mee. Maar je kunt ook vragen stellen: 'Wat wil jij, wat heb jij nodig?', waardoor je iemand uitdaagt bij zichzelf stil te staan. Mijn leven stond in het teken van pleasen; in relaties, in werk, in de hulpverlening. Pas tijdens mijn recente traumabehandeling heb ik de triggers ontdekt en de patronen waar ik in zat. Bij een bepaalde blik van iemand of als iemand te dichtbij kwam, gingen al mijn alarmbellen af. Die triggers werken automatisch, daar was ik me niet bewust van.

Mijn moeder heeft na haar opname voor haar eigen problemen nooit meer hulp gezocht. Alle hulpverlening voor ons gezin draaide om wat er met mijn vader is gebeurd. Tot op de dag van vandaag is ze in staat te zeggen dat alles door de situatie met mijn vader kwam. Ze is iemand die voor zichzelf nog nooit in haar leven iets verkeerds heeft gedaan. Het geweld dat mijn broer en ik hebben meegemaakt, hadden we aan onszelf te danken. We waren vervelend genoeg om met een riem geslagen te mogen worden, vond ze. Het lag aan ons. Als zij haar levensgeschiedenis zou moeten vertellen, dan praat ze over haar onhandelbare kinderen, haar nare ex-man en haar moeilijke jeugd waarin veel gewerkt moest worden en door haar vader geweld is gebruikt. Intergenerationeel geweld is iets wat ik nooit kon begrijpen omdat ik me afvroeg: 'Je hebt ervaren hoe het is, dan doe je dat zelf toch niet bij je kinderen?' Maar inmiddels begrijp ik na veel hulpverlening voor mezelf beter hoe patronen in je lichaam een vaste plaats kunnen krijgen. Patronen worden in je lichaam opgeslagen. Dat verander je niet zomaar, die cirkel doorbreek je alleen met goede hulpverlening. Daaronder versta ik hulpverlening waarbij niet wordt weggekeken van de problemen waar het werkelijk omgaat, maar waar je de diepte ingaat. Wat ik zelf vaak zie; iemand heeft bijvoorbeeld vermijdingsproblemen en daar wordt in therapie aandacht aan gegeven. En omdat het verder op het eerste gezicht met werk en relatie allemaal redelijk lijkt te gaan, laat men het werkelijke probleem liggen. Ik zag veel 'pappen en nathouden'. Dat was bij mij ook lange tijd zo. Want ik zette ondertussen een voor mij bekend patroon voort. Mijn leven leek voor de buitenwereld op het eerste gezicht best leuk, maar dat was toch wezenlijk anders. Vooral in relaties was ik voornamelijk gericht op pleasen en zocht ik mijn bevestiging in seksualiteit. Toen ik begin dertig was, heb ik voor het eerst iemand over het misbruik verteld. Ik had in die tijd gesprekken met een bedrijfsarts omdat het niet zo goed met me ging. Hij vroeg het me op een gegeven moment recht op de man af. Dat gaf mij toen de ruimte om dat stukje van mijn verleden ook te vertellen. Het haalde veel overhoop en tegelijk was het waardevol omdat ik er vanaf dat moment wat mee heb kunnen doen.

Preventie van kindermishandeling vind ik enorm belangrijk. Natuurlijk kost dat geld, maar wat kosten de gevolgen de samenleving niet? Mensen komen niet op de arbeidsmarkt, ze belanden in de verslavingszorg, hulpverlening of criminaliteit ... Er wordt veel aandacht besteed aan de meldcode en dat vind ik goed. Maar er is een verschil met een snelle e-learning en een cursus waarbij je de diepte in gaat. Een ervaringsdeskundige zoals ik kan het verhaal goed overbrengen, die maakt het 'echt'. De ogen moeten open. Op het moment dat je als professional kindermishandeling vermoedt, komen er allerlei vraagtekens: 'Is het echt? Wat voor invloed heeft het op mijn relatie met de ouders? Doe ik het goed voor het kind?' Het roept onzekerheid op als je op het punt staat te gaan handelen. Ik begrijp dat. Toch vergelijk ik het met de situatie waarin je iemand met een open wond op straat ziet liggen. Niks doen is dan ook geen optie. Alleen zal je in dat geval sneller 112 bellen en in actie komen omdat je weet dat het voor jezelf geen gevolgen heeft. Beeldvorming is ook belangrijk. Wat ik jammer vind, is dat we de dingen die mis gaan bij Veilig Thuis vaker horen dan de zaken die goed gaan. Wat je ook vaak hoort is de opmerking: 'Maar hier gebeuren dat soort dingen niet.' Maar het gebeurt overal. Het is een maatschappelijk probleem. We kijken graag weg omdat het heel dichtbij kan komen.

Openheid over het onderwerp is goed, omdat het je in gesprek kan brengen met het kind zelf. Een kind heeft recht op veiligheid in het verkeer, op voorlichting over goede voeding, maar ook op voorlichting over dit soort situaties. Stel dat ik was voorgelicht op school, dan had ik in de klas echt mijn hand niet opgestoken om mijn geheim publiekelijk te onthullen. Dus zorg dan dat je na zo'n les duidelijk maakt dat een kind alles mag delen met een vertrouwenspersoon, een IB'er van school bijvoorbeeld. Kindermishandeling is een groot geheim voor een kind. Ik wil mijn steentje bijdragen aan meer openheid over kindermishandeling en ik weet hoe belangrijk het kan zijn als een ervaringsdeskundige zijn verhaal doet. Ik doe dit op mijn blogs, via Twitter en geef soms ook voorlichting. Mijn boodschap luidt: 'Het is er, het is ernstig, maar er is ook hoop.' Want je kunt veel doen als je bij de goede hulpverlening terecht komt. Ik vond het vooraf doodeng om de diepte in te gaan met een hulpverlener. Ik was bang om de pijn van de kleine Erik te voelen. Ik dacht dat ik zoiets niet zou overleven, had het gevoel dat dat me van de aardbodem zou afvegen. Maar het is me achteraf meegevallen. Ik heb gemerkt dat als je dit soort trauma's hebt overleefd, je de behandeling ook wel kunt overleven en aangaan. Die boodschap wil ik uitdragen. De angst om alles weer opnieuw te moeten beleven, begrijp ik. Maar als je het goed doet, kom je van je overlevingsmechanismen af, dan leef je eindelijk niet meer op de automatische piloot. Ik heb er nog niet zo lang geleden acht maanden dagelijks hulp voor gekregen.

De Nederlandse visie op kindermishandeling, zoals jij hem voorleest van Wolzak, onderschrijf ik. Ik denk dat het zo is. Ik heb zelf geen kinderen, maar ik kan me niet voorstellen dat iemand die kinderen krijgt, dit soort dingen bewust doet om de kinderen te beschadigen. Ik denk dat het komt door invloeden van buitenaf, triggers, het verleden, patronen die je in stand houdt. Niet bewust dus. Wel denk ik dat je het als ouder op een gegeven moment bewust achter gaat houden. Dat deed mijn moeder ook. Als ik blauwe plekken had, dan mocht ik niet douchen na de voetbal en werd ik met de auto opgehaald, terwijl ik normaalgesproken zelf fietste. Ze wilde voorkomen dat anderen mijn blauwe plekken zouden zien.

Je bent je als mens bewust van je kwetsbaarheden en fouten, dus ook als je je kind verkeerd behandelt. Een ouder die dat ziet, vindt het tegelijk moeilijk om aan te geven en er hulp voor te vragen. Daar zou meer aandacht voor moeten zijn, dat ouders die kwetsbaarheid mogen tonen. Neem een ouder die denkt dat een corrigerende tik in de opvoeding zou kunnen helpen, maar merkt dat zijn gedrag van kwaad tot erger wordt. Zo'n ouder is bang om veroordeeld te worden. Het zou mooi zijn als mensen die stap naar hulp vragen dan toch durven nemen en niet wegkijken voor hun eigen gedrag. Het netwerk kan hierin ook van belang zijn. Als je als vriend of familielid twijfelt of het thuis wel allemaal goed verloopt met de kinderen, is het belangrijk dat je ruimte maakt voor de kwetsbaarheid daarin. Dat geldt voor het hele thema. We praten niet zo snel over dit onderwerp met elkaar, zeker als je er niet rechtstreeks iets mee hebt. Over terreuraanslagen praten we makkelijk, maar over kindermishandeling hebben we het amper. Terwijl huiselijk geweld meer slachtoffers maakt."

De omgeving

5.1 Inleiding – 112

5.2 Formele steungevers – 112
5.2.1 Wanneer melden? – 113
5.2.2 Vroegsignaleren – 113
5.2.3 Persoonlijke weerstanden of belemmeringen bij de meldcode – 116
5.2.4 Lef, een lange adem en compassie – 119
5.2.5 Randvoorwaarden binnen een instelling – 120
5.2.6 Conclusie – 120
5.2.7 Uit de praktijk – 120

5.3 Informele steungevers – 121
5.3.1 Signaleren – 124
5.3.2 Uit de (onderzoeks)praktijk: secundaire preventie – 124

5.4 Maatschappelijke dimensie – 130
5.4.1 In de praktijk: een solidaire gemeenschap – 131
5.4.2 Praktijkervaring: een solidaire gemeenschap – 133
5.4.3 Ouders die kwetsbaar mogen zijn – 136
5.4.4 Het sociale netwerk – 136
5.4.5 Het sociale netwerk: aanvulling of vervanging van een solidaire gemeenschap? – 137
5.4.6 Casus: alleenstaande moeder met drie jonge kinderen – 138
5.4.7 Uit de praktijk – 139
5.4.8 Metapositie en voldoende 'goede ouder'-ervaringen – 141

© Bohn Stafleu van Loghum is een imprint van Springer Media B.V., onderdeel van Springer Nature 2019
S. van Gameren, *Preventie van kindermishandeling*, https://doi.org/10.1007/978-90-368-1876-6_5

> Dit hoofdstuk draait om de volgende vragen:
> - Uit welke groepen steungevers bestaat de omgeving?
> - Op welke manier kan de omgeving kwetsbare gezinnen helpen?
> - Waar liggen de knelpunten in de praktijk voor steungevende partijen?
> - Heeft draagkrachtig ouderschap ook een maatschappelijke dimensie?

5.1 Inleiding

Veel mensen voelen een natuurlijke weerstand tegen het gegeven dat niet ieder kind veilig is in het eigen gezin. We willen niet dat het waar is, dus zien we het liever ook niet (onder ogen). De meeste mishandelde kinderen zijn echter afhankelijk van mensen uit hun omgeving, een formele of informele steungever, die bereid is moeilijke situaties wél onder ogen te zien, actie te ondernemen om de mishandeling aan het licht te brengen of om sociaal-emotionele of praktische steun te bieden. In dit hoofdstuk bespreken we de implicaties van het gegeven dat de (potentiële) steungevers feilbare mensen zijn. Alleen spreken over het belang van steun of de mogelijkheden, zou geen recht doen aan de complexe situaties waar steungevers in de praktijk mee te maken kunnen krijgen. We starten dit hoofdstuk door de rol van beroepskrachten, de formele steungevers, te bespreken.

5.2 Formele steungevers

Steungevers uit het formele (zorg)circuit kunnen veel voor gezinnen betekenen: vroegsignaleren, melden, hulp bieden (en is melden niet ook een vorm van hulp bieden?) dan wel organiseren. In ►H. 3 kwam de meldcode al aan bod, een protocol dat professionals houvast moet geven in hun handelwijze bij vermoedens van kindermishandeling. Maar het is de professional die het papier handen en voeten moet geven. Voor hen zijn een paar vragen van belang. Wanneer meld ik? Welke signalen moeten mij alert maken? Maar ook: welke persoonlijke factoren spelen een rol bij vroegsignaleren, melden en hulp bieden of organiseren? Denk aan overtuigingen, eerdere (negatieve) ervaringen of weerstanden. Hoe zorg ik ervoor dat ze mijn handelen niet belemmeren? De eerste twee vragen gaan over kennis; iets wat binnen instanties regelmatig opgefrist dient te worden, niet in de laatste plaats omdat protocollen en wetgeving aan verandering onderhevig zijn. De laatste twee vragen gaan over vaardigheden en de manier waarop een beroepskracht een protocol als de meldcode beleeft en er invulling aangeeft.

5.2.1 Wanneer melden?

In het basisdocument 'Het afwegingskader in de Meldcode huiselijk geweld en kindermishandeling' (Dekker et al. 2017) staat een voorbeeld genoemd met vijf afwegingen in het afwegingskader. Hieruit kunnen volgens het document drie professionele normen tot melden worden onderscheiden. Melden is noodzakelijk:
1. in alle gevallen van acute of structurele onveiligheid;
2. in alle andere gevallen waarin de beroepskracht meent dat hij, gelet op zijn competenties, zijn verantwoordelijkheden en professionele grenzen, in onvoldoende mate effectieve hulp kan bieden of kan organiseren bij (risico's op) huiselijk geweld en/of kindermishandeling;
3. wanneer een beroepskracht die hulp biedt of organiseert om betrokkenen te beschermen tegen het risico op huiselijk geweld en/of kindermishandeling constateert dat de onveiligheid niet stopt of zich herhaalt.

Het maken van een risicotaxatie, oftewel het inschatten van de veiligheid van een kind, is cruciaal bij vermoedens van kindermishandeling. Het vergt kennis en kunde, maar ook hier spelen persoonlijke overwegingen een rol. Wanneer achten we als samenleving een kind eigenlijk veilig? Het *Medisch handboek kindermishandeling* spreekt van veiligheid voor een kind als 'het structureel kan rekenen op een volwassene die voorziet in zijn basale fysieke en emotionele behoeften, die hem beschermt tegen gevaar en die daarin continuïteit en voorspelbaarheid biedt' (Putte et al. 2013). Kindermishandeling is daarmee altijd een onveilige situatie.

Bij een veiligheidstaxatie zijn drie vragen belangrijk:
1. Is er sprake van een (potentieel) levensbedreigende situatie of van direct gevaar?
2. Zijn de basale voorwaarden voor een gezonde en veilige ontwikkeling van het kind aanwezig?
3. Zijn er veiligheidsrisico's voor het kind in de nabije toekomst?

Op basis van aanwezige risicofactoren en beschermende factoren (▶H. 2) vindt een afweging plaats. Een dergelijke taxatie kent geen onbeperkte geldigheid. Voor de kinderen van een verwaarlozende moeder die met succes is behandeld in een verslavingskliniek, kan de thuissituatie een jaar na behandeling en de laatste positief uitgevallen risicotaxatie compleet gewijzigd zijn als er sprake is van terugval.

5.2.2 Vroegsignaleren

De meldcode wordt in gang gezet door signalen. Signalen die ouders afgeven, zoals besproken bij de Kindcheck, of uiterlijke kenmerken dan wel gedragingen van een kind waarvan we weten dat ze kindermishandeling kunnen representeren. Op de eerstehulpafdeling van een ziekenhuis screenen hulpverleners met een signaleringsinstrument dat

Sputovamo heet. Deze wat vreemde benaming is een acroniem, afkomstig van de items die worden bevraagd: Soort letsel, Plaats, Uiterlijke kenmerken, Tijd van ongeluk, Oorzaak, Veroorzaker, Anderen aanwezig, Maatregelen getroffen door ouders, Oude letsels zichtbaar? Er zijn diverse varianten ontwikkeld, geschikt gemaakt voor specifieke situaties. De vragenlijst leidt tot twee mogelijkheden: geen verdenking kindermishandeling of verdenking kindermishandeling, waarna een overleg met de kinderarts of het 24-uursconsultatieteam volgt. Ook op de huisartsenposten wordt met een vorm van Sputovamo gewerkt. Juist daar kunnen zich ouders melden die bewust hun eigen huisarts willen ontwijken. Ook de tandartsen kennen een eigen meldcode waarin aandacht is voor het herkennen van signalen van huiselijk geweld en verwaarlozing van mondzorg bij de kinderen.

Maar alle instrumenten ten spijt, kindermishandeling signaleren is om meerdere redenen niet eenvoudig. Een kind kan signalen afgeven zonder dat ze aan kindermishandeling worden gelinkt, een kind kan signalen verbergen, signalen kunnen verkeerd worden geïnterpreteerd en veel signalen zijn aspecifiek en per kind verschillend. Het is nagenoeg onmogelijk een volledige lijst van signalen samen te stellen en van veel signalen kan men zeggen 'dat het op zoveel oorzaken kan wijzen'. Niettemin is er een lijst voorhanden met signalen waarvan wetenschappelijk is bewezen dat ze wijzen in de richting van kindermishandeling (▶kader Signalen kindermishandeling).

Signalen kindermishandeling
Van de volgende signalen stelt het Nederlands Centrum voor Jeugdgezondheid in zijn richtlijn kindermishandeling 2016 vast dat er voldoende tot sterk wetenschappelijk bewijs of expertconsensus voor is (Richtlijnen jeugdhulp en jeugdbescherming 2016).

Bij het kind
- emotionele en gedragsproblemen zoals angst
- verandering in gedrag en emoties
- selectief mutisme (niet spreken)
- gehechtheidsproblemen
- emotieregulatieproblemen
- dissociatie
- veel onduidelijke buikpijnklachten
- eetproblemen
- automutilatie
- hoofdslaan en wiegen
- bedplassen of broekpoepen
- slaapproblemen
- geseksualiseerd gedrag of seksueel grensoverschrijdend gedrag
- weglopen
- schoolverzuim
- verslaving
- traumasignalen

Bij het kind – lichamelijke signalen (bij sommige signalen is vooral de locatie van belang en de combinatie met de verklaring van ouder voor herkomst, oorzaak)
- blauwe plekken
- beten
- snij- en schaafwonden, littekens
- botbreuken
- signalen van verstikking
- brandwonden
- bevriezing
- buikpijnklachten
- kale plekken in het hoofdhaar
- interne kneuzingen
- interne bloedingen
- ruggengraatfracturen
- (geh)oorproblemen
- uitdroging
- ALTE
- hyperventilatie
- bijna-verdrinking
- vergiftiging
- onder- en overvoeding
- veelvuldig medisch bezoek
- onvoldoende lichamelijke verzorging
- vingerafdrukken op de huid
- genitale of anale problemen
- terugkerende urineweginfecties
- SOA
- zwangerschap

Bij 'shaken baby'-syndroom/abusive head trauma
- schedelfractuur
- hersenbloedingen
- oogletsel, retinale bloedingen
- ribfracturen, kneuzingen

Vanuit de omgeving
- onvoldoende lichamelijke verzorging
- onvoldoende toezicht
- onvoldoende toegang tot medische of tandheelkundige zorg
- agressieve bejegening tussen ouder en kind
- negatieve interactie tussen ouder en kind
- meerdere mensen uiten hun zorgen om het kind

Het proefschrift van Bosschaart (2018) verhaalt over de waarde van het medische en psychologische onderzoek dat kinderen ondergaan als er vermoedens zijn van seksueel misbruik. Het onderzoek leverde geen duidelijk klachtenpatroon op dat voorspellend is voor het hebben doorgemaakt van seksueel misbruik van een kind. Toch maakte de analyse van meningen van experts duidelijk dat experts extra zwaarte toekennen aan symptomen als posttraumatische stress en terugval in zindelijkheid waar geen andere verklaring voor gevonden kan worden. Andere psychosociale klachten vragen opmerkzaamheid als het er veel zijn en er geen andere verklaring voor lijkt te zijn dan vermeend misbruik.

Ook dient men opmerkzaam te zijn als het kind kennis heeft op seksueel gebied en seksueel gedrag vertoont dat niet past bij de leeftijd van het kind. Waar het bij lichamelijk letsel nog mogelijk kan zijn dit objectief aan te tonen, geldt dat het signaleren van verwaarlozing niet gemakkelijk is. De ernst van verwaarlozing is een continuüm met een groot grijs gebied. Niet voor niets vermeldt het *Medisch handboek kindermishandeling* als een van de kernpunten bij alle vormen van verwaarlozing, dat een diagnose sterk afhankelijk is van het eigen waarden- en normenkader (Putte et al. 2013). Bepalend is of er bij het kind schade te verwachten is door toedoen of nalaten van de ouders. Het criterium is niet 'Dit vind ik niet kunnen' of 'Dat doe ik zelf anders', maar 'Dit kan niet, omdat het kind daarmee …'. Alleen door het risico te benoemen komt men tot een onderbouwd vermoeden.

Om het waarden- en normenkader aan te vullen kan men gebruik maken van de adviesfunctie van Veilig Thuis. Anders gezegd: gebruik maken van de mogelijkheid die Veilig Thuis biedt om twee professionals te laten overleggen over een zorgwekkende situatie.

5.2.3 Persoonlijke weerstanden of belemmeringen bij de meldcode

Het Jaarbeeld 2016 Landelijk Toezicht Jeugd benoemt de handelingsverlegenheid en registratie bij vermoedens van kindermishandeling als verbeterpunten voor de Jeugdgezondheidszorg (JGZ). Deze sector staat niet alleen als het gaat om handelingsverlegenheid. Een kleine minderheid van de respondenten uit de Rapportage quickscan meldcode (2015) gaf aan geen belemmeringen te ondervinden bij het doorlopen van de stappen van de meldcode: 19 % bij de sector maatschappelijke opvang, 12 % binnen het onderwijs en 23 % in de kinderopvang.

De meldcode wordt uitgevoerd door iemand met een eigen referentiekader, geschiedenis, communicatiestijl en meer of minder werk- en levenservaring. Er is bij het doorlopen van de stappen altijd ruimte voor een persoonlijke invulling, al was het alleen al door de manier waarop iemand het gesprek zal aangaan met de ouders. Maar voordat het tot een gesprek met ouders komt waarin de signalen worden besproken, moeten beroepskrachten regelmatig wat interne obstakels overwinnen. De genoemde Quickscan brengt naar voren dat de veiligheid van het kind, het idee weinig invloed te kunnen uitoefenen en de vertrouwensrelatie met de ouders belangrijke belemmeringen zijn voor beroepskrachten.

Bijdragen uit 'Goed aangepakt'

We zien ze ook terugkomen in het boek *Goed aangepakt* (Kole et al. 2012) over beroepsethiek bij kindermishandeling. We staan hieronder stil bij enkele bijdragen van professionals aan dit boek. Bij het lezen over beroepsethiek en weerstanden die professionals (kunnen) hebben bij het signaleren van kindermishandeling, vallen twee woorden op: weerzin en angst. Kinderarts Rian Teeuw leidt een Team Kindermishandeling en benoemt enkele weerstanden van artsen: liever niet zien dat iets als kindermishandeling bestaat, angst om iets onterecht kindermishandeling te noemen en daar de gevolgen van te moeten dragen en angst voor een onveilige situatie tijdens het oudergesprek.

Weerzin tegen de realiteit van kindermishandeling, lijkt iets universeels te zijn. Eigenlijk willen we allemaal een wereld waarin alle kinderen veilig en liefdevol opgroeien en sluiten we het liefst de ogen voor een realiteit die soms anders is. Dat er kinderen zijn die thuis niet veilig of liefdevol worden behandeld, is een gegeven waar we moeilijk mee uit de voeten kunnen. Laat staan als het (mogelijk) voorkomt binnen een gezin waar je op de een of andere manier zorg voor draagt.

De angst om signalen onterecht voor kindermishandeling aan te zien, speelt niet alleen bij artsen een rol. Emeritus hoogleraar opvoedkunde Hermanns vertelt in zijn bijdrage aan het genoemde boek over een onderzoek naar leerkrachten en medewerkers in de kinderopvang, waar onzekerheid over het eigen waarnemen een grote rol speelt bij het negeren van vermoedens van kindermishandeling. Melden wordt door deze beroepsgroepen ervaren als aangeven, men vertrouwt onvoldoende op het eigen oordeel en heeft het gevoel met hardere bewijzen te moeten komen. En als men daar lang genoeg de tijd voor neemt, kan het zomaar gebeuren dat het kind een klas verder is en uit het gezichtsveld verdwijnt.

Bij leerkrachten speelt volgens Hermanns ook de angst voor de (reactie van de) ouders en het mogelijke effect van een gesprek op de relatie met hen en het imago van de school. Maar de grootste angst is volgens Hermanns die voor eigen lijf en leden en de confrontatie met de ouders.

Hoogleraar medische ethiek Willems vult de lijst met weerstanden van beroepskrachten aan met de angst van hulpverleners om inbreuk te maken op de autonomie van ouders. Hij steekt de hand in eigen boezem door de rol van ethici daarbij te benoemen: artsen zouden bang zijn geworden om dingen te doen waarvoor ze niet eerst toestemming hebben gekregen van de patiënt. Het kan helpen om alle stappen transparant te houden voor de cliënten. De angst voor een eventuele maatregel van een tuchtcollege hoeft ook niet beperkend te werken; er zal vooral gekeken worden naar de handelingswijze van een behandelaar, met andere woorden; of de procedures juist zijn doorlopen.

Implicaties

Voor al deze genoemde (soms zeer reële) angsten moet voldoende en op structurele basis aandacht zijn binnen een training en een werksituatie om de meldcode goed tot zijn recht te laten komen. Daarmee doe je ook recht aan de professional. Tenslotte verwijzen genoemde dilemma's en weerstanden naar een prachtig professioneel streven; het zo goed mogelijk willen doen voor de ouder en het kind. Er moet in trainingen en meldcodegerelateerde gesprekken ruimte zijn om de handelingsverlegenheid die vrijwel alle beroepskrachten voelen, onder ogen te zien en te onderzoeken. Waar komt de verlegenheid vandaan, op welke gedachte is de angst gebaseerd en hoe reëel is die gedachte? Het antwoord kan voor iedereen anders zijn.

Als we alle informatie samenbrengen blijkt onzekerheid bij handelingsverlegenheid de leidende factor en die kan zich op verschillende manieren doen gelden. Er is sprake van onzekerheid (a) over wat men gesignaleerd heeft, (b) over hoe de ouders gaan reageren, (c) over de gevolgen voor het gezin en het kind: wat gaan de te nemen stappen opleveren en (d) over mogelijke gevolgen voor de eigen positie en/of de te ontvangen steun door de werkgever. Zolang de handelingsverlegenheid een beroepskracht niet zodanig blokkeert dat het leidt tot handelingsfobisch gedrag, mogen gevoelens van onzekerheid, aarzeling, angst en weerzin regelmatig aandacht opeisen bij een onderwerp dat zoveel emoties oproept bij alle betrokkenen. Welke professional kan routinematig de stappen van de meldcode uitvoeren? En hoe wenselijk achten we dat? Omdat een e-learning nauwelijks ruimte kan geven aan dit soort persoonlijke kwesties, lijkt het zinvol dat werkgevers deze vorm van kennis overdragen afwisselen met groepsgewijze trainingen waarin gesprekstechnieken geoefend worden en weerstanden mogen worden benoemd.

Nog meer weerstanden

Ook het *Medisch handboek kindermishandeling* bespreekt weerstanden (Putte et al. 2013). De voor een arts zo belangrijke positieve grondhouding jegens zijn cliënt kan bij een vermoeden van kindermishandeling onder druk komen staan door een persoonlijk oordeel. Met een niet-veroordelende grondhouding geeft de arts ouders een eerlijke kans hun kant van het verhaal te vertellen. Het kan hierbij helpen de ouder als persoon los te zien van het gedrag. Dit maakt een respectvolle benadering toegankelijker. Een ontspannen, open lichaamshouding (door bijvoorbeeld de armen te laten rusten op de tafel), rustige bewegingen en een vriendelijke gesprekstoon ondersteunen volgens het handboek de positieve grondhouding.

Verder kan het beroepsgeheim door artsen, psychologen en psychiaters als een belemmerende factor worden ervaren. Dit beroepsgeheim is voor artsen niet absoluut, zo meldt de Landelijke Eerstelijns Samenwerkingsafspraak Kindermishandeling (LESA, eerste herziening 2016, NHG). Uitzonderingen zijn onder andere: toestemming van de patiënt, wettelijke plicht tot spreken (bijvoorbeeld ten aanzien van de gezinsvoogd die informatie nodig heeft voor de uitvoering van een ondertoezichtstelling), conflict van plichten waarbij door te spreken (mogelijk) een acuut of dreigend gevaar voor de veiligheid of het leven van de patiënt of anderen kan worden voorkomen, of meldrecht (waar een arts gebruik van maakt bij een melding bij Veilig Thuis) (herziene Factsheet Medisch Beroepsgeheim 2016, Ministerie van VWS). Voor artsen geldt het uitgangspunt 'Spreken, tenzij' bij een vermoeden van kindermishandeling. Voor alle beroepsgroepen met een beroepsgeheim geldt dat zij (vermoedens van) huiselijk geweld en kindermishandeling onder voorwaarden, zoals het doorlopen van de stappen van de meldcode, mogen melden bij Veilig Thuis. Dit mag ook als de betrokkenen geen toestemming geven voor een melding.

Een andere weerstand die nog niet is genoemd, is het idee of de ervaring dat er met een melding onvoldoende wordt gedaan of dat het probleem onvoldoende of niet wordt opgelost. Dit komt naar voren uit de Rapportage quickscan meldcode (2015), waar vooral beroepskrachten uit het onderwijs aangeven dat er door Veilig Thuis laat wordt teruggerapporteerd of alleen op eigen verzoek. Dat een melding niet altijd leidt tot verdere stappen, waarvoor de reden niet wordt gecommuniceerd, leidt bij deze beroepskrachten tot ontevredenheid. Het is voor iedere nieuwe casus aan te raden om eerdere gevoelens van ontevredenheid over een gedane melding los te laten. Misschien lagen er onrealistische verwachtingen aan ten grondslag. Of had men voor zichzelf al ingevuld welke stappen Veilig Thuis moest gaan nemen; men had zichzelf de expertise toegeëigend terwijl het belangrijk is die aan de organisatie toe te vertrouwen.

Het kan helpend zijn om te weten hoe Veilig Thuis te werk gaat. Door middel van triage bepaalt Veilig Thuis welke stappen genomen moeten worden. Niet elke melding leidt tot een onderzoek. Maar elke melding vraagt en krijgt wel een actie vanuit Veilig Thuis. De factsheet 'De radarfunctie van Veilig Thuis' geeft elke professional daarover passende informatie, hetgeen de kans op niet-passende verwachtingen verkleint. Mocht men het idee hebben dat er nalatig is opgetreden bij een adviesvraag of melding door Veilig Thuis, dan kan (moet) men gebruik maken van het AKJ; vertrouwenspersonen in de jeugdhulp, wiens taak het onder andere is om verbeterpunten te signaleren en te rapporteren aan de desbetreffende instanties. Door klachten te rapporteren draagt men eraan bij de werkwijze van instanties te optimaliseren en hoeven negatieve gevoelens over eerdere ervaringen toekomstige mogelijke acties niet in de weg te staan.

5.2.4 Lef, een lange adem en compassie

Naast kennis, (gesprek)vaardigheden en enige introspectie wordt er van de professional nog meer gevraagd om de meldcode daadwerkelijk, naar behoren en met voldoende (zelf)vertrouwen uit te voeren en zich bezig te houden met het voorkomen van (toenemende) gezinsproblematiek. Van jeugdarts Ben Rensen lijkt de uitspraak afkomstig te zijn dat het tegengaan van kindermishandeling lef, liefde en een lange adem vraagt. De lef wordt in publicaties, omfloerst of direct genoemd, vaak benadrukt. We lazen net welke angsten beroepskrachten kunnen ervaren als zij kindermishandeling vermoeden en de meldcode (willen) gaan volgen. Er is moed voor nodig om in een gesprek met ouders met wie je een (vertrouwens)band hebt opgebouwd, je zorgen te uiten over hun kind. Die moed is op te brengen als de beroepskracht compassie voelt voor de mensen wie het betreft. En die compassie vloeit idealiter twee kanten op: naar de ouders en naar het kind want het probleem betreft ook beide partijen.

Het vertrekpunt hierbij is een oprechte interesse voor de ouders en een bezorgdheid voor het kind, waarbij het dienen van het belang van het kind tot een gezamenlijk doel gemaakt wordt. Het komt neer op willen zien (openstaan voor de mogelijkheid), kunnen zien (kennis en ervaring), durven zien en durven doen (lef tonen). Als je volwassenen behandelt, is een systeemgerichte blik hierbij helpend. Voor (huis)artsen kan de persoonlijke visie van huisarts en tevens bestuurslid van huisartsenvereniging LHV Van Loenen als voorbeeld dienen. Hij zegt in een interview met het ▶NRC.nl (4 mei 2015):

» Ik voel het zo: ik ben een gezinsarts met een bijzondere verantwoordelijkheid voor de zwakste in het gezin.

5.2.5 Randvoorwaarden binnen een instelling

Teeuw (2012) noemt in haar opsomming van weerstanden bij beroepskrachten ook de tijdrovende handelingen die het vraagt om de signalen boven tafel te krijgen. Deze medaille heeft twee kanten. De eerste kant ligt bij de beroepskracht zelf. Voor de (huis)arts met volle werkdagen en een hoge werkdruk kan de verleiding ontstaan om een vermoeden van kindermishandeling terzijde te leggen of bepaalde stappen uit de meldcode uit te stellen. De tweede zijde van de medaille ligt bij de instelling. Een instelling moet niet alleen een meldcode hebben en daar hun werknemers in trainen, de beroepskracht moet tijd en ruimte tot zijn beschikking hebben om de stappen uit de meldcode zorgvuldig te nemen. Gedegen onderzoek (stap 1) kost tijd, zo benadrukt Teeuw.

Een andere voorwaarde om preventie van kindermishandeling voldoende ruimte te geven, is volgens Teeuw een werksituatie zonder extreme druk waar rekening wordt gehouden met de draagkracht van werknemers. Daarom zou niet één arts aanspreekpunt voor alle gevallen van vermeende kindermishandeling moeten zijn, maar dient iedereen getraind te worden.

Een andere randvoorwaarde draait om de eigen veiligheid van medewerkers. Dat professionals angst hebben voor mogelijke agressieve (re)acties als ze het gesprek met ouders aangaan, moet binnen een instelling serieus genomen worden en een onderdeel zijn van beleid en de training meldcode.

5.2.6 Conclusie

Handelingsverlegenheid, weerstanden en ethische dilemma's lijken onlosmakelijk verbonden aan het professioneel handelen bij vermoedens van kindermishandeling en bij het handelen volgens de meldcode. Dat zal zo blijven. En daar mag ook ruimte voor gevraagd worden. Erkenning lijkt het sleutelwoord. Mariëtte van den Hoven (2017) schrijft over de afwezigheid van een eenduidige legitimatie voor ingrijpen als een van de drie typen dilemma's die Het Centrum voor Ethiek en Gezondheid heeft opgesteld voor jeugdzorghulpverleners. Ze stelt vast:

» Als ethicus denk ik dat het goed is dat jeugdzorghulpverleners zich altijd bewust blijven van het spanningsveld tussen ingrijpen en aanzien, wegpoetsen heeft geen zin. Er bestaan geen checklists die ons het finale antwoord geven.

5.2.7 Uit de praktijk

Een artikel uit *de Volkskrant* van 20 maart 2017 kon de lezer zomaar het idee geven dat ouders bij (zorg)instellingen bij voorbaat kritisch worden benaderd.

> **Praktijkvoorbeeld: hoe het niet moet – 'Met je kind naar de huisarts? Ik bedenk me nu twee keer'**
> Verplichte screening leidt tot valse bedenkingen
> Je kind valt uit het klimrek, krijgt een pot hete thee over zich heen of komt met een vinger tussen de deur, maar wie zegt dat er geen opzet in het spel is? Ouders die zich op een huisartsenpost of op een afdeling spoedeisende eerste hulp melden, worden – vaak zonder het te weten – gescreend op kindermishandeling. Zodra de arts of verpleegkundige op de computer het patiëntendossier opent, verschijnt op het scherm een korte vragenlijst die moet worden ingevuld voordat ze kunnen doorklikken. Past het letsel bij de leeftijd van het kind? Hebben de ouders gewacht met hulp zoeken zonder goede verklaring? Vertonen de ouders en het kind adequaat gedrag? Als bij een van de items op de lijst een verontrustend antwoord wordt ingevuld, dan meldt het computerprogramma dit: 'Verdenking kindermishandeling. Overleg met kinderarts.'
> Het overkwam Yvonne Huisman en haar man toen ze zich anderhalf jaar geleden met hun dochtertje in het ziekenhuis melden. Een huilbaby: ze hadden alles al geprobeerd. Ze waren doodop, ze hadden het jaar ervoor veel meegemaakt en ook nog eens hulp gezocht in het alternatieve circuit. 'Ik heb in vertrouwen alles zitten vertellen, maar kennelijk was het bij elkaar toch wat verdacht. En ik het kon het blijkbaar allemaal niet goed uitleggen.' Als ze eraan terugdenkt, emotioneert het haar opnieuw. Hun dochter werd tot hun verbazing een week opgenomen, zonder dat er een diagnose werd gesteld. Weer thuis ontdekten ze dat de kinderarts een melding had gedaan bij Veilig Thuis zonder hen daarover in te lichten. Toen ze onlangs de documenten van het ziekenhuis opvroegen, lazen ze dat er 'zorgen waren ontstaan over de draagkracht van de ouders'.

Wat dit (deel van een) artikel laat zien, is hoe schadelijk het voor ouders – en het vertrouwen in de meldcode – is als een beroepskracht de derde stap van de meldcode overslaat. Hoe moeilijk men een gesprek met ouder(s) ook vindt, het vertrouwen van ouders wordt ernstig geschaad als er een melding wordt gedaan zonder dat de professional in een gesprek signalen heeft besproken of vermoedens heeft uitgesproken.

5.3 Informele steungevers

Onder informele steungevers verstaan we hier de mensen die niet beroepsmatig bij een gezin zijn betrokken, maar wel steun (kunnen) bieden, zowel praktisch, sociaal-emotioneel, vroegsignalerend of meldend. Het kunnen mensen uit de directe sociale kring rondom een gezin zijn: vrienden, buren, familieleden. Of mensen die zich in de buitenste ring bevinden: wijkbewoners, ouders van school, bekenden van een (sport)vereniging, gemeenteleden uit een kerk.

Laten we eerst even stil staan bij weerstanden rondom vroegsignaleren en melden. Beide sociale kringen kunnen veel zien en horen en hebben daarmee een belangrijke taak in het opmerken en interpreteren van ouder- of kindsignalen. Maar signaleren is één, daarna moet je weten wat je met die signalen kunt doen. Met het plegen van één telefoontje naar Veilig Thuis kunnen zij voor gezinnen het verschil maken tussen een situatie die zich kenmerkt door wanhoop of hoop. Voor informele steungevers is deze handeling vaak de enige weg om een deskundige te kunnen spreken, aangezien beroepskrachten signalen met collega's kunnen (en moeten) delen.

Maar met weten wat je kunt doen, zijn we er nog niet. De weerstanden bij formele steungevers om te handelen bij vermoedens van kindermishandeling kunnen even zo goed gelden voor informele steungevers. De drempel om Veilig Thuis te bellen kan enorm hoog zijn. Dit blijkt ook uit de ervaring van Theresa (31 jaar) die zorgen had om een bevriend echtpaar en hun kinderen:

Interview Theresa: 'Kindermishandeling is zo'n heftig woord'

"Vorig jaar had ik grote zorgen om de kinderen van goede vrienden die in een vechtscheiding zaten. Onze vriend had nog geen ander huis en er werd de hele dag door ruzie gemaakt. Mijn vriendin kon het niet aan en lag overdag op bed terwijl de kinderen van zes en vijf alleen beneden speelden. Gesprekken met mijn vriendin gingen alleen maar over 'die andere vrouw', ze kon over niets anders praten. Ze weigerde hulp voor zichzelf als ik daarover begon. Dan werd ze boos en zei dat ik makkelijk praten had met mijn ideale leventje. Ik praatte met haar niet over het effect van de situatie op de kinderen. Ik had het gevoel dat ze dat er niet bij kon hebben, ze was om het minste of geringste helemaal van slag.

Ik heb wekenlang getwijfeld of ik Veilig Thuis moest bellen. Ik wist van hun bestaan af omdat er in mijn stad in die tijd een bus reed met daarop hun logo en telefoonnummer. Ik heb wel twintig keer de site bezocht. Toch heb ik niet opgeslagen wat jij me net vertelde; dat ik ook om advies kon vragen. Diep van binnen wist ik dat ik wat moest doen, want de kinderen leden onder de situatie. Ze veranderden voor mijn ogen in stille, teruggetrokken kids met grote bange ogen. Er was vaak geen eten in huis en er was ook totaal geen structuur meer voor ze. Mijn vriendin bracht ze ook niet meer naar voetbal en de zwemles zegde ze op. Eigenlijk zorgde er niemand meer voor die kinderen. Een paar keer zat ik met de telefoon in mijn hand, maar het voelde alsof ik onze vrienden zou verraden; alsof ik ze aangaf bij de politie. Kindermishandeling is ook zo'n heftig woord, ik zou dat nooit durven gebruiken in het bijzijn van onze vrienden. En de kinderen werden ook niet geslagen. Ze werden alleen totaal aan hun lot overgelaten.

Waarom ik zolang twijfelde om in actie te komen? Ik was bang voor de gevolgen die het zou kunnen hebben voor onze vriendschap; volgens mij zouden ze meteen weten dat ik het was die gebeld had. Geloof me, ik ben in die periode vier kilo afgevallen van de stress. Mijn man liet het allemaal aan mij over, die wilde het er liever niet over hebben. Hoewel hij ook toegaf dat de thuissituatie niet veilig was voor de kinderen, stak hij liever zijn kop in het zand. Toen de jongste door gebrek aan toezicht gewond raakte, een ongeluk dat veel slechter had kunnen aflopen, heb ik de huisarts gebeld. Onze gezinnen hebben dezelfde. Hij zei dat hij zich ook zorgen maakte en adviseerde me contact op te nemen met het CJG. Dat heb ik gedaan en zij hebben hulp geregeld. Gelukkig reageerde mijn vriendin er goed op. Toen er hulpverlening kwam voor mijn vriendin en de kinderen, heb ik het kunnen loslaten. Nu kan ik langzaam weer de vriendin worden die gewoon af en toe op bezoek komt."

Uit het interview met een betrokken omstander komt duidelijk naar voren hoe moeilijk het kan zijn actie te ondernemen als er zorgen om kinderen zijn. Het interpreteren en wegen van signalen kan voor een bekende van een gezin een eenzaam en stressvol proces zijn. Hoewel Theresa al snel concludeerde dat er iets gedaan moest worden omdat het met de kinderen niet goed ging, volgde er geen directe actie. Een gesprek met de ouders werd vermeden om de vriendschap geen schade toe te brengen en de ouder niet nog meer stress te bezorgen. De ontstane spanning na het signaleren resulteerde in een intentie tot het ondernemen van actie toen het jongste kind door gebrek aan toezicht van het dak van de schuur was gevallen. Waar vroeger de adviesfunctie van het meldpunt tot uiting kwam in de beginletter van de naamgeving AMK (advies- en meldpunt kindermishandeling), is dat bij Veilig Thuis niet meer het geval. Omdat Theresa niet wist dat ze Veilig Thuis om advies kon vragen zonder meteen te hoeven melden, belde ze de huisarts.

Afhankelijk van de aan- of afwezige relatie met het gezin waarvoor advies wordt ingewonnen, kan er een loyaliteits- of verlegenheidsconflict spelen, geleid door de vraag: 'Mag ik me hier wel mee bemoeien?' Verder kunnen zorgen en vragen over anonimiteit en de eigen veiligheid mede bepalen of men de telefoon oppakt.

Weet het grote publiek dat een niet-professionele beller makkelijker anoniem kan melden dan een beroepskracht? Anoniem melden wordt niet wenselijk geacht, maar is wel mogelijk: de identiteit van een meldende omstander wordt alleen bekendgemaakt nadat daar toestemming voor is gegeven. Omstanders moeten weten dat er geen gegevens van het gezin worden vastgelegd als er slechts om advies gevraagd wordt. Als er geen melding volgt, blijft de adviesvrager volgens het Handelingsprotocol van Veilig Thuis verantwoordelijk voor de aanpak van de gesignaleerde problemen. Mocht Veilig Thuis van mening zijn dat dit niet haalbaar of wenselijk is, dan zal het advies luiden om een melding te doen, waarna Veilig Thuis de verantwoordelijkheid verder draagt. Mocht de adviesvrager niet durven of willen melden, terwijl Veilig Thuis het wel noodzakelijk acht, dan kan laatstgenoemde ambtshalve een melding doen, dat wil zeggen dat Veilig Thuis het gezin meldt.

De informatievoorziening naar omstanders moet optimaal zijn om belemmeringen weg te nemen die iemand kunnen weerhouden contact op te nemen met Veilig Thuis. Het is goed mogelijk dat een omstander neigt de ernst van wat men gehoord en gezien heeft in twijfel te trekken: 'Is het wel ernstig genoeg om te bellen?' Ook daar moet de informatieverstrekking in voorzien. De boodschap moet zijn dat bellen zinvol is omdat de mogelijkheden van Veilig Thuis tot onderzoek beter en uitgebreider zijn dan waartoe de omstander zelf in staat is.

Verder is het voor omstanders belangrijk helder te krijgen wat melden eigenlijk behelst: niet meer en niet minder dan melding maken van een vermoeden van kindermishandeling. Of minder sterk uitgedrukt: een gezin dat hulp nodig lijkt te hebben onder de aandacht brengen van deskundigen. Het idee dat je iemand bij voorbaat beschuldigt of zou 'aangeven', zoals in bovenstaand citaat werd verwoord, is feitelijk onjuist, maar kan wel leven bij omstanders of op die manier worden gevoeld.

5.3.1 Signaleren

Om advies te vragen of te melden moet men eerst (kunnen) signaleren. Sommige persoonskenmerken vergroten de kans dat iemand zal signaleren. Hoefnagels (2001) ontdekte dat het signaleren van kindermishandeling afhankelijk is van de vraag of iemand er al eerder op een bepaalde manier mee in aanraking is geweest. Ook een hogere opleiding verhoogt de kans op signaleren. Meldintentie kan het beste voor mannen en vrouwen apart worden beschreven, zo concludeert hij. Vrouwen neigen te melden als zij eerder met kindermishandeling te maken hebben gehad, mannen neigen ertoe als ze van mening zijn dat je je mag bemoeien met kindermishandeling en hun idee over privacy van een gezin geen beletsel vormt. Bij beide seksen wordt de meldingsbereidheid ook beïnvloed door opvattingen over melden. Het moge duidelijk zijn. Signaleren leidt niet per definitie tot melden. En omgekeerd geldt dat het gegeven dat de meeste kindermishandeling niet wordt gemeld, niet hoeft te betekenen dat het ook niet wordt gesignaleerd. Hoefnagels (2001) concludeert dan ook dat het probleem eerder 'tussen de oren' zit, dan 'in de ogen' van de omstander. Dit zien we concreet terug bij de cijfers uit de recente nationale prevalentiestudie waaruit blijkt dat er bij 42% van de door informanten gerapporteerde vermoedens van kindermishandeling geen contact werd gezocht met Veilig Thuis (Alink et al. 2017). Uit hetzelfde onderzoek kwam naar voren dat er met de ogen van de informanten niets mis blijkt te zijn, zo bleek tijdens het checken van de gerapporteerde vermoedens door getrainde codeurs.

5.3.2 Uit de (onderzoeks)praktijk: secundaire preventie

Onderzoeker Cees Hoefnagels deed in 2001 vier aanbevelingen ten behoeve van secundaire preventie. Hoe kijkt hij achttien jaar later naar zijn aanbevelingen?

> **Interview Cees Hoefnagels: 'De praktijk van 2001 tegenover die van 2018'**
> "Als ik in algemene zin mijn aanbevelingen uit 2001 tegenover de huidige stand van zaken zet, dan constateer ik dat er in de praktijk wel wat, maar fundamenteel niet zo heel veel veranderd is. De praktische en beleidsmatige vormgeving en financiële middelen blijven ver achter bij wat met de mond beleden wordt. Dat komt vooral omdat de overheid, naar mijn overtuiging, te weinig verantwoordelijkheid neemt en systematisch nalatig is. Men wil voor een dubbeltje op de eerste rij zitten en kanker met een aspirientje oplossen. We hebben daardoor nog steeds te weinig kennis om alles op dit preventiegebied goed te kunnen uitvoeren. De koppeling tussen kennis en praktijk zou een vanzelfsprekendheid moeten zijn om die praktijk te kunnen verbeteren, maar die koppeling is er helaas te weinig.
> Neem een programma vanuit primaire preventie: VoorZorg. Dit is een bewezen effectieve en waarschijnlijk kosteneffectieve interventie, maar de overheid laat het aan gemeenten over of zij het inkopen. Die vrijheid vind ik onverteerbaar. Vanuit het Internationaal Verdrag inzake de Rechten van het Kind, artikel 19, zou het een

vanzelfsprekendheid moeten zijn om VoorZorg breed in te zetten bij hoogrisicogezinnen. De realiteit is dat dit programma door veel gemeenten nog niet wordt ingekocht. Dat is een gemiste kans.
Net zo'n gemiste kans is het als je de lijn van zo'n onderzoek niet verder doortrekt. Want een deel van de moeders die aan het onderzoek meedeed, is toch gaan mishandelen. Ik had kort erna graag willen onderzoeken waarom en bij welke moeders dat het geval was. En ik wil nog meer weten. De huisbezoeken bij dit programma stoppen als het kind twee jaar oud is; een ontwikkelingsleeftijd waarbij je als ouder een hele andere levens- en opvoedfase ingaat. Dan zou je met ouders aandacht willen besteden aan zaken die passen bij deze ontwikkelingsfase; dat het voortdurende 'nee' van je peuter een functie heeft bijvoorbeeld. Ondersteuning bieden aan ouders van kinderen in die soms lastige ontwikkelingsfase zou in hoogrisicogezinnen meer onderzoek waard zijn dan nu gebeurt. En er zijn meer risicogroepen dan de risicogroep waar het programma VoorZorg mee werkt. VoorZorg draagt de erfenis van de licentievoorwaarden van het Amerikaanse bewezen effectieve voorbeeldprogramma. In deze voorwaarden zijn aantal en aard van risicofactoren omschreven. Zo mag het bijvoorbeeld alleen aan vrouwen worden aangeboden die voor de eerste keer zwanger zijn, terwijl we weten dat een volgend kind niet alleen blijdschap, maar ook stress aan een gezin kan toevoegen. En zo zijn er meer risicogroepen waarvan de kinderen het nu met een valse start moeten doen en gezinnen die nu systematische professionele ondersteuning onthouden wordt; aan wie we nu geen evidence-based interventies kunnen bieden. Bovendien is mijn inschatting dat de hoogrisicogezinnen waarop VoorZorg mikt, niet het grootste aandeel van kindermishandeling in Nederland bestrijken.
De huidige kenniscultuur vind ik een armoedecultuur. Er loopt sinds een aantal jaren een onderzoeksprogramma bij ZonMw van enkele miljoenen per jaar, maar dat is veel en veel te weinig. Dat lees je ook terug in de aanbevelingen voor het wetenschappelijk onderzoeksprogramma naar effectiviteit uit het eindrapport van de Taskforce Kindermishandeling en Seksueel misbruik (Vuijsje 2016). Projecten die kennis opleveren om de preventie van kindermishandeling in Nederland meer handen en voeten te kunnen geven of effectiever te kunnen maken, kunnen nu niet worden gehonoreerd. Ik zie kindermishandeling als een veelkoppig monster. En er is een wereld te winnen, voor en nadat de kinderen in beeld zijn. Er zijn nog zoveel onbeantwoorde vragen. Waarom lukt het zo slecht om kindermishandeling vroegtijdiger te stoppen? Hoe doe je dat? Waarom lukt het signaleren niet goed? Daarbij denk ik ook aan seksueel misbruik; de vorm van kindermishandeling die het minst vaak wordt gesignaleerd. En waarom gaat het na interventies soms toch weer mis? We weten uit onderzoek dat hermeldingen vaker gedaan worden als een ouder een licht verstandelijke beperking heeft. Dit is een voorbeeld van een hoogrisicogezin. En dat blijft het, zeker als het stutten en steunen na een paar maanden weer stopt. Onze aanpak – gebaseerd op beleid van snel en kortdurend – is meestal episodisch en reactief. Hoe kun je verwachten dat een gezin met invasieve en chronisch lastige condities na een korte periode van steun of hulpverlening weer veilig en zorgzaam kan functioneren? Deze en veel andere gezinnen zijn gezinnen van de lange adem. Je

moet als samenleving niet te snel willen stoppen met hulpverlening of steun. En durf dan ook te luisteren naar een veelgehoorde uitroep van veldwerkers: 'Geef me wat scharrelruimte buiten de protocollen om!'"

» Aanbeveling 1 uit 2001: Meldpunten dienen er alles aan te doen om hun melders tenminste minimaal duidelijk te maken wie zij tot hun klantenkring rekenen, wat de melder kan verwachten en tenminste minimaal aan de melder terug te rapporteren.

"Voor wat betreft het terugrapporteren: dat moet altijd gebeuren, ook als je als medewerker van Veilig Thuis weet dat je inhoudelijk over de betreffende casus niet veel kan of mag zeggen. De melder heeft iets kwetsbaars gedaan, heeft uitgereikt, gevoelsmatig mogelijk geklikt, staat in contact met het kind of met de ouders en maakt zich na de melding misschien nog steeds zorgen of constateert zelfs een tijdelijke verslechtering ... Als je dan na verloop van tijd niks terug hoort, vind ik dat niet wenselijk. Het psychologische aspect van melden moet erkend worden. Maar als we vinden dat we dit soort eisen mogen stellen aan Veilig Thuis, dan moet je de organisatie ook voldoende faciliteren. En daar zit een groot probleem, want de tijd en middelen ontbreken. Waar de overheid hamert op betere samenwerking tussen betrokken partijen, wil ik benadrukken dat Veilig Thuis-organisaties eerst voldoende middelen moeten krijgen om hun werk, inclusief samenwerken, te kunnen doen."

» Aanbeveling 2: Verspreid op landelijk niveau de boodschap dat het goed is om vermoedens van kindermishandeling te melden en verlaag de drempel van de meldpunten voor de natuurlijke omgeving van het kind.

"De reden voor deze aanbeveling was de enorme discrepantie tussen de kindermishandeling in Nederland die op de radar kwam, bij het meldpunt bekend was, en waarbij dat niet het geval was. Door een eerdere nationale prevalentiestudie kindermishandeling weten we dat vier van de vijf mishandelde kinderen niet gemeld worden bij Veilig Thuis, voorheen het AMK. In mijn onderzoek toonde ik aan dat meer dan de helft van de gemelde kindermishandeling al langer dan een jaar duurde op het moment van melden. Dus áls kindermishandeling al gemeld werd, dan meestal niet vroegtijdig.
In mijn onderzoek toonde ik ook een relatie aan die van belang is voor de secundaire preventie van kindermishandeling: in regio's waar tijdens de toen gevoerde campagne meer gemeld werd, was de mishandelingsduur korter, oftewel werd er eerder gemeld. En dit gold alleen voor de twee vormen van kindermishandeling waarop de campagne zich duidelijk manifesteerde: fysieke mishandeling en seksueel misbruik. Deze bevindingen zijn gebaseerd op correlationeel onderzoek, dus zonder causale bewijsvoering. Maar als je als land iets wilt ondernemen tegen kindermishandeling, dan heb je hiermee toch niet de minste aanwijzingen in handen die je kunt gebruiken – om te beginnen – voor je kennisontwikkeling, is dit wel of niet causaal te interpreteren, of in de praktijk. En beter nog: allebei.

Er is kennis over de moeite om te melden, overigens meer dan over het mogelijk maken van melden. In de meeste westerse landen met een individualistische cultuur heerst er het klimaat van non-interventie, in ons land gecombineerd met een moraal die getypeerd kan worden als 'wars van betutteling'. In mijn onderzoek vond ik dat strikte opvattingen over gezins*privacy* de kans op het doen van zo'n melding onder burgers drastisch verkleinen. Het gedrag 'melden' wordt in de internationale literatuur niet voor niets als *high-cost behaviour* aangeduid, ook vanwege het omgaan met onzekerheid. Naar mijn idee zijn de voordeuren in Nederland akelig dik, zelfs als je vrij zeker weet dat het daarachter niet pluis is.

Er is uitvoering gegeven aan deze tweede aanbeveling: sinds enkele jaren zijn er spotjes van de rijksoverheid over huiselijk geweld en kindermishandeling. Deze beogen ook drempelverlaging door een belangrijk stukje van die drempel, het gevoel zeker te moeten zijn van je zaak, weg te nemen. De *voice-over* in het spotje meldt 'Kindermishandeling is niet altijd even duidelijk. Een vermoeden is genoeg om jouw zorgen te delen', en moedigt aan 'Een Veilig thuis, daar maak je je toch sterk voor'. Dat deze spotjes uitgezonden worden, vind ik ronduit positief, ook al mis ik effectonderzoek. Tegelijk is het belangrijk ons te realiseren dat het effect van massamediale middelen begrensd is. Ze kunnen ondersteunend werken maar zijn in de regel matige middelen om gedrag te veranderen – in dit geval van niet-melden naar melden –, zeker als het gaat om dit type *high-cost behaviour*. Ik mis verantwoordelijkheid, regie en een besef van urgentie van de staat om te willen bereiken dat alle mishandelde kinderen in beeld komen in plaats van één van de vijf. Ik ging in de vorige aanbeveling in op het (niet) terugrapporteren aan de melder. Ik zeg niet dat de drempel om te melden *an sich* verhoogd is, maar ik ken wel reacties van melders aan wie niet werd teruggerapporteerd, zoals: 'Dat was eens maar nooit weer.' Oftewel, de perceptie van de hoogte van de drempel heeft niet alleen een nationale, maar ook een individuele dimensie: mensen die gemeld hebben, en dus hun nek uitgestoken hebben en zich uitzonderlijk moedig hebben getoond, zou je moeten koesteren. Op zijn minst met een zorgvuldige reactie. In principe altijd! Deze helden vormen een hoog relevante doelgroep voor Veilig Thuis, waarvoor je de drempel niet hoger maar lager moet en kan maken. Communicatie is het antwoord op het probleem dat gekneveld wordt door onbespreekbaarheid, non-communicatie is dat niet."

» Aanbeveling 3 uit 2001: Vergroot het vermogen van volwassenen om mishandelde kinderen te geloven. Het feit dat een onthulling van een kind meestal op waarheid berust, zou deel kunnen uitmaken van regionale en nationale preventiestrategieën.

"Ik zie niet wat daaraan gedaan wordt. Dit laat men volgens mij over aan de natuurlijke instincten van de mens. En dan krijg je al snel, iets wat ik vaak genoeg heb meegemaakt, dat iemand uit de omgeving als volgt naar een vader kijkt: 'Die man is zo'n aardige sportcoach ..., de dingen die me verteld zijn, kan hij onmogelijk doen.' Er is op dit gebied nauwelijks sprake van trainingen of opleiding. In mijn onderzoek onder volwassenen in de Nederlandse bevolking vond ik een duidelijke relatie tussen een kind

kunnen geloven en geneigd zijn te melden. Ik veronderstel dat die relatie oorzakelijk is. In algemene zin moeten we beter naar kinderen luisteren; daar hebben ze recht op. En dat geldt zeker als er beslissingen genomen moeten worden die hen aangaan.
Voor beroepsbeoefenaren die met kinderen werken is dit ook vastgelegd in het Internationaal Verdrag inzake de Rechten van het Kind. Niet alleen om naar hen te luisteren, maar ook om kinderen op geleide van hun ontwikkeling te informeren over belangrijke voorgenomen beslissingen die hen aangaan, ook over hun recht op bezwaar. Helaas verhinderen we beroepsbeoefenaren in Nederland vaak om hun taak – kunnen luisteren en informeren – uit te voeren vanwege te grote *caseloads* en te weinig tijd door productienormen. Dat die taak zo vaak niet wordt uitgevoerd, is erg voor de kinderen die het aangaat. Maar ik vind het ook erg dat we aan twee dingen zijn gaan wennen; dat vanzelfsprekend zorgvuldig menselijk gedrag nauwelijks uitvoerbaar is en dat we op deze manier de rechten van kinderen schenden.
Met een aantal experts hebben we recent een Handreiking geschreven voor beroepsgroepen ten behoeve van het Afwegingskader van de 'meldcode huiselijk geweld en kindermishandeling'. Hierin laten we per fase zien dat, en op welke manier, kinderen ontwikkelingsadequaat geïnformeerd en gehoord moeten worden bij alle besluiten die hen aangaan. Een ander voorbeeld: als een dossier bij Veilig Thuis is afgesloten, dan checkt men volgens het Handelingsprotocol, en dat is wat mij betreft terecht, één jaar na afronding van de bemoeienis van Veilig Thuis hoe het in het gezin gaat. Als dat al gebeurt, dan wordt zo'n vraag meestal aan de ouders gesteld en de kinderen worden over het algemeen niet gehoord. Maar er zou met alle gezinsleden gesproken moeten worden, op zijn minst met kinderen van zes jaar en ouder.
De slogan van de allereerste Nederlandse campagne begin jaren zeventig luidde: 'Kindermishandeling bestaat'. Omdat we nog steeds zoveel moeite hebben om dat te geloven, is die tekst onverminderd actueel en aan ons besteed. Als kinderen horen dat volwassenen dat weten, dan kan dat de drempel verlagen om met hun 'onbestaanbare ervaring' voor de dag te komen."

» Aanbeveling 4: Herhaal periodiek met aanpassingen (eigentijds en met meer aandacht voor seksueel misbruik en psychische mishandeling) een massamediale campagne zoals die uit de jaren negentig: 'over sommige geheimen moet je praten'.

"Zolang wij, en met wij refereer ik aan de Trias Pedagogica, onze kinderen laten mishandelen, moeten we ze ten minste de kans geven om erover te kunnen praten. Uit wetenschappelijk onderzoek weten we dat bovengenoemde campagne gewerkt heeft. Onderzoek naar gesprekken bij de Kindertelefoon toonde bijvoorbeeld aan dat mishandelde kinderen die nooit over hun ervaring gesproken hadden, gingen praten en wel direct nadat de spotjes op tv waren verschenen. Dit gebeurde vooral door kinderen die in de leeftijdscategorie van de campagne vielen. En er was congruentie tussen de specifieke doelgroep en de vorm van kindermishandeling in het spotje. Na een spotje over seksueel misbruik belden vooral seksueel misbruikte kinderen en na een spotje over fysieke mishandeling zochten fysiek mishandelde kinderen contact.

5.3 · Informele steungevers

Die specificiteit is voor mishandelde kinderen kennelijk een voorwaarde om zich erin te herkennen en te kunnen reageren. Ze belden tot enkele dagen na de uitzending, daarna ebde het effect van de campagne weer weg.
Er waren in die periode ook duizenden kinderen die direct na de spotjes de Kindertelefoon belden en stil bleven omdat ze niets durfden te zeggen. In een volgend telefoongesprek vertelden sommige kinderen dat ze eerder gebeld hadden, maar toen zwegen. Dit gedrag, bellen en dan stil blijven, illustreert pijnlijk hoe ongelooflijk spannend het voor kinderen is om erover te praten. Eigenlijk vind ik het onbegrijpelijk en niet te verantwoorden dat we deze uitnodiging niet continu aan kinderen aanbieden. En vanzelfsprekend zou deze uitnodiging – anders dan de restrictie in deze aanbeveling – zich niet moeten beperken tot deze drie typen kindermishandeling, maar alle vormen moeten behelzen, dus ook verwaarlozing en het getuige zijn van huiselijk geweld.
Omgaan met stressvolle omstandigheden doet een groot appèl op copingvaardigheden. Dat geldt ook voor kinderen. Uitermate belangrijk zijn dan de '*resources*', de middelen waaruit een kind kan putten. Sociale steun is een van de belangrijkste middelen. Er is een overweldigende hoeveelheid studies die aantoont dat veel kinderen in benarde omstandigheden het er opvallend goed vanaf brengen als zij zich in hun kindertijd gesteund wisten. Zo'n campagne kan een middel zijn om die steun te verwerven en doelgerichte communicatie op gang te brengen. Eigenlijk zeg je er publiekelijk mee dat het slot eraf mag, dat informatie die nu achter slot en grendel zit vrijgegeven mag worden. Vervolgens kan die informatie onderwerp van gesprek worden. Bijvoorbeeld doordat mishandelde kinderen die gaan vertellen, kunnen gaan ervaren dat wat ze meemaken niet mag gebeuren. In het gesprek kan tegenwicht geboden worden aan de van huis uit meegekregen boodschap dat het ouderlijk gedrag "normaal is". Daarbij hebben ze er ook recht op te weten dat hun ervaring reden kan zijn voor een interventie die in de meeste gevallen helemaal niet betekent dat een kind of ouder uit huis geplaatst wordt. Deze informatie biedt tegenwicht aan de veelvoorkomende angst voor een uithuisplaatsing, een angst die ook reden kan zijn om te (blijven) zwijgen.
Als kinderen ervaren dat er echt naar ze geluisterd wordt, dan geeft dat meer dan alleen bestaansrecht aan hun ervaring. Het kan het begin zijn voor het ontvangen van sociaal-emotionele of instrumentele steun. De aard van de te ontvangen steun hangt af van degene die de ervaringen van het kind hoort en de positie waarin die persoon verkeert. Zo hoeft de steun die een mishandeld kind ervaart bij een vriendje of vriendinnetje dat zich steunend opstelt, geen verdere consequenties te hebben voor de mishandelingssituatie thuis. De sociaal-emotionele steun leidt in dit geval niet tot instrumentele steun. Hetzelfde geldt als het mishandelde kind met de Kindertelefoon belt of chat. Deze medewerkers geloven een kind in principe per definitie en zijn goed in staat om kinderen sociaal-emotionele steun te bieden, maar hebben vanwege de anonieme functie weinig middelen tot hun beschikking die verder reiken dan die vorm van steun. Anders wordt het als het vriendje of vriendinnetje een ander informeert of inschakelt, zoals de eigen ouder of een leerkracht, die zich laat raken door deze informatie en dit inbrengt in onze voorzieningen door bijvoorbeeld contact op te nemen met Veilig Thuis. In zo'n geval kan de instrumentele functie van sociale steun van kracht worden.

> Het belang van beide vormen van sociale steun kan niet genoeg benadrukt worden. Vanuit een perspectief op veiligheid gaat het primair natuurlijk om de instrumentele steun, maar slachtoffers benadrukken met regelmaat het belang van sociaal-emotionele steun. Een specifieke uitwerking van het gehoord worden is de reactie op een onthulling (*disclosure*) van kindermishandeling. Hierover is in de wetenschappelijke literatuur een schat aan informatie beschikbaar. Tal van onderzoeken laten een verband zien tussen de *disclosure response* en het effect op de geestelijke gezondheid. Samengevat is de uitkomst van deze onderzoeken dat geen respons of een negatieve respons op een *disclosure* een negatief, en een positieve response een positief effect heeft op de geestelijke gezondheid van het kind dat de onthulling doet. Mijn aanbeveling is daarom nog steeds dat een dergelijke campagne continu moet worden uitgevoerd, begeleid door (jonge) ervarings- en andere deskundigen."

5.4 Maatschappelijke dimensie

Heeft draagkrachtig ouderschap een maatschappelijke dimensie? Dat we als samenleving kindermishandeling afkeuren, is evident. Dat zien we onder andere terug in de manier waarop (ernstige) incidenten van kindermishandeling door de media gebracht worden en hoe de reacties daarop door het publiek verwoord worden: afkeurend en veelal 'parent-blaming'. Hoe de huidige samenleving aankijkt tegen ouders en ouderschap in het algemeen en worstelende of mis-handelende ouders in het bijzonder, is op het eerste gezicht wat minder duidelijk. En heeft die houding van de samenleving invloed op de beleving van ouderschap, het eventuele vroegformuleren van problemen door ouders en daarmee op het voortduren of escaleren daarvan? Als op die laatste vraag ook maar enigszins een bevestigend antwoord te geven is, dan is er voor steungevers naast vroegsignaleren, advies vragen of melden en praktische of sociaal-emotionele steun bieden misschien nog wel een andere preventieve steunende taak weggelegd, op een meer abstract niveau.

Vanuit preventief oogpunt vraagt een gezin met opvoedproblemen, incidenten van mis-handelen of vroege kindermishandeling idealiter in een vroeg stadium hulp aan een formele of informele steungever. Voordat die stap gezet wordt, is de kans groot dat ouders net als kinderen (▶ H. 4) een risicotaxatie maken voordat ze een onthulling doen, waarbij ze (onbewust) voor zichzelf de vraag beantwoorden hoe anderen zullen gaan reageren. De sociale norm over opvoeden en de beleving van het ouderschap bepaalt in dat geval mede of een ouder onthult of verhult. Dat roept de vraag op hoe we als samenleving aankijken tegen ouders die hulp vragen voor opvoedings- of ouderschapsproblematiek. Ziet men het als ongewenst, ongepast of zelfs onacceptabel als een ouder erkent het (even) niet meer te weten, niet meer aan te kunnen of niet meer te kunnen genieten van het kind? Of wordt het gezien als teken van kracht en als uiting van capabel-zijn als je als ouder je nood uit of om hulp vraagt? Vinden 'we' als samenleving dat opvoedproblemen of het als zwaar ervaren van het ouderschap van tijd tot tijd bij het leven als ouder horen? De laatste vraag beamen, impliceert dat de rollen van toehoorder of hulpbieder met die van hulpvrager inwisselbaar zijn. En dat erkennen, zou impliceren dat er ruimte is voor een ouder om 'het even niet meer te weten' of om 'het ouderschap het liefst tijdelijk aan de wilgen te willen hangen'.

Wie een poging doet de combinatie ouderschap en (opvattingen daarover vanuit de) samenleving te onderzoeken, stuit op een buffer uit het bufferschema van Alice van der Pas, dat deel uitmaakt van haar methodische ouderbegeleiding. Zij vroeg zich tijdens haar lange loopbaan op een gegeven moment af of er gemene delers te vinden waren bij ouders, of in het leven van ouders, die maakten dat zij de kinderen ondanks moeilijke omstandigheden toch op een positieve manier konden grootbrengen. Oftewel; zouden er sleutelfactoren bestaan die het effect van risicofactoren bij kwetsbare ouders, met soms ook kwetsbare kinderen, teniet kunnen doen?

Van der Pas kwam uit bij vier factoren, die ze buffers noemde en in een bufferschema plaatste (2009):

- Voldoende 'goede ouder'-ervaringen: ervaringen waarbij de ouder van tijd tot tijd zelf het idee opvat 'het zo slecht nog niet te doen'.
- Een metapositie ten opzichte van de activiteiten op ouderlijke werkvloer, een mentale extra-dimensie van ouderschap: van een afstand beschouwen wat er in de ouder-kindrelatie en de opvoeding speelt, waarna de ouder kan reflecteren op het eigen gedrag. De ouder combineert het met beide benen op de ouderlijke werkvloer staan met de distantie van een regisseurspositie. Het is een helpende positie, omdat het helpt zicht te houden op het kind, emoties helpt beheersen en behulpzaam is bij het timen en doseren op de ouderlijke werkvloer. Het bestaan van de metapositie kan men afleiden uit hoe ouders zichzelf al dan niet bijsturen.
- Een sociaal netwerk en een goede taakverdeling: een stabiel sociaal netwerk dat je als ouder laat ervaren er niet alleen voor te staan, en een verdeling van de lasten, taken en vaardigheden op een voor de ouders bevredigende manier.
- Een solidaire gemeenschap: dit is een investerende gemeenschap waarin men uitgaat van de goede intenties van ouders en erkent dat het ouderschap complex en kwetsbaar kan zijn. Deze gemeenschap is ook bereid te investeren in ouders met problemen. Hier vallen de zorg, wetenschap en opvoedkunde onder, maar ook het informele deel van de samenleving vanwege hun attitude ten opzichte van ouders.

5.4.1 In de praktijk: een solidaire gemeenschap

Opvallend is dat twee buffers te maken hebben met externe factoren. Beide zijn omgevingsfactoren maar verschillen in hun focus. Terwijl een steunende sociale omgeving buffert door haar helpende hand en de bereidheid taken te verdelen, verwijst de solidaire samenleving naar zowel de investering als attitude die de gemeenschap toont aan ouders en die dus mede bepalen in welk klimaat opgevoed wordt. Een solidaire gemeenschap is bereid de verantwoordelijkheid te delen. Het linkt aan het meso en macrosysteem uit het verklaringsmodel van Belsky (▶ par. 1.3).

In het kader van dit hoofdstuk zijn beide buffers relevant. Maar laten we beginnen bij een solidaire gemeenschap. Hoe ziet die er concreet uit? Nodigt een solidaire gemeenschap ouders uit om persoonlijke gevolgen van de complexiteit en kwetsbaarheid van het ouderschap vroeg te formuleren, nog voordat de lethargie en machteloosheid hun plaats opeisen? Als dat zo is, dan is een solidaire gemeenschap naast investerend ook preventief van aard. Hoe opereren solidaire formele steungevers? Kunnen we het begrip gemeenschap breder trekken, naar een solidaire samenleving? En hoe solidair is onze huidige samenleving als het gaat om ouderschap en ouders? We gaan hierover in gesprek met dr. Katie Lee Weille, PhD, adjunct professor bij Webster University te Leiden en inhoudelijk Hoofddocent Ouderschap bij de RINO Utrecht.

Interview Katie Lee Weille: 'Tussen idealen en realiteit is nog een wereld te winnen'

"Alice van der Pas heeft in kaart gebracht wat ouderschap is, wat er op de werkvloer speelt, welke omstandigheden meer of minder stresserende effecten hebben en hoe ze gebufferd kunnen worden. Voor ouderschap gebruik ik liever geen evaluerende termen zoals 'goed genoeg', maar houd ik het bij een beschrijvende vorm. Wil je ouderschap zonder mishandeling echt een titel geven dan zou je het 'goed gebufferd ouderschap' kunnen noemen. Of 'goed ondersteund ouderschap'. Terwijl iedereen ouderschap anders vorm geeft en elke ouder andere behoeften heeft, hebben buffers in alle gevallen een gunstig effect. Een van de buffers is een solidaire gemeenschap. De karakteristieken daarvan scheppen een veilig klimaat waarin ouders hun ervaringen, zoals de mooie en de minder mooie emoties en conflicten, kunnen delen zonder bang te zijn voor veroordeling. Oftewel, met de verwachting dat er eerder steunend dan straffend op gereageerd zal worden. Mijn ideale jeugdzorgstelsel weerspiegelt zo'n solidaire gemeenschap en zou een duidelijk onderscheid maken tussen opvoederschap en ouderschap.

Laat ik een voorbeeld geven. Bij kindermishandeling is soms een (tijdelijke) uithuisplaatsing nodig. Daarmee wordt de opvoeding door pleegouders overgenomen, terwijl het ouderschap permanent aanwezig blijft. Ouderschap is er 24/7, tot zelfs na je overlijden, terwijl opvoederschap tijdelijk kan zijn. In mijn ideale jeugdzorgstelsel zie ik niet-beschamende gesprekken voor me waarin met de ouders wordt besproken of het helpend kan zijn om (een deel van) de opvoeding (al dan niet tijdelijk) door iemand anders te laten uitvoeren. De beroepskracht onderkent dat het uit handen geven van het opvoederschap in opdracht van de ouder gebeurt, want de ouder heeft een besef van verantwoordelijk-zijn en blijft eindverantwoordelijk. De hele werkwijze is op het onderscheid tussen beide begrippen gestoeld, evenals het principe dat ook slecht functionerende ouders het beste willen voor hun kind. Dat betekent niet dat het contact met de ouders nooit heftig zal zijn. Maar zo'n houding maakt een wereld van verschil. Op die manier zouden beroepskrachten een solidaire gemeenschap vormgeven.

Tussen idealen en realiteit is nog wel een wereld te winnen. Ouders komen de laatste tien jaar vaker in beeld dan vroeger, maar dat wil niet zeggen dat er ook meer bekwaam met ouders gewerkt wordt. De professie van ouderbegeleider wordt door allerlei beroepsgroepen uitgevoerd en er is geen officiële vakerkenning of vakvereniging voor. Inmiddels heb ik veel studenten geschoold en steevast geven ze aan dat het anders is dan wat ze tot dat moment leerden. Ik denk dat het belangrijk is dat alle beroepsgroepen die met ouders te maken hebben, een basis meekrijgen over ouderschap. Achter de ouderbegeleidende positie zitten aannames over ouderschap die gegrond zijn in theorie. Die omschreef Van der Pas als poten van een kruk die een stevige basis vormen. Door je houding krijg je een optimale werkrelatie met de ouders, maar zonder de theorie, de kruk, is er het risico van omvallen. Natuurlijk streven meer, zo niet alle, methoden een respectvolle omgang met ouders na, maar de vraag is wat je doet als er spanningen komen. Dan kun je als begeleider de neiging hebben de relatie te breken om het kind te 'redden' of kost wat kost lief en beleefd te blijven en daarbij te vermijden wat er werkelijk speelt. Ik heb het over een derde optie. Zonder de kruk, de juiste bagage, is het heel moeilijk niet in een van de twee uitersten te schieten. Dan moet je op je intuïtie proberen bij de derde optie uit te komen.

Lijkt onze huidige samenleving op een solidaire samenleving? Dat is een goede maar ook lastige vraag. Ik keek laatst naar het programma 'De luizenmoeder'. Daar zag ik onsolidariteit vanuit alle kanten komen: ouders naar elkaar, ouders naar leerkrachten en vice versa. Niemand is veilig bij niemand. Een 'sign of the times'? Want het was voor velen pijnlijk herkenbaar. Tegelijkertijd zie ik allerlei netwerken ontstaan, lees ik relevante blogs, durft het populaire discours te benoemen dat ouderschap niet altijd een roze wolk is en ontstaan er wereldwijd 'intentional communities' met een collectieve visie op ouderschap en een pedagogisch perspectief vanuit gedeeld ouderschap. Zomaar wat voorbeelden van positieve ontwikkelingen als het gaat om een solidaire samenleving."

5.4.2 Praktijkervaring: een solidaire gemeenschap

'Solidaire gemeenschap' was het kernbegrip binnen het Collectief tegen Kindermishandeling (2016) in Leeuwarden/Weststellingwerf. We vragen de twee betrokken experts die voor het project zijn aangetrokken hoe zij tegen deze buffer aankijken en hoe ze binnen het project vorm gaven aan een solidaire gemeenschap. We starten het interview met expert ouderschap Margreth Hoek.

Interview Margreth Hoek: 'De zorg rondom het kind is nog niet zo solidair met ouders'

"Een solidaire samenleving kun je zien als een verzameling van voorzieningen en wetten. Maar het is meer dan dat. Het gaat ook over de houding van professionals, wijkbewoners, familie en vrienden ten opzichte van ouders. Een houding die maakt dat de ouders zich gesteund voelen. Dat je meedenkt, naast ze staat, ze een stem geeft in de zorg voor hun kind, maar ook in het beleid, onderzoek en de ontwikkeling van methodieken. Helaas is ouderschap tot nu toe voor veel mensen een blinde vlek. Maar als je wilt dat het veilig is voor kinderen moet je het veilig maken voor ouders.

> Binnen het Collectief tegen Kindermishandeling in Leeuwarden en Weststellingwerf hebben wij tien bijeenkomsten gehad met lokale professionals. Het kindperspectief is voor de meesten bekend terrein, dus hebben we vooral tijd besteed aan het vinden van een oudervriendelijke attitude en het toepassen van het buffermodel van Alice van der Pas op ingebrachte casussen. Eén zo'n casus kwam van een schooldirecteur. Zij zag op tegen een gesprek met ouders van een kind waar zorgen om waren. Iets wat overigens heel normaal is, omdat gesprekken over opvoeden en ouderschap voor beide partijen, in dit geval directeur én ouder, over het algemeen genomen lastig zijn. Met de groep hebben we onderzocht hoe de directeur het gesprek met de ouders een 'goede ouder'-ervaring kon laten worden: een van de vier buffers in het buffermodel. Daarbinnen zijn de volgende vragen belangrijk: 'Hoe is het voor u?', 'Heeft u genoeg steun?' en 'Kunnen we iets voor u doen?' Voor de directeur waren dit vernieuwende vragen. Maar ook voor de ouder, zo bleek tijdens de terugkoppeling in de volgende bijeenkomst. Die had aangegeven: 'Deze vragen heeft nog niemand aan mij gesteld.' De zorg rondom het kind is nog niet zo solidair met ouders. Als ik in het weekend last krijg van mijn kies, kan ik gewoon naar de tandarts. Waar kan je terecht als je een ouder bent die mishandelt maar dat niet wil? En hoe snel? Voor je het weet, sta je drie maanden op een wachtlijst. En dan gaan we naar de ouders wijzen: het is hún probleem want zij doen iets wat niet mag. Hetzelfde doen we bij kinderverwaarlozing die samenhangt met chronische stress en armoede. Het armoedebeleid heeft geen oog voor ouders. In mijn optiek is ouderschap een narratieve identiteit die je in samenspraak met je omgeving ontwikkelt. Een oordeel van een ander over hoe je je kind grootbrengt, raakt aan die ouderidentiteit want als ouder wil je het graag goed doen; zowel in je eigen ogen, als in de ogen van je kind en die van de samenleving. Daarnaast zie ik opvoeden als een groeiproces en dat proces kan om verschillende redenen stagneren. In dit proces helpt het als wij als samenleving afstappen van het idee dat een ouder het in zijn eentje wel redt en dat opvoeden vanzelf gaat. It takes a village to be a 'good parent'. Het helpt als ouders elkaar ontmoeten, ervaringen uitwisselen en in elkaars verhalen erkenning, herkenning en inspiratie vinden. Ze zien elkaar op het schoolplein, maar daar gaat het gesprek meestal over het kind en worden verhalen ter vermaak gedeeld. De wat ik 'zoekende verhalen' noem, waarin je niet precies weet wat je moet doen of waarin je bent vastgelopen, delen ouders met vertrouwelingen. Maar die heeft niet iedereen. En wat als je je zo schaamt of schuldig voelt dat je je verhaal niet durft te delen? Die werkelijkheid houdt men voor zichzelf tot de samenleving meer solidair wordt."

Volgens Margreth Hoek zijn er nogal wat stappen te maken naar een solidaire samenleving. Maar hoe wordt een samenleving in zijn geheel solidair? Het project in Leeuwarden en Weststellingwerf startte met het trainen van lokale beroepskrachten. De tweede stap die de projectleiders wensten te maken, was het werken met het zogenaamde informele deel van de samenleving; de wijkbewoners. Hoe dat is verlopen, vragen we de projectleider Lienja van Eijkern.

Interview Lienja van Eijkern: 'Een solidaire samenleving vormgeven doe je door samen te ontdekken'

"In beide gemeenten heeft het project om verschillende redenen geen doorgang gevonden. In Weststellingwerf mochten bewoners zelf thema's inbrengen waaraan ze verder wilden werken en daar zat dit onderwerp niet bij. De gemeente wilde hen daarin serieus nemen. In Leeuwarden wilde men eerst alle lokale beroepskrachten de kennis en kunde van de solidaire gemeenschap bijbrengen, als basis om op verder te bouwen. Die visie sluit overigens aan bij de onze, want zonder getrainde beroepskrachten doe je het gedachtegoed geen eer aan. Mijn inspiratie voor het tweede deel van het project lag bij een Amerikaans project waarbij getrainde vrijwilligers vertrouwenspersonen voor een wijk worden en zo een verbindende factor vormen. De training voor de vrijwilligers zou ik gebaseerd hebben op de lesstof voor de beroepskrachten, aangezien we hen ook in de eerste plaats als ouder benaderden. Bij de totstandkoming van de Wet maatschappelijke ondersteuning (WMO) werd er wel al over het begrip solidariteit gesproken. Maar tot nu toe is het nergens in Nederland concreet vormgegeven bij kindermishandeling of opvoedzorgen. Omdat we het dan moeilijk vinden solidair te zijn en het makkelijker vinden te veroordelen. Volgens Alice van der Pas is een solidaire samenleving een samenleving die faciliteert, waarin men oog heeft voor de kwetsbaarheid van ouders, trots is op het gegeven dat ouders het ouderschap toch steeds weer proberen en het besef leeft dat omstandigheden van ouder en kind niet altijd oorzaak en gevolg zijn. Vervolgens heeft ze uitgangspunten opgeschreven, maar het concreet vormgeven doe je door samen te ontdekken. Wat solidariteit betekent voor je communicatie, bijvoorbeeld.

Hoe verhoudt een solidaire gemeenschap zich tot de Nederlandse norm van geweldloos opvoeden en de meldcode? Ik weet dat het gevoel leeft dat je óf solidair bent met de ouders óf met de kinderen. Dat je daarin moet kiezen. Baartman schreef over compassie of controle, dat het geen uiteinden van een continuüm zijn maar dat ze elkaar impliceren. Daar kan ik me in vinden. Je controleert of het iemand lukt zich aan de afspraken te houden vanuit compassie: ter voorkoming van een nieuwe negatieve ouderervaring en omdat je je realiseert dat het heel ingewikkeld is. Een belangrijke vraag is: hoe kom ik bij deze mensen binnen? Vertrouwen ze me genoeg om openheid van zaken te geven? Ik geloof echt dat ouders ook zelf een analyse hebben gemaakt over de situatie waarin ze zitten. Je moet ze niet meteen in de verdediging brengen, maar de kern van het probleem willen zoeken. We komen wat mij betreft ver van de werkelijkheid af. Het gaat om mensen, vertrouwen, pijnlijke kwetsbare onderwerpen. Ik houd mijn hart vast over de aanscherping van de meldcode. Lossen we hiermee een probleem op? Helpen we de mensen er echt mee? Het staat voor mij ver af van een solidaire samenleving."

5.4.3 Ouders die kwetsbaar mogen zijn

Volgens de visie van Alice van der Pas zal een samenleving meer solidair worden met ouders als ze erkent dat ouderschap kwetsbaar maakt, dat iedere ouder in de kern kwetsbaar is. Aan erkenning gaat bewustzijn vooraf en soms moet dat bewustzijn op gang gebracht worden. Dat kan op diverse manieren bewerkstelligd worden. Het kan zelfs een onbedoeld neveneffect zijn van een workshop over de ontwikkeling van kinderen, zo vertelt gezinspedagoog Eiskje Clason.

> **Interview Eiskje Clason:**
> Met enige regelmaat geef ik informatieve workshops aan ouders over het concept temperament. In de workshop onderzoeken we samen met ouders hoe hun kind, maar ook zij zelf, omgaan met prikkels uit de omgeving. Het kan verhelderend zijn te horen dat je kind een bepaald temperament heeft, net als jijzelf als ouder, en dat dit betekent dat de temperamenten tussen een ouder en een kind kunnen botsen of juist zodanig op elkaar lijken dat je elkaar als vanzelf lijkt te begrijpen of kan aanvoelen. Bij deze workshops zitten meestal ouders die het leuk vinden om meer te leren over de ontwikkeling van kinderen. Maar je weet nooit wat iemand uit de behandelde stof haalt. Dat bleek wel toen er na afloop van een workshop een moeder naar me toe kwam die zei: "Ik snap ineens mijn buurvrouw veel beter. Ik begreep nooit waarom de opvoeding haar zo veel meer moeite kost, maar nu weet ik dat ik mazzel heb dat mijn kind en ik beiden een makkelijk temperament hebben. Niet iedereen heeft dat voordeel."

5.4.4 Het sociale netwerk

Bij alle vormen van hulpverlening wordt tegenwoordig gekeken wat de inzet kan zijn van het sociale netwerk. Dat is niet voor niets. Uit onderzoek blijkt dat een sociaal netwerk een beschermende factor is voor ouders en kinderen (Counts et al. 2010). Hoewel de nadruk ligt op de steunende rol van anderen, heeft deze derde buffer ook deels te maken met de attitude van de ontvangende ouders. In het gezinsrapport (Bucx 2011) lezen we drie aspecten die ouders belangrijk vinden bij het inzetten van een sociaal netwerk: sociale nabijheid (vertrouwd zijn met elkaar), reciprociteit (iets terug kunnen doen) en fysieke nabijheid (niet te ver weg wonen). Dit betekent dat het sociale netwerk niet alleen een kwestie is van kunnen inzetten als in de betekenis van 'er gebruik van kunnen maken', maar ook van willen, durven en opbouwen van vertrouwen. Als bij (kwetsbare) ouders het idee leeft dat zij niets terug kunnen doen voor de gevende partij, kan dit belemmerend werken op de beleving van de aanwezigheid of het inschakelen van het sociale netwerk.

Interessant aan sociale steun is dat alleen al de aanwezigheid of mogelijke beschikbaarheid ervan mentale en fysieke gezondheidsvoordelen oplevert (Taylor 2007). Om de steun effectief te kunnen laten zijn, is het belangrijk dat er gevraagd wordt welke vorm van steun nodig is. Taylor verwijst naar de zogenaamde 'matching-hypothese', die door onderzoek wordt gesteund, en stelt dat het belangrijk is om de behoefte van de ontvangende partij af te stemmen op de vorm van steun die de andere partij te bieden heeft. Dit verkleint de kans op teleurstelling en een 'mismatch'; een persoon die emotionele steun nodig heeft, maar praktische steun ontvangt. Een goede match start dus met (goede) communicatie.

5.4.5 Het sociale netwerk: aanvulling of vervanging van een solidaire gemeenschap?

De buffer solidaire gemeenschap kan volgens het buffersysteem niet vervangen worden door het sociale netwerk en vice versa kan dat ook niet. Alle vier de buffers zijn nodig, er is er niet één effectiever of belangrijker. Als een van de buffers stagneert, moeten de andere drie 'harder werken', aldus Van der Pas (2009).

Idealiter zijn zowel de solidaire gemeenschap als het sociale netwerk in het leven van ouders beide sterk aanwezig. In dit boek onderzoeken we zowel theorie als praktijk. Hoe zijn beide buffers in de praktijk vertegenwoordigd in (kwetsbare) gezinnen? Van een solidaire gemeenschap mogen we naast een helpende attitude verwachten dat de formele voorzieningen voor hulpbehoevende ouders in alle fasen van kwetsbaarheid ruimschoots aanwezig zijn.

Wat mogen en kunnen we vragen van informele steungevers binnen het sociale netwerk? Zowel voor ouders als kinderen kunnen zij zowel praktisch als emotioneel van cruciaal belang zijn. Informele steungevers kunnen beide partijen een luisterend oor bieden, kinderen helpen met huiswerk of hen door uitjes of speelafspraken de gelegenheid te geven kind te zijn als die kans er door de thuissituatie niet of nauwelijks is. Tegelijkertijd zijn factoren als tijd, expertise en draagkracht bij informele steungevers niet in onbeperkte mate aanwezig. En op de draagkracht van informele steungevers komt nog meer druk te staan als de steun bedoeld is voor ouders die zonder hulp van buitenaf lange tijd of permanent niet zelfstandig kunnen voorzien in de zorg en veiligheid van de kinderen, bijvoorbeeld door een (licht) verstandelijke beperking of psychopathologie. Beide zagen we reeds vermeld staan in de opsomming van ouderlijke risicofactoren, maar volgens Van der Pas (2009) vormen ze op zichzelf een risico voor een werkvloer die onvoldoende door het buffersysteem beschermd wordt voor de gevolgen ervan. Dat risico is ongewenst, ongunstig maar reëel.

Betrokken steungevers kunnen geconfronteerd worden met gemoedstoestanden, problemen of leed waar zij zich niet tegen opgewassen voelen, soms versterkt door een emotionele betrokkenheid bij een hulpbehoevende, verwaarlozende of mishandelende ouder en/of bij diens kinderen. Het is belangrijk dat zowel de ontvangende en steungevende partij uitspreekt wat de behoeften en de grenzen zijn. Net zo belangrijk is het dat beide steungevende partijen, formeel en informeel, elkaars kracht erkennen en inzetten. Sociaal-emotionele steun komt voor een kind of ouder idealiter van een vertrouwde informele steungever; een vriendin van de familie of een betrokken buurman die het gezin goed kent. Mag een solidaire samenleving van diezelfde informele steungevers verwachten dat zij voorzien in praktische steun om een gezin dag in dag uit draaiende te houden? Dat is een legitieme en noodzakelijk vraag, omdat men bij alle vormen van hulpverlening nagaat welke taken er door het netwerk uitgevoerd kunnen worden. Een solidaire samenleving mag extra zorg, waarbij de nadruk ligt op het bieden van sociaal-emotionele steun, als het ware 'inkopen' bij de informele steungevers. Maar een structurele investering in de zogenaamde basiszorg, dat wat kinderen – en hun ouders – dagelijks nodig hebben om goed en veilig genoeg te kunnen functioneren, moet gedaan worden door de formele voorzieningen uit de solidaire gemeenschap als ouders het zelf niet kunnen bieden.

5.4.6 Casus: alleenstaande moeder met drie jonge kinderen

> **Casus**
>
> Laten we ons een alleenstaande moeder voorstellen van drie jonge kinderen. Een diagnose voor haar chronische psychische problematiek ontbreekt, maar haar klachten lijken op een depressie: ze heeft een sombere stemming, weinig energie en eetlust en ze slaapt slecht. De vader van de kinderen en diens ouders zijn uit beeld verdwenen, met haar ouders heeft mevrouw geen contact. Moeder wil graag een verzorgende moeder zijn maar ze kan, passend bij haar ziektebeeld, 's ochtends moeilijk uit bed komen. 's Avonds lukt het haar niet een maaltijd op tafel te zetten en de kinderen op tijd gewassen in bed te krijgen. Er wordt vaak patat gehaald en de kinderen lopen tot 's avonds laat buiten, terwijl moeder vanuit haar flat geen toezicht kan houden. Pedagogische en sociaal-emotionele ondersteuning aan de kinderen kan moeder niet geven, ze heeft al haar energie nodig voor zichzelf. Mevrouw overleeft en beseft dit ook. Ze zou haar kinderen meer willen geven dan waar ze toe in staat is. Dat gevoel drukt zwaar op haar.
>
> Dit gezin heeft dringend hulp nodig, de taken moeten worden verdeeld, maar het netwerk is klein. De oude buurvrouw die wel ziet dat moeder het moeilijk heeft, biedt een luisterend oor en strijkt de was voor haar, maar kan verder niets betekenen. Een vriendin die een tijd de kinderen naar school bracht, is verhuisd. De broer van moeder, die te ver weg woont om haar praktisch bij te staan, vraagt zich wanhopig af wie zijn zus en neefjes kan helpen om de situatie leefbaar te houden.

Een gering netwerk is eerder regel dan uitzondering bij gezinnen die wankel functioneren, zoals in bovenstaande casus. In de praktijk kan het voorkomen dat de hoeveelheid beschikbare informele steungevers op zijn minst is gehalveerd als de mentale crisis van een ouder, zoals beschreven in de casus, op zijn hoogtepunt is. En als men startte met een aantal steungevers dat op één hand te tellen was, dan blijven er weinig mensen over om op vijf schooldagen en in vrije weekenden hulp te bieden. Redenen kunnen ruzies zijn, onbegrip over symptomen of hulpweigering, ongewenste rolverwisselingen (oma wil bijvoorbeeld eigenlijk geen verzorger zijn van de kinderen), onvoldoende (emotionele) draagkracht bij de steungever, moeilijk kunnen omgaan met iemand die lijdt aan psychische problemen of een draaglast die simpelweg te zwaar drukt op de eigen draaglast. Leeftijdsgenoten van jonge ouders hebben vaak zelf de dagelijkse taak om een druk gezin door de ochtend- en avondspits te leiden en ouderen uit de wijk of kerk voelen zich bij voorbaat niet capabel of gezond genoeg om huishoudelijke taken en opvoedtaken langdurig uit te voeren.

Op het dieptepunt van de gezinscrisis kan het zijn dat Veilig Thuis een melding krijgt dat de kinderen verwaarloosd worden. Had dat voorkomen kunnen worden? Hoe solidair dan wel investerend is (het formele deel van) onze huidige samenleving voor de moeder uit deze casus? En daaruit voortvloeiend: hoe solidair stelt de gemeenschap zich op naar het (veelal kleine) sociale netwerk dat verwacht wordt praktische steun te combineren met dat waar zij het meest geschikt voor zijn: het bieden van sociaal-emotionele steun aan kinderen en/of moeder?

5.4.7 Uit de praktijk

Fenna Nuninga, leidinggevende bij Vivenz – een organisatie voor maatschappelijke dienstverlening – heeft hier een duidelijke mening over.

> **Interview Fenna Nuninga: 'Ik constateer verkeerde bezuinigingen'**
> "Ik wil in dit interview graag de mogelijkheden en tegelijk de onmogelijkheden van thuisbegeleiding tonen en belichten vanuit het thema van jouw boek. Thuisbegeleiding is vaak geïndiceerd als aanvullende zorg, bijvoorbeeld als iemand de adviezen van een andere hulpverlener niet zelfstandig in de praktijk kan toepassen of als er meerdere problemen spelen. Sleutelwoorden zijn begeleiding, versterken van zelfredzaamheid, empoweren, het bieden van structuur, opvoedondersteuning en hulp bij financiële problemen. Maar net zo belangrijk is het om te melden wat thuisbegeleiding niet inhoudt; (verzorgende) taken in een gezin overnemen. En daar wringt soms de schoen als we willen voorkomen dat kinderen de dupe worden van een bepaalde thuissituatie.
> Laten we jouw scenario verder uitwerken: de alleenstaande moeder met ernstige psychische problemen is vooral aan het overleven. Het lukt haar niet structuur in het dagelijks leven aan te brengen, wat zijn weerslag heeft op het huishouden, de verzorging en opvoeding van haar drie jonge kinderen. Moeder slaagt er niet in om haar kinderen 's ochtends aan te kleden, ontbijt te geven en naar school te brengen. En aan het einde van de middag loopt ze weer vast als er een maaltijd op tafel moet komen, de kinderen in bad moeten en op tijd in bed moeten liggen. In zo'n gezin kunnen wij enkele uren in de week voorbeeldgedrag tonen, opvoedproblemen bespreken, eventueel met video-hometraining, observeren, signaleren en moeder helpen structuur aan te brengen. Maar de indicatie geeft geen ruimte om dagelijks de meer basale ouderlijke taken over te nemen waar de moeder uit ons voorbeeld zo dringend behoefte aan heeft: koken, wassen en kinderen verzorgen.

En dat is een landelijke trend. Al die taken uit ons voorbeeld zullen door het netwerk uitgevoerd moeten worden. Thuiszorg kan huishoudelijke taken verzorgen, zoals stofzuigen en de badkamer schoonhouden, maar er is bij hen geen indicatie voor het verzorgen en naar school brengen van kinderen. Sowieso indiceren zij voor de klant, de zorgvrager, en nooit voor de kinderen. Het systeem rondom de ouder wordt dus niet meegenomen. Dit zijn de onmogelijkheden die ik wilde schetsen. En daar komt nog wat bij. Omdat we op indicatie werken, kunnen we voor een bepaalde periode een vastgesteld aantal uren ondersteuning bieden. Tegenwoordig is zes à acht uur per week zeer royaal te noemen in een gezin waar we de regie moeten nemen. Ik snap heel goed dat je dat weinig vindt. Die uren kan ik als gevolg van strakke planningen niet makkelijk vermeerderen als een ouder – en dus eigenlijk het kind – dat nodig blijkt te hebben. En de periode verlengen lukt ook vaak niet. Dat betekent dat je soms bij een gezin weg moet terwijl je het gevoel hebt dat de brand weliswaar geblust is, maar het vuur nog nasmeult.

Toen ik als leidinggevende begon, zette ik in de situatie van de casus een gezinsverzorgster in. Dat was een kostbare investering, waarbij je je moet realiseren dat die beschikbaar was in een tijd waarin vrouwen over het algemeen thuis waren en er volop hulp voorhanden was van buurvrouwen, vriendinnen en oma's. We belden dan ook de werkgever van de partner met de vraag of de werkdag iets eerder gestaakt mocht worden om de gezinsverzorgster af te lossen. Deze vorm van hulpverlening is wegbezuinigd in een tijd waarin vrijwel alle mensen werken die een gezin in nood kunnen bijstaan. Want laten we eerlijk zijn, ook de oma's rondom een gezin werken vaak. Wat wij nu kunnen bieden aan gezinnen zijn 'peanuts' in vergelijking met de gezinsverzorgster van vroeger. Ik zou veel meer willen kunnen inzetten om kinderen structuur en veiligheid te bieden. Want niet iedereen heeft dat sociale netwerk waar de overheid zo gretig op inzet. Soms zijn er geen vriendschappen of familiebanden (meer), maar het kan ook zijn dat het bestaande netwerk totaal ongeschikt is om de verantwoordelijkheid voor de veiligheid van een kind aan toe te vertrouwen.

Uiteindelijk draait het allemaal om euro's. Gezien de veranderde samenleving is het hard nodig dat er meer geld wordt vrijgemaakt voor hele of halve dagen gezinshulp. En ja, daar hangt een prijskaartje aan. Maar vergelijk de kosten voor langdurige gezinshulp eens met buitenschoolse opvang of een uithuisplaatsing voor drie kinderen. En soms is er nog meer nodig. Want bij sommige ouders vraag je je af of je ze ooit het kunstje van het opvoeden kunt leren. Ik denk aan een zwakbegaafde vader die tegen zijn zeventien maanden oude kind zei: "Je gaat voor straf niet in bad, omdat je met je eten zit te knoeien." In zo'n gezin is vier of vijf uur begeleiding per dag bij wijze van spreken nog te weinig, omdat er te veel uren overblijven waarbij je alleen maar kunt hopen dat ze veilig en verantwoord worden ingevuld. Dan is een beschermde woonvorm met 24-uursbegeleiding, ook voor de opvoeding, de enige optie. Ik constateer verkeerde bezuinigingen. En voorlopig gaat dat door. Terwijl ik een pleidooi houd voor de terugkeer van de gezinsverzorgster, kan ik eigenlijk alleen maar hopen dat ik over een paar jaar niet hoef te verzuchten: 'Hadden we de thuisbegeleiding van zes uurtjes per week nog maar'."

5.4.8 Metapositie en voldoende 'goede ouder'-ervaringen

Omdat de buffers alleen hun betekenis krijgen binnen het systeem van vier buffers, kunnen we niet om de andere twee buffers heen. Het bufferschema is volgens Van der Pas een manier van kijken en handelen als het gaat om ouders en daarin hebben alle vier de buffers een functie. Een metapositie ten opzichte van de ouderlijke werkvloer schept volgens Van der Pas afstand tot het eigen handelen als ouder; er wordt gereflecteerd. Ze noemt de meta-ouder de manager van haar alter ego op de werkvloer (Pas 2009). Het woord helikopterview is hierbij van toepassing.

De buffer 'goede ouder'-ervaringen houden volgens de visie van Van der Pas de moed erin, ook in slechte tijden, en hebben een helende werking bij pijn uit het verleden. Het kunnen waarnemingen of ervaringen zijn die andere mensen over het hoofd zien, maar die de ouders toeschrijven als voortkomend uit 'Ik doe ertoe' of 'Ik doe het best wel goed'. Van der Pas koos de schrijfwijze 'goede ouder'-ervaring bewust; ze verwijst naar het besef van verantwoordelijk-zijn van ouders: een 'goede ouder' willen zijn. In haar visie op ouderbegeleiden geeft een ouderbegeleider door het organiseren van 'goede ouder'-ervaringen en gesprekken op metaniveau krachtige tikken tegen vicieuze processen op en rond de ouderlijke werkvloer. En dat helpt ook als kinderen thuis niet veilig zijn en uit huis geplaatst moeten worden. De formele steungevers worden daarbij door haar uitgedaagd te durven denken dat ook slechte ouders goede ouders willen zijn.

Eindconclusie: wie doet wat?

Kunnen we op dit eindpunt van het boek, de veel geuite oproep 'We moeten meer doen aan preventie van kindermishandeling' concreter maken? Het is duidelijk geworden; kindermishandeling is met recht een 'wicked problem' te noemen, zoals door de auteurs in de inleiding van het boek *1 op de 4* wordt gesteld (Beek at al. 2017). Hiermee bedoelen de auteurs dat het een taai en complex maatschappelijk vraagstuk betreft waarvoor 'geen panklare oplossing bestaat'. Ook niet als we het willen voorkomen. Preventie van kindermishandeling heeft een programmatische aanpak nodig, het thema vraagt om inspanningen op het gebied van zowel primaire, secundaire als tertiaire preventie.

Kinderen laten we als doelgroep vaak in de kou staan, zo zagen we in het vierde hoofdstuk. Idealiter krijgen alle mishandelde kinderen in de nabije toekomst snel de toegang tot de zorg die ze nodig hebben en waar ze recht op hebben dankzij de meer intersectorale georganiseerde multidisciplinaire centra die door het hele land gevestigd zijn. Maar laten we ook investeren in toegankelijke vindplaatsen waar kinderen een luisterend oor kunnen vinden en hun ervaringen kunnen delen met mensen die door scholing over 'disclosure' beseffen dat een onthulling hoogst waarschijnlijk de werkelijkheid representeert en die de vaardigheden bezitten om door te vragen. En laten we kinderen al jong leren wat hun rechten zijn, zodat mishandelde kinderen in een vroeg(er) stadium kunnen beseffen dat het niet normaal of 'verdiend' is als zij thuis geslagen, vernederd of verwaarloosd worden.

Maar ook ouders en hun ouderschap verdienen onze aandacht. Het hoge aantal hermeldingen geeft aan dat het niet gemakkelijk is om de spiraal van geweld en machteloosheid te verlaten. Des te meer reden om te willen investeren in ouders die deze spiraal, of het eindstation daarvan, nog niet hebben bereikt. Het vraagt een houding die ouders gaat en blijft uitnodigen aan te geven wat zij nodig hebben om als draagkrachtige ouders te kunnen functioneren. Om vanuit deze houding gesprekken te voeren, zijn er laagdrempelige ontmoetingsplaatsen of manieren tot contact nodig waar ouders vragen, zorgen of noodkreten kunnen uiten voordat het gevoel van onmacht het overneemt. Plaatsen waar ouders gezien en gehoord worden. Ook en juist dan, als hun kinderen de inentingen en medische controles niet meer nodig hebben. Het vraagt om een samenleving die begrijpt wat ouderschap inhoudt en erkent dat ouderschap kwetsbaar maakt. Dat sommige ouders bij aanvang van het ouderschap extra kwetsbaar zijn, vraagt om een investering in effectief bevonden preventieprogramma's, zodat die beschikbaar komen voor alle risico-ouders, ongeacht de gemeente waarin ze wonen. Preventie van kindermishandeling vraagt om een samenleving die zich wil inspannen voor ouders die niet of in beperkte mate beschikken over de buffers uit het buffersysteem en bereid is te zeggen: "dat sociale netwerk en de solidariteit; daarin voorzien wíj". En dat is tegelijk een samenleving die de beperkingen (er)kent van de informele steungevers en ruimschoots voorziet in voorzieningen en beschikbare hulp van formele steungevers, zodat kinderen toch de basiszorg ontvangen die een ouder (tijdelijk) niet kan bieden. Oók en idealiter juist dan, als de opvoedings- of ouderschapsproblematiek in een gezin nog niet volledig is ontspoord en nog niet heeft geleid tot onveiligheid voor de kinderen en chronische machteloosheid bij de ouders. Maar óók als duidelijk is dat ouder(s) een permanente hulpvraag tot begeleiding zullen houden, bijvoorbeeld in geval van een verstandelijke beperking of ernstige psychopathologie. Omdat we snappen dat deze risicofactoren bij de ouders ook weer een risico vormen voor het aantasten van het buffermechanisme.

Preventie van fysieke kindermishandeling vraagt om een gedeelde norm waar we elkaar op kunnen aanspreken: 'alle kinderen in dit land moeten zonder geweld kunnen opgroeien'. Om die norm breed gedragen te krijgen, moet ze wel uitgedragen worden. Er moet ruimhartig geïnvesteerd worden in trainingen voor beroepskrachten die met ouders moeten praten en/of werken als kindermishandeling vermoed wordt of een gegeven is. Nu steeds meer duidelijk wordt hoeveel weerstanden zij voelen, moet hen tijd gegund worden deze ook te 'doorvoelen', er bij stil te staan. Ook dienen er op regelmatige basis oudergesprekken in rollenspellen verpakt te worden, zodat de professional zijn of haar persoonlijke manier ontdekt om een gesprek met ouders zo ontspannen en professioneel mogelijk te voeren. Want als één ding duidelijk is geworden, dan is het wel dat alle partijen moeilijk over dit onderwerp praten: het kind wikt, weegt en taxeert, de ouder doet hetzelfde. En waar de professional weerstand voelt, aarzelt en handelingsverlegen is, geldt dit voor de omstander net zo goed.

Over kindermishandeling wordt niet snel licht gedacht. Het voorkomen van kindermishandeling vraagt lef, compassie – voor zowel kind als de ouders – en een lange adem van de hele Nederlandse samenleving; omstanders, ouders, beroepskrachten en politici. Kunnen de kinderen en de ouders in Nederland op u rekenen?

Bijlagen

Personalia geïnterviewde deskundigen – 148

Literatuur – 150

Register – 155

Personalia geïnterviewde deskundigen

- Erik van Amersfoort, ervaringsdeskundige. Zet zich op allerlei manieren in om het thema kindermishandeling bespreekbaar te maken, zowel via social media als door voorlichting.
  ▶www.stopkindermishandeling.wordpress.com.
- Janet van Bavel, projectleider Kinder- & Jeugdtraumacentrum, projectleider Academische Werkplaatsen Transformatie Jeugd (AWTJ) en aanpak Kindermishandeling (AWK).
- Fadma Bouchataoui, Ondersteuner Wijkacademie Rotterdam en deskundige geweldloos communiceren.
- Dr. Hester Diderich, grondlegger van de Kindcheck, haar promotie-onderzoek was hierop gericht. Sinds 2011 is zij projectleider implementatie Kincheck bij ziekenhuizen, ambulancediensten, huisartsenposten en de GGZ.
- Patricia van den Dungen, klinisch psycholoog/psychotherapeut. Sinds 1985 werkzaam bij de voorloper van Parnassiagroep.
- Lienja van Eijkern, maatschappelijk werker en socioloog. Zij werkt sinds 2001 op het gebied van huiselijk geweld en kindermishandeling. Zij was betrokken bij de ontwikkeling, implementatie en coördinatie van de aanpak huiselijk geweld in de provincie Groningen. Zij was leider van een onderzoeksprogramma bij een organisatie voor Vrouwenopvang, lid van het ondersteuningsprogramma van de CNG ter ontwikkeling van de Veilig Thuis organisaties in Nederland en sinds 2016 is zij verantwoordelijk voor het invoeren van Intensieve Casemanagers die werken volgens de Multifocusmethode ontwikkeld door de Mutsearsstichting uit Venlo. Ook was Lienja projectleider van het Friese Collectief tegen Kindermishandeling en vanuit dit Collectief is zij medeontwikkelaar van de handleiding Houding en Handelen bij (vermoedens van) kindermishandeling.
- Dr. Peter van der Ende, klinisch psycholoog, seniorondezoeker lectoraat Rehabilitatie, hogeschooldocent Academie voor Sociale Studies – Hanzehogeschool Groningen ontwikkelde een methodiek om ouders met psychische problemen te ondersteunen in hun ouderschap. Publicaties en overige informatie vindt u op de website ouderschap-psychiatrie.nl.
- Curvin George, Directeur bij Jeugdzorg en Gezinsvoogdij Bonaire, Saba en St. Eustatius.
- Dr. Cees Hoefnagels, klinisch psycholoog, initiatiefnemer van tal van projecten in de ggz-preventie, in het bijzonder op het gebied van kindermishandeling en huiselijk geweld, waarvan meerdere in het onderwijs. Werkzaam bij Hogeschool Utrecht, Kenniscentrum Sociale Innovatie bij het Lectoraat Jeugd. Hij is (co-)auteur van ca. 100 nationale en internationale publicaties met name over kindermishandeling en seksueel geweld en beoordeelt manuscripten voor meerdere wetenschappelijke tijdschriften (o.a. The Lancet). Hij werkte mee aan de televisieserie Klokhuis over Kindermishandeling, dat drie prijzen won (Publieksprijs 2013, Juryprijs 2013, en de Innovatieprijs Preventie van kindermishandeling 2014). Als voormalig preventiewerker in de GGZ en bestuurder in de zorg beweegt hij als onderzoeker graag in de driehoek Beleid-Onderzoek-Praktijk. Zijn proefschrift behandelde theoretische en empirische noties over het vroegtijdiger stoppen van kindermishandeling (cum laude).

- Dr. Margeth Hoek introduceerde in haar proefschrift 'Ontheemd ouderschap' de stem van ouders in het beleidsdebat opvoedondersteuning. Zij is coördinator van het project Wijkacademies Opvoeden en meer bij Stichting BMP en eigenaar van Bureau Hoek. Zij onderzoekt ouderschap en samen met ouders ontwikkelt zij methodieken waarin de ouder centraal staat zoals Houvast, Het Ouderschapsspel en de narratieve intervisiemethode Jouw verhaal – Ons verhaal. Samen met Hanneke Miley was zij redacteur van het boek Ouderschapsgroei en bufferprocessen.
- Fenna Nuninga, leidinggevende bij Vivenz, een organisatie voor maatschappelijke dienstverlening.
- Dr. Katie-Lee Weille, PhD, ACSW is adjunct-professor bij Webster University te Leiden en Inhoudelijk Hoofddocent Ouderschap bij de RINO Utrecht waar ze een bij- en nascholings leergang heeft ontwikkeld voor professionals over ouderschap en ouderbegeleiding. Van 2009 tot 2012 was ze lector ouderschap en ouderbegeleiding aan de Hogeschool Leiden en publiceerde ze het boek 'Making sense of parenthood: On ambivalence and resourcefulness'. Dr. Weille heeft een eigen praktijk in Amsterdam voor advies, training en supervisie evenals individuele- en relatietherapie. Haar publicaties en overige informatie zijn op ►http://weille.com te vinden.

Literatuur

Alink, L., Prevoo, M., Berkel, S. van, Linting, M., Klein Velderman, M., & Pannebakker, F. (2017). NPM 2017: nationale prevalentiestudie mishandeling van kinderen en jeugdigen. Leiden: Leiden University.

Alink, L., IJzendoorn, R. van, Bakermans-Kranenburg, M. J., Pannebakker, F., Vogels, T., & Euser S. (2011). Kindermishandeling in Nederland anno 2010. De tweede Nationale Prevalentiestudie Mishandeling van Kinderen en Jeugdigen (NPM-2010). Leiden: Casimir publishers.

Baartman, H. E. M. (1996). Opvoeden kan zeer doen. Over oorzaken van kindermishandeling, hulpverlening en preventie. Utrecht: SWP.

Baartman, H. E. M. (2009). *Introductie lectoraat ouderschap en ouderschapbegeleiding, bij lectorale rede Katie Lee Weille*. Leiden: Hogeschool Leiden.

Baartman, H. E. M. (2010). *Het begrip kindermishandeling: Pleidooi voor een herbezinning en bezonnen beleid*. Driebergen: Augeo Foundation.

Baartman, H. E. M. (2011). Compassie en controle in de Jeugdzorg. *Ouderschapskennis, 13*, 63–81.

Baartman, H. E. M., & Hoefnagels, C. (2012). Emotionele mishandeling, een lastig te duiden begrip. *Tijdschrift kindermishandeling, 5,* 12.

Bakker, M. A. de (2006). De pedagogische tik. Opvattingen van ouders over fysieke straf. Doctoraalscriptie Sociologie Verzorging en Beleid. Amsterdam: Universiteit van Amsterdam.

Bakker, I., Bakker, K., Dijk, A. van, & Terpstra, L. (1998). *O & O in perspectief*. Nederlands Instituut voor Zorg en Welzijn (NIZW): Utrecht.

Beek, K. van, Steketee, M., Doorn, L. van, & Ham, M. (2017). 1 op de 4. Kindermishandeling, een wicked problem. In K. van Beek, M. Steketee, L. van Doorn & M. Ham (Red.), 1 op de 4. Kindermishandeling, een publiek geheim. Amsterdam: Van Gennep.

Belsky, J. (1984). The determinants of parenting: A process model. *Child Development, 55,* 83–96.

Berge, I. ten, & Eijgenraam, K. (2009). Licht Instrument Risicotaxatie Kindveiligheid (LIRIK). Utrecht: Nederlands Jeugdinstituut.

Berger, M., Berge, I. ten, & Geurts, E. (2004). *Samenhangende hulp: Interventies voor mishandelde kinderen en hun ouders*. Utrecht: NIZW Jeugd.

Boer, M. de, & Desta, A. (2007). Meisjesbesnijdenis in Nederland, een kwestie van mensenrechten? Het beleid ter bestrijding van vrouwelijke genitale verminking getoetst aan mensenrechtelijke verplichtingen. Vluchtelingen Organisaties Nederland.

Bosschaart, T. F. (2018). Recognizing child sexual abuse: an unrelenting challenge. Amsterdam: University of Amsterdam. UvA-DARE.

Brok, C., & Zeeuw, M. de (2008). *Er zijn voor je kind. Hoe ouders veiligheid en emotionele beschikbaarheid kunnen bieden*. Assen: Van Gorcum.

Brown, J., Cohen, P., Johnson, J. G., & Salzinger, S. (1998). A longitudinal analysis of risk factors for child maltreatment: Findings of a 17-year prospective study of officially recorded and self-reported child abuse and neglect. *Child Abuse and Neglect, 22,* 1065–1078.

Browne, K., & Saqi (1988). Approaches to screening for child abuse and neglect. In K. Browne, C. Davies & P. Stratton (Eds.). Early prediction and prevention of child abuse. Chichester: J. Wiley.

Bucx, F. (2011). *Gezinsrapport 2011*. Sociaal en Cultureel Planbureau: Een portret van het gezinsleven in Nederland. Den Haag.

Burggraaff-Huiskes, M. (2011). *Opvoedingsondersteuning als bijzondere vorm van preventie*. Bussum: Coutinho.

Caplan, G., & Grunebaum, H. (1967). Perspectives on primary prevention: A review. *American Medical Association, 17,* 331–346.

CBS. (2016). *Jaarrapport 2016*. Centraal Bureau voor de Statistiek: Landelijke Jeugdmonitor. Den Haag/Heerlen/Bonaire.

Counts, J. M., Buffington, E. S., Chang-Rios, K., Rasmussen, H. N., & Preacher, K. J. (2010). The development and validation of the protective factors survey: A self-report measure of protective factors against child maltreatment. *Child Abuse Neglect, 34*(10), 762–772.

Dekker, M., Geurts, E., Haxe, I., Kooij, A. van der, Kraak, A., & Volaart. M. (2017). Basisdocument. Het afwegingskader in de Meldcode huiselijk geweld en kindermishandeling. Augeo, Movisie, Nederlands Jeugdinstituut, Ministerie van Veiligheid en Justitie, Ministerie van Volksgezondheid Welzijn en Sport. ▶ https://www.huiselijkgeweld.nl/nieuws/2017/310717_vws-publiceert-basisdocument-afwegingskader-meldcode.

Diaz, M. S., Smith, K., deGeuhery, K., Mazur, P., Li, V., & Shaffer, M. L. (2005). Preventing abusive head trauma among infants and young children: A hospital-based parent education program. *Pediatric, 4,* 470–477.

Diderich, H. (2015). *Detection of child maltreatment based on parental characteristics at the hospital Emergency Department*. Leiden: Leiden University.

Dijke, A. van, & Terpstra, L. (2010). De dochters van Zahir. Tussen traditie en wereldburgerschap. Amsterdam: SWP.

Dijkstra, S., Krechtig, L., & Menger, A. (2017). *Leerateliers Verdiepingsomgeving ZSM Jeugd, Gezin en Zeden Reflectie op basis van drie leerateliers in Noord-Holland, Limburg en Midden-Nederland*. Utrecht: Hogeschool Utrecht.

Drost, L. F., Hoefnagels, C., & Esch, S. van (2018). Het jeugdgezondheidszorgbeleid ter preventie van vrouwelijke genitale verminking. Een Quickscan naar de vraag hoe de JGZ-praktijk het beleid ter preventie van vgv uitvoert. Utrecht: Verwey-Jonker Instituut. ▶ www.verwey-jonker.nl/doc/2018/116066_Jeugdgezondheidszorgbeleid_WEB.pdf.

Literatuur

Ende, P. C. van der, Korevaar E. L., & Oosteraan, H. (2012). Kracht en steun voor ouderschap van mensen met psychische aandoeningen. Groningen: Lectoraat Rehabilitatie Hanzehogeschool Groningen.
Factsheet KOPP/KVO. Kinderen van ouders met psychische problemen, kinderen van verslaafde ouders (2012). Utrecht: Trimbos Instituut.
(herziene) Factstheet Medische beroepsgeheidm (2016). Den Haag: Ministerie van Volksgezondheid, Welzijn en Sport.
Factsheet Nu niet zwanger (2018). GGD Hart voor Brabant: Midden Brabant.
Foa, E. B., Keane, T. M., Friedman, M. J., & Cohen, J. A. (2009). *Effective treatments for PTSD: Practice guidelines from the International Society for Traumatic Stress Studies*. New York: Guilford Press.
Fuchs, C. (2011). *Zomaar een kind*. Haren: Mooi Media.
Gameren, S. van (2006). Leven met een psychisch zieke ouder. Houten: Bohn Stafleu van Loghum.
Geweld hoort nergens thuis. Aanpak huiselijk geweld en kindermishandeling. (2018). Den Haag: Ministerie van Justitie en Veiligheid, Ministerie van Volksgezondheid, Welzijn en Sport & Vereniging van Nederlandse Gemeenten.
Handreiking Promoten en ondersteunen aandachtsfunctionarissen kindermishandeling binnen onderwijs en kinderopvang (2016). ZonMw/Vereniging van Nederlandse Gemeenten (VNG).
Haxe, I., Holdorp, J., & Wolzak, A. (2015). Emotionele en pedagogische verwaarlozing. Utrecht: Nederlands Jeugdinstituut.
▶ www.nji.nl/nl/Download-Nji/Publicatie-Nji/Emotionele-en-pedagogische-verwaarlozing.pdf.
Hermanns, J. (1992). *Het sociale kapitaal van jonge kinderen: Jonge kinderen, opvoeders en opvoedingsondersteuning*. Utrecht: SWP.
Hermanns, J. (2008). *Het bestrijden van kindermishandeling. Een aanpak die werkt*. Utrecht: Nederlands Jeugdinstituut.
Hermanns, J. (2009). *Het opvoeden verleerd. Rede bij de aanvaarding van het ambt van Bijzonder hoogleraar op de Kohnstammleerstoel aan de Universiteit van Amsterdam*. Amsterdam: UvA.
Hermanns, J. (2012). Er wordt heel weinig met de kinderen gesproken. In J. Kole, M. van den Hoven & M. Janssens (Red.), *Goed aangepakt. Gesprekken over beroepsethiek bij kindermishandeling* (pag. 35–48). Amsterdam: SWP.
Hermanns, J., Klap, A., Smit, K., & Zwart, A. (2012). *Wraparound Care in de jeugdzorg & Implementatie van Intensieve Pedagogische Thuishulp*. Amsterdam: SWP.
Hoefnagels, C. (2001). Met recht van spreken. Enkele theoretische en empirische bijdragen ten behoeve van de secundaire preventie van kindermishandeling. SWP, Amsterdam.
Hosman, C. M. H., & Veltman, J. E. (1994). *Prevention in Mental Health: Review on the effectiveness of health education and health promotion*. Utrecht: International Union for Health Promotion and Education.
Hoven, M. van den (2017). De ethische dilemma's van de professional. In K. van Beek, M. Steketee, L. van Doorn & M. Ham (Red.), 1 op de 4. Kindermishandeling, een publiek geheim. Amsterdam: Van Gennep. ▶ www.hsleiden.nl/ouderschap-en-ouderbegeleiding.nl.
IJzendoorn, M. H. van, & Bakermans-Kranenburg, M. (2010). Gehechtheid en trauma. Amsterdam: Hogrefe.
IJzendoorn, M. H. van, Prinzie, P., Euser, E. M., Groeneveld, M. G., Brilleslijper-Kater, S. N., Noort-van der Linden, A. M. T. van, Bakermans-Kranenburg, M. J., Juffer, J., Mesman, J., Klein Velderman, M., & San Martin Beuk, M. (2007). Kindermishandeling in Nederland anno 2005. De Nationale Prevalentiestudie Mishandeling van Kinderen en Jeugdigen (NPM-2005). Leiden: Casimir.
Jaarbeeld Landelijk Toezicht Jeugd (2016). Geraadpleegd van ▶ http://www.file:///C:/Users/Gebruiker/Downloads/jaarbeeld-2016-landelijk-toezicht-jeugd.pdf.
Kinderen veilig. Actieplan aanpak kindermishandeling 2012–2016 (2011). Den Haag: Ministerie van Volksgezondheid, Welzijn en Sport & Ministerie van Veiligheid en Justitie.
Köhler, M., Reuter, A., & Tell, J. (2016). *Leva med barn*. Stockholm: Gothia Fortbildning.
Kole, J., Hoven, M. van den & Janssens, M. (Red.) (2012). Goed aangepakt: Gesprekken over beroepsethiek bij kindermishandeling. Amsterdam: SWP.
Kooijman, K., Berge, I. ten, & Oostveen, A. (2003). Fysieke bestraffing van kinderen. Een, N. (2007) inventarisatie van wettelijke verboden in vier Europese landen. Utrecht: NIZW.
Kooijman, K., & Lantinga, M. (2017). *Collectieven tegen kindermishandeling. Opbrengsten en ervaringen*. Utrecht / Den Haag: Nederlands Jeugdinstituut / Vereniging van Nederlandse Gemeenten.
Kousemaker, N. P. J., & Wilbrink-Griffioen, D. (1987). *Pedagogische preventie in de Jeugdgezondheidszorg van 0–4-jarigen, deel I tm IV*. Leiden: Vakgroep Klinische en Orthopedagogiek, Rijksuniversiteit leiden i.s.m. Provinciale Noord-Brabantse Kruisvereniging.
Kuyvenhoven, M. M., Hekkink, C. F., & Voorn, Th. B. (1998). Overlijdensgevallen onder 0- tot 18-jarigen door vermoede mishandeling: naar schatting 40 gevallen in 1996 gebaseerd op een enquête onder huisartsen en kinderartsen. *Nederlands Tijdschrift Geneeskunde, 142*, 2515–2518.
Lamers-Winkelman, F., & Visser, M. (2010). Kindermishandeling en hulpverlening: een onderontwikkeld gebied? In J. van der Ploeg & R. de Groot (Red.), *Kindermishandeling: Een complex probleem*, (pag. 149–164). Antwerpen, Apeldoorn: Garant.
Lau, A. S., Valeri, S. M., McCarty, C. A., & Weisz, J. R. (2006). Abusive parents' reports of child behavior problems: Relationship to observed parent-child interactions. *Child Abuse & Neglect, 30*, 639–655.
Lelij, B. van der, Ruysenaars, W., & Motivaction (2010). Bouwstenen voor de campagne kindermishandeling. Rijksvoorlichtingsdienst/DPC en ministerie voor Jeugd en Gezin.

Lenferink, H. (2018). Eindrapportage Lenferink over kinderen in de maatschappelijke- en vrouwenopvang. Geraadpleegd via ▶https://www.rijksoverheid.nl/documenten/rapporten/2018/04/26/eindrapportage-lenferink-over-kinderen-in-de-maatschappelijkeen-vrouwenopvang.

Luisteren. 2016 in cijfers. De Kindertelefoon. Geraadpleegd in ▶https://www.kindertelefoon.nl/app/uploads/sites/4/2016/12/LUISTEREN-De-Kindertelefoon-Jaarmagazine-2016.pdf.

Lünnemann, K. D., & Pels, T. (2012). *Mannen over partnergeweld en vaderschap. Een exploratief onderzoek*. Utrecht: Verwey-Jonker Instituut.

Ministerie van VWS (2015). Rapportage quickscan meldcode huiselijk geweld en kindermishandeling.

Nair, P., Schuler, M. E., Black, M. M., Kettinger, L., & Harrington, D. (2003). Cumulative environmental risk in substance abusing women: Early intervention, parenting stress, child abuse potential and child development. *Child Abuse and Neglect, 27*, 997–1017.

Nederlands Centrum Jeugdgezondheid (NCJ). Kindermishandeling (2016). ▶https://www.ncj.nl/richtlijnen/alle-richtlijnen/richtlijn/kindermishandeling.

Nederlands Centrum Jeugdgezondheid (NCJ). Preventieagenda. ▶https://www.ncj.nl/themadossiers/preventieagenda/.

Nederlands Centrum Jeugdgezondheid (NCJ). Infosheet Ouderschap. Investeren in Ouderschap (2018). Utrecht: NCJ.

Nederlands Jeugdinstituut (NJI). ▶https://www.nji.nl/nl/Databank/Databank-Effectieve-Jeugdinterventies.

Overbeek, M. (2013). Intervention for children exposed to interparental violence. A randomized controlled trial of effectiveness of specific factors, moderators and mediators in community-based intervention. Amsterdam: VU University.

Pas, A. van der (1996). Handboek methodische ouderbegeleiding. 2. Naar een psychologie van ouderschap. Besef van verantwoordelijk-zijn. Rotterdam: Donker.

Pas, A. van der (2003). A serious case of neglect: The parental perspective of childrearing. Delft: Eburon.

Pas, A. van der (2009). Handboek methodische ouderbegeleiding. 6. De interventiefase. Keuze en kansen. Amsterdam: SWP.

Pas, A. van der (2014). Hoezo probleemouders?: Tien opstellen over de ongemakkelijke relatie ouders-maatschappij. Amsterdam: SWP.

Paymar, M. (2000). *Violent no more: Helping Men End Domestic Abuse*. Almeda CA: Hunter House Publishers.

Pharos (2016). Factsheet vrouwelijke genitale verminking. Utrecht: Pharos, expertisecentrum gezondheidsverschillen.

Ploeg, J. van der. (2010). Psychische kindermishandeling ernstig onderschat. In J. van der Ploeg & R. de Groot (Red.), Kindermishandeling: Een complex probleem (pag. 67–87). Antwerpen, Apeldoorn: Garant.

Polak, G., Romijn, G., Snoeren, F., Speetjens, P., & Hoefnagels, C. (2013). *Onderzoek naar voorspellers van herhaalde meldingen van huiselijk geweld*. Utrecht: Trimbos Instituut.

Pollmann, P. (2010). Kindermishandeling inzichtelijk. Vroegsignalering, onderzoek, diagnostiek, risicotaxatie. Assen: Van Gorcum.

Postma, S. (2008). Vroegsignalering van psychosociale problemen. (RIVM Rapport No. 295001002). Bilthoven: Rijksinstituut voor Volksgezondheid en Milieu.

Put, C. van der, Boekhout van Solling, N., & Gubbels, J. (2017). Effectief vroegtijdig handelen ter voorkoming van kindermishandeling. Den Haag: ZonMw.

Putte, E. M. van de, Russel, I. M. B., Teeuw, A. H., & Lukkassen, I. M. A. (2013). Medisch handboek kindermishandeling. Houten: Springer Media.

Reijneveld, S. A., Wal M. F. van der, Brugman, E., Hira Sing R. A., & Verloove-Vanharick S. P. (2004). Infant crying and abuse. *Lancet, 364*, 1340–1342.

Richtlijnen jeugdhulp en jeugdbescherming (2016). Richtlijn Kindermishandeling. ▶www.richtlijnenjeugdhulp.nl/kindermishandeling.

Roelens, K., Verstraelen, H., Egemond, K. van, & Temmerman, M. 2008). Disclosure and health-seeking behaviour following intimate partner violence before and during pregnancy in Flanders: Belgium: A surcey surveillance study. *European Journal of Obstetrics & Gynecology and Reproductive Biology, 137*(1), 37–42. ▶https://doi.org/10.1016/j.ejogrb.2007.04.013.

Romijn, G., Graaf, I. de, & Jonge, M. de (2010). *Kwetsbare kinderen. Literatuurstudie over verhoogde risicogroepen onder kinderen van ouders met psychische of verslavingsproblemen*. Utrecht: Trimbos Instituut.

Rooijen, K. van., Bartelink, C., & Berg, T. (2013). Risicofactoren en beschermende factoren voor kindermishandeling. Nederlands Jeugdinstituut.

Schippers, E. I., & Rijn, M. J. van (2016). Brief aan de Voorzitter van de Tweede Kamer der Staten-Generaal betreft Preventie in het zorgstelsel: Van goede bedoelingen naar het in de praktijk ontwikkelen van resultaten.

Schuengel, C. Euser, E. M., Oosterman, M., Bakermans-Kranenburg, M. J., & IJzendoorn, R. van (2010). Gehechtheid, kindermishandeling en interventie. In J. van der Ploeg, & R. de Groot (Eds.), Kindermishandeling: Een complex probleem (pag 133–147). Antwerpen, Apeldoorn: Garant.

Soerdjbalie-Maikoe, V., Bilo, R. A. C., Akker, E. van den, & Maes, A. (2010). Niet natuurlijk overlijden door kindermishandeling: Gerechtelijke secties 1996–2009. *Nederlands Tijdschrift Geneeskunde*. 154, A 2285.

Speetjens, P., Linden, D. van der, & Goossens, F. (2009). *Kennis over opvoeden, de vragen van ouders, het aanbod van de overheid en de mogelijkheden van de markt*. Utrecht: Trimbos Instituut.

Speetjens, P., & Plat, M. (2017). Infosheet. Abi, ik ben bang. Opvoeddilemma's Syrische vluchtenling ouders in Nederland. Utrecht: Trimbos Instituut.
Steketee, M., Dijkstra, S., & Lünnemann, K. (2017). Het doorbreken van patronen. Intergenerationele overdracht van geweld. In K. van Beek, M. Steketee, L. van Doorn & M. Ham (Red.), 1 op de 4. Kindermishandeling, een publiek probleem, 35-52. Amsterdam: Van Gennep.
Steketee, M., Romkens, R., Pels, T., Lünneman, K., Smits van Waesberghe, E., Mak, J., et al. (2016). *Preventie van intergenerationeel geweld Nederland en EU.* Verwey-Jonker Instituut/Atria: Verkenning van wat werkt. Utrecht/Amsterdam.
Stith, S. M., Ting Liu, L., Davies, C., Boykin, E. L., Alder, M. C., Harris, J. M., et al. (2009). Risk factors in child maltreatment: A meta-analytic review of the literature. *Aggressive Behavior, 14,* 13–29.
Taylor, S. E. (2007). Social Support. In, H. S. Friedman, & R. C. Silver (Eds.), Foundation of Health Psychology, (pag. 145–172). New York: Oxford.
Teeuw, R. (2012). Probeer het gezin te motiveren tot vrijwillige medewerking. In J. Kole, M. van den Hoven & M. Janssens (Red.), *Goed aangepakt. Gesprekken over beroepsethiek bij kindermishandeling* (pag. 10–22). Amsterdam: SWP.
Tierolf, B., Lünneman, K., & Steketee, M. (2014). Doorbreken geweldpatroon vraagt gespecialiseerde hulp. Onderzoek naar effectiviteit van de aanpak huiselijk geweld in de G4. Utrecht: Verwey-Jonker Instituut. ▶ www.verwey-jonker.nl/doc/vitaliteit/1366_Doorbreken%20geweldspatroon%20vraagd%20gespecialiseerde%20hulp_Web.pdf.
Trickett, P. K., Mennen, F. E., Kim, K., & Sang, J. (2009). Emotional abuse in a sample of multiply maltreated urban young adolescents: Issues of definition and identification. *Child Abuse and Neglect, 33*(1), 27–35. ▶ www.tno/nl/nl/aandachtsgebieden/gezond-leven/roadmaps/youth/vroeg-erbij.
Unicef/Defence for Children. (2017). *Jaarbericht Kinderrechten 2017.* Den Haag/Leiden: Kinderrechten in Nederland.
Verheul, R., Jong, A. de, & Baracs, M. (2018). Hoor je mij wel? Kinderen van ouders met een ziekte, verslaving of beperking. Den Haag: De Kinderombudsman. Geraadpleegd van ▶ https://www.dekinderombudsman.nl/ul/cms/fck-uploaded/HoorjemijwelTijdlijnwebversie.pdf.
Vuijsje, H. (2016). *Ik kijk niet weg. Eindrapport Taskforce Kindermishandeling en seksueel misbruik.* Den Haag: Taskforce kindermishandeling en seksueel misbruik.
Wekerle, C., Wall, A. M., Leung, E., & Trocmé, N. (2007). Cumulative stress and substantiated maltreatment: The importance of caregiver vulnerability and partner violence. *Child abuse and Neglect, 31,* 427–443.
Wenselaar, L. (1997). Kopp-kinderen: Beschermenswaardig? Kinderen en hun ouder(s) met psychiatrische problemen. In C. van Nijnatten (Red.), Bij nader toezien, 75 jaar onder toezichtstelling. Den Haag: SDU Grafisch bedrijf.
Wet op de jeugdzorg (2015) Geraadpleegd op 3 juni 2017 van ▶ www.nji.nl/nl/Download-Nji/Jeugdwet-publicatie-Staatsblad-14-3-2014.pdf.
Wilde, E. J. van, Kooijman, K., Boven, J. van, & Kooi, C. van der (2017). Kinderombudsman. De gemeentelijke inzet voor preventie van kindermishandeling. Stand van zaken oktober 2017. Den Haag/Utrecht : Kinderombudsman/Nederlands Jeugdinstituut.
Willems, D. (2012). Soms heb je de morele plicht het beroepsgeheim te schenden. In J. Kole, M. van den Hoven & M. Janssens (Red.), *Goed aangepakt. Gesprekken over beroepsethiek bij kindermishandeling* (pag. 76–88). Amsterdam: SWP.
Wolzak, A. (2012). *Kindermishandeling: Signaleren en handelen.* Amsterdam: Nederlands Jeugdinstituut.
World Health Organization. (2006). The cycle of violence. The relationship between child maltreatment and the risk of later becoming a victim of perpetrator of violence. Key Facts. WHO, Europe.
Zee, R. van der (2010). Een meisje voor dag en nacht. Een Marokkaanse vrouw rekent af met haar jeugd. Breda: De Geus.
Zeijl, E. (2005). Gezin en opvoeding. In E. Zeijl, M. Crone, et al. (Red.), *Kinderen in Nederland,* (pag. 11–25). Den Haag/Leiden: Sociaal en Cultureel Planbureau/TNO Kwaliteit van Leven.

Relevante websites

Voor beroepskrachten

- ▶ www.handelingsprotocol.nl
- ▶ www.richtlijnenjeugdhulp.nl
- ▶ www.thenextpage.nl
- ▶ www.samenstarten.nl
- ▶ www.stevigouderschap.nl
- ▶ www.koppkvo.nl
- ▶ www.meldcode.nu
- ▶ www.kindcheck-huisartsenpost.nl
- ▶ www.ouderscentraal.nl
- ▶ www.blijfgroep.nl
- ▶ www.ncj.nl
- ▶ www.shakenbabysyndroom.nl

Voor en over ouders met psychische problematiek
▶ www.ouderschap-psychiatrie.nl
▶ www.kopopouders.nl
▶ www.meeleefgezin.nl
▶ www.villabalans.nl

Voor wie worstelt met (gedachten over) misbruik
▶ www.stopitnow.nl

Voor kinderen
▶ www.kopstoring.nl
▶ www.drankjewel.nl
▶ www.survivalkid.nl
▶ www.kindertelefoon.nl

Register

A

aandachtsfunctionaris 38
abusive head trauma 53
– signalen 115
adoptieouders
– preventieve interventie PIPA 102
ALPHA-NL 50
anoniem melden 123

B

Baartman, pedagogisch besef 18
babyshaking 53
balansmodel 17
Belsky, ontwikkelingsecologische model 17
beroepsgeheim 118
beschermende factoren 33
– sociaal netwerk 136
bufferschema 131, 137

C

Caplan, preventie psychiatrische problemen 30
Caring Dads 88
Centrum voor Ethiek en Gezondheid 120
Centrum voor Jeugd en Gezin (CJG) 63, 66
CJG. *Zie* Centrum voor Jeugd en Gezin
Collectief tegen Kindermishandeling 40, 134
conventionele oriëntatie 19
crisisplaatsing 101

D

databank Effectieve Jeugdinterventies 33
Dienst Maatschappelijke Ontwikkeling (DMO) 51
disclosee 93
disclosure 92, 130
disclosure response 130
DMO. *Zie* Dienst Maatschappelijke Ontwikkeling
draagkracht 17, 59
draagkrachtig ouderschap 59
draaglast 17

E

eercultuur 94
eergerelateerd geweld 10, 94
egocentrische oriëntatie 19
Eigen Kracht-conferenties 82
eigen regie 84
emotionele verwaarlozing 8
empowerment 84
En nu ik …! 98

F

factitious disorder by proxy (FDP) 9
familie-eer 94
Families First 87
FDP. *Zie* factitious disorder by proxy
formele steungevers 112

G

gedesorganiseerde gehechtheid 88
gedesorganiseerde hechting 97
geestelijke gezondheidsbevordering 58
gehechtheid
– gedesorganiseerde 88
gemeenschap, solidaire 131, 137
gemeente
– preventiebeleid kindermishandeling 37
genitale verminking 7
– preventie 55
geweld
– eergerelateerd 10, 94
– huiselijk 10
– partner- 10
– patronen 86
geweldpleging 7
Gezin Centraal 69
gezinsverzorgster 140
goed genoeg ouderschap 59
goede ouder-ervaring 131, 134, 141
grooming 9

H

handelingsverlegenheid 118
hechting
– gedesorganiseerde 97
Heibel thuis 98

Hoefnagels
– aanbevelingen 124
Home Start 69
Horizonmethodiek 97
huiselijk geweld 10

I

ikke-ikke-ikke-principe 19
individuele factoren ouderschap 60
Individuele Rehabilitatie Benadering 84
informele steungevers 121, 137
instrumentele steun 129
intensieve pedagogische thuishulp (IPT) 68
interactieve oriëntatie 19
Internationaal Verdrag inzake de Rechten van het Kind 6, 128
– artikel 19 124
– artikel 39 96
interventies
– En nu ik …! 98
– Families First 87
– Gezin Centraal 69
– Heibel thuis 98
– Home Start 69
– Horizonmethodiek 97
– kindermishandeling 87
– Kindertelefoon 95
– Kindspoor 98
– na huiselijk geweld 98
– Niet meer door het lint 87
– Nu Niet Zwanger (NNZ) 52
– opvoedingsondersteuning 68
– ouder-baby 83
– ouders met psychische problemen 82
– Parent Child Interaction Therapy (PCIT) 98
– PIPA 102
– Platform Villa Balans 83
– Recht om kind te zijn 95
– Samen Starten 50
– Stevig Ouderschap 50, 52
– Storm en Spetters 98
– STUK 95
– Tijd voor Toontje 101
– Triple P 68
– Veerkracht 101
– Veilig Sterk en Verder (VSV) 88
– VIPP 88

- VIPP-SD 68
- voor pleeg- en adoptieouders 102
- VoorZorg 52, 124
- Vroeger en verder 88
- Vroegsignalering in de kraamtijd 51
- Wraparound Care Model 68
IPT. *Zie* intensieve pedagogische thuishulp

J

jeugdgezondheidszorg (JGZ) 42
Jeugdwet 4
JGZ. *Zie* jeugdgezondheidszorg
JIM-aanpak 81

K

Kindcheck 72, 73
- implementatie binnen GGZ 77
- tips van professionals 79
Kinderen Veilig Preventiepakket 54
kindermishandeling
- beroepsethiek 116
- definities 4
- huidige visie 16
- interventies 87
- lichamelijke 7
- psychische 8
- signalen NCJ 114
- signaleren 124
- signalering met Sputovamo 114
- stappen preventiebeleid gemeenten 37
- vormen van 7
- vormen van secundaire preventie 95
- vs. seksueel misbruik 16
Kindertelefoon 95, 129
Kindspoor 98
KOPP (kinderen van ouders met psychische problemen) 31, 73
- vroeghulp 79
KOPP-groep 80
krachtig ouderschap 60
KRNU-concept 42

L

Let op de kleintjes 98
lichamelijke mishandeling 7
lichamelijke verwaarlozing 8
Licht Instrument Risicotaxatie Kindveiligheid (LIRIK) 51

LIRIK. *Zie* Licht Intstrument Risicotaxatie Kindveiligheid
loyaliteitsconflict 123

M

meisjesbesnijdenis 7, 36
- preventie 55
meldcode huiselijk geweld en kindermishandeling 38
- aanscherping 135
- belemmeringen 116
- stappen 38
- voorbij het kind kijken 72
- weerstanden 117, 121
melden 127
meldingsbereidheid 124
meldrecht 118
misbruik
- onthullen 94
- seksueel 9
- vs. kindermishandeling 16
mis-handelen 3
mishandeling
- lichamelijke 7
- onthullen 94
- onthulling door kind 93
- psychische 8
multifactorieel model 17
Münchhausen by proxy 9

N

NCJ. *Zie* Nederlands Centrum Jeugdgezondheidszorg
Nederlands Centrum Jeugdgezondheid (NCJ) 42, 53, 61
netwerkklimaat ouderschap 60
Newberger, parental awareness 18
Niet meer door het lint 87
NNZ. *Zie* Nu Niet Zwanger
normbesef aantasten 94
Nu Niet Zwanger (NNZ) 52

O

omgevingsfactoren beïnvloeden 31
onmacht
- opvoedkundige 16
onthullen
- anoniem 95
onthulling, reactie op 130
ontwikkelingsecologische model van Belsky 17
ontwikkelingsstimulering 31

opvoedcursus 56
opvoederschap 59
opvoedingsnood 66
opvoedingsondersteuning 31, 65
- interventies 67
opvoedkundige onmacht 16
opvoedvragen top-5 66
opzettelijke geweldpleging 7
ouderbegeleider 132
oudergerichte ondersteuning 65
ouder-kindrelatie 87
- ouderkenmerken 18
ouderlijke risicofactoren 85
ouderschap 21
- bespreken 84
- bufferschema 131
- draagkrachtig 59
- goed genoeg 59
- krachtig 60
- versterken 61
- voorbereiding op 60
- vs. opvoederschap 59
Ouderschapsevaluatie 84
oudersignalen 73
OuderTeam.nu 60
ouder-zijn 21

P

Parent Child Interaction Therapy (PCIT) 98
parental awareness 18
- stadia 20
partnergeweld 10
- patronen 86
PCF. *Zie* pediatric condition falsification
PCIT. *Zie* Parent Child Interaction Therapy
pedagogisch besef 18
pedagogische preventie 31
pediatric condition falsification (PCF) 9
pedofiel
- vroeghulp 89
PIPA 102
Platform Villa Balans 83
pleegouders
- preventieve interventie PIPA 102
pleegzorg 82
positief opvoeden 68
preventie
- driedeling 30
- interventies 51
- psychiatrische problemen (Caplan) 30

Register

preventiebeleid
- stappen 37

preventieve activiteiten 30
primaire preventie 31
psychisch zieke ouder 70
psychische mishandeling 8
psychische problemen 70
psychische verwaarlozing 8
psycho-educatie
- bij (partner)geweld 86

psychotrauma
- behandeling van 96

Q

Quickscan 40

R

recidive-preventie 31
risico-indicatoren 33
risico-ouder 49
- interventies 51

risicocumulatie 36
risicofactoren 33
risicotaxatie
- onthullen misbruik of mishandeling 94

S

Samen Starten 50
samenwerkingsrelatie
- tussen prille ouders 60

screening
- aanstaande ouders 50
- prille ouders 51

secundaire preventie 31
- aanbevelingen 124

seksueel misbruik 9
- risicofactoren 35
- vs. kindermishandeling 16

selectieve preventie 31
shaken baby-syndroom 53
- preventie 54
- signalen 115

Signs of Safety 68
sociaal-emotionele steun 129, 137
sociaal netwerk 58, 131, 136
sociale norm 94
sociale steun 129
solidaire gemeenschap 131, 137
solidaire samenleving 135
Sputovamo 114

Standpunt Preventie Genitale Verminking 56
steun
- instrumentele 129
- sociaal-emotionele 129, 137
- sociale 129

steungevers
- formele 112
- informele 121, 137

Stevig Ouderschap 50, 52
Stichting Meeleefgezin 82
Stop it Now! 89
Storm en Spetters 98
stress
- en pedagogisch besef 19

subjectief-individualistische oriëntatie 19

T

Taskforce Kindermishandeling en Seksueel misbruik 37, 56
tertiaire preventie 31
terugrapporteren 118, 126
terugvalpreventie 31
thuisbegeleiding 139
thuisklimaat ouderschap 60
Tijd voor Toontje 101
Tool to measure Parenting Self-Efficacy. *Zie* TOPSE
TOPSE 84
Triple P 68

U

universele preventie 31

V

vaderschap 87
Veerkracht 101
Veilig Sterk en Verder (VSV) 88
Veilig Thuis 39, 41
- adviesfunctie 116
- afhandeling melding 123
- terugrapporteren 118, 126
- werkwijze 119

veiligheid 113
veiligheidstaxatie 113
verantwoordelijk-zijn 21
verdiepingsvragen 76
verlegenheidsconflict 123
verslaving 70
vertrouwenspersoon 81
verwaarlozing

- aanpakken 86
- emotionele 8
- lichamelijke 8
- psychische 8
- signaleren 116
- van onderwijs 9

VGV. *Zie* vrouwelijke genitale verminking
video feedback to promote positive parenting and sensitive discipline 68
video feedback to promotive positive parenting 88
VIPP. *Zie* video feedback to promote positive parenting
VIPP-SD. *Zie* video feedback to promote postive parenting and sensitive discipline
voorbij het kind kijken 72
VoorZorg 52, 85, 124
- infographic 53

vragenlijst
- Ouderschapsevaluatie 84
- Sputovamo 113

Vroeger en verder 88
vroeghulp
- kinderen van psychisch zieke ouders (KOPP) 79

vroegsignaleren 62, 113
- weerstanden 121

vroegsignalering in de kraamtijd 51
vroegsignaleringsinstrument 50
vrouwelijke genitale verminking (VGV) 7
- preventie 55

VSV. *Zie* Veilig Sterk en Verder

W

Weekendpleegzorg 82
Wet verplichte meldcode huiselijk geweld en kindermishandeling 38
Wijkacademie 43
Wraparound Care Model 68

Z

zwijgen over mishandeling 93

MIX
Papier aus verantwortungsvollen Quellen
Paper from responsible sources
FSC® C105338

If you have any concerns about our products,
you can contact us on
ProductSafety@springernature.com

In case Publisher is established outside the EU,
the EU authorized representative is:
**Springer Nature Customer Service Center GmbH
Europaplatz 3, 69115 Heidelberg, Germany**

Printed by Libri Plureos GmbH
in Hamburg, Germany